中国社会科学院重大课题
国家"十五"重点出版项目

列国志

GUIDE TO THE WORLD STATES

中国社会科学院《列国志》编辑委员会

奥地利

● 孙莹炜 编著

社会科学文献出版社

SOCIAL SCIENCES ACADEMIC PRESS (CHINA)

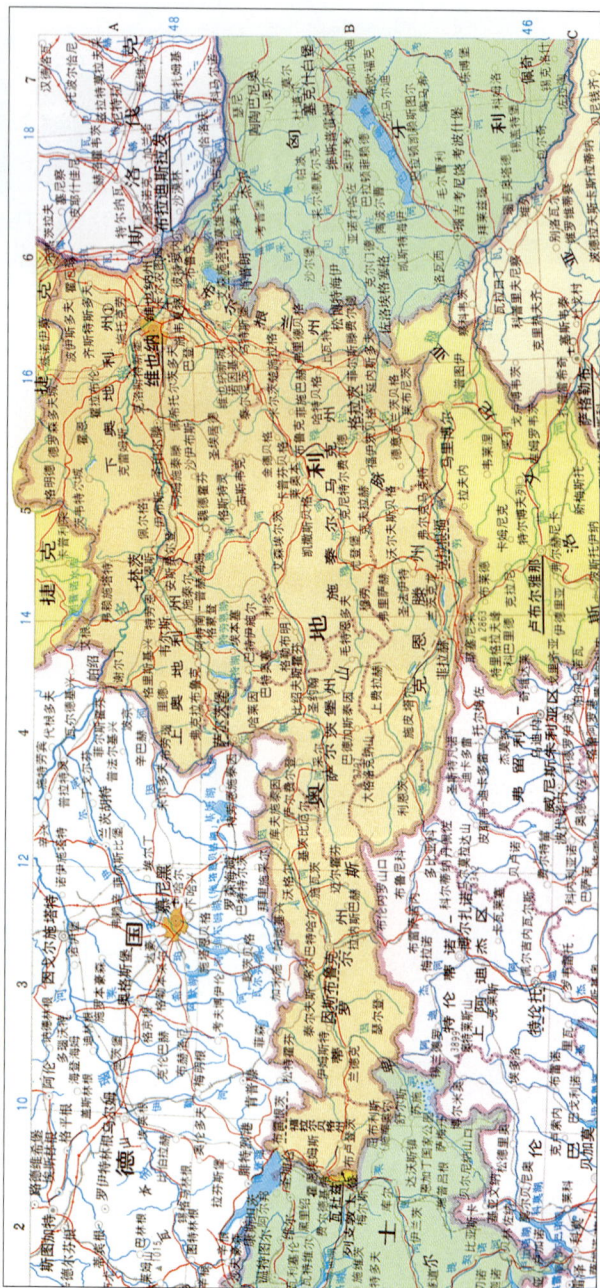

奥地利行政区划图

奥地利国旗

奥地利国徽

因斯布鲁克老城

莫扎特故居（萨尔茨堡）

电影《音乐之声》旧址：将军家大女儿与她
的邮递员男友约会的凉亭（萨尔茨堡）

海尔布伦戏水宫（萨尔茨堡）

霍里格小酒馆（维也纳）

霍里格小酒馆（维也纳）

萨尔茨堡城堡

格瑞金（维也纳）

瓦豪河谷

吕纳湖

维也纳森林

多瑙河风光（维也纳）

维也纳美泉宫(3)

维也纳美泉宫(1)

维也纳美泉宫(2)

萨尔茨堡城市鸟瞰

贝多芬之墓（维也纳）

小约翰·施特劳斯之墓
（维也纳城市公园）

维也纳城市公园小施特劳斯雕像

前　言

　　自 1840 年前后中国被迫开关、步入世界以来，对外国舆地政情的了解即应时而起。还在第一次鸦片战争期间，受林则徐之托，1842 年魏源编辑刊刻了近代中国首部介绍当时世界主要国家舆地政情的大型志书《海国图志》。林、魏之目的是为长期生活在闭关锁国之中、对外部世界知之甚少的国人"睁眼看世界"，提供一部基本的参考资料，尤其是让当时中国的各级统治者知道"天朝上国"之外的天地，学习西方的科学技术，"师夷之长技以制夷"。这部著作，在当时乃至其后相当长一段时间内，产生过巨大影响，对国人了解外部世界起到了积极的作用。

　　自那时起中国认识世界、融入世界的步伐就再也没有停止过。中华人民共和国成立以后，尤其是 1978 年改革开放以来，中国更以主动的自信自强的积极姿态，加速融入世界的步伐。与之相适应，不同时期先后出版过相当数量的不同层次的有关国际问题、列国政情、异域风俗等方面的著作，数量之多，可谓汗牛充栋。它们对时人了解外部世界起到了积极的作用。

当今世界，资本与现代科技正以前所未有的速度与广度在国际间流动和传播，"全球化"浪潮席卷世界各地，极大地影响着世界历史进程，对中国的发展也产生极其深刻的影响。面临不同以往的"大变局"，中国已经并将继续以更开放的姿态、更快的步伐全面步入世界，迎接时代的挑战。不同的是，我们所面临的已不是林则徐、魏源时代要不要"睁眼看世界"、要不要"开放"问题，而是在新的历史条件下，在新的世界发展大势下，如何更好地步入世界，如何在融入世界的进程中更好地维护民族国家的主权与独立，积极参与国际事务，为维护世界和平，促进世界与人类共同发展做出贡献。这就要求我们对外部世界有比以往更深切、全面的了解，我们只有更全面、更深入地了解世界，才能在更高的层次上融入世界，也才能在融入世界的进程中不迷失方向，保持自我。

与此时代要求相比，已有的种种有关介绍、论述各国史地政情的著述，无论就规模还是内容来看，已远远不能适应我们了解外部世界的要求。人们期盼有更新、更系统、更权威的著作问世。

中国社会科学院作为国家哲学社会科学的最高研究机构和国际问题综合研究中心，有11个专门研究国际问题和外国问题的研究所，学科门类齐全，研究力量雄厚，有能力也有责任担当这一重任。早在 20 世纪 90 年代初，中国社会科学院的领导和中国社会科学出版社就提出编撰"简明国际百科全书"的设想。1993 年 3 月 11 日，时任中国社会科学院院长的胡绳先生在科研局的一份报告上批示："我想，国际片各所可考虑出一套列国志，体例类似几年前出的《简明中国百科全书》，以一国（美、日、英、法等）或几个国家（北欧各国、印支各国）为一册，请考虑可行否。"

中国社会科学院科研局根据胡绳院长的批示，在调查研究的基础上，于 1994 年 2 月 28 日发出《关于编纂〈简明国际百科全书〉和〈列国志〉立项的通报》。《列国志》和《简明国际百科全书》一起被列为中国社会科学院重点项目。按照当时的计划，首先编写《简明国际百科全书》，待这一项目完成后，再着手编写《列国志》。

1998 年，率先完成《简明国际百科全书》有关卷编写任务的研究所开始了《列国志》的编写工作。随后，其他研究所也陆续启动这一项目。为了保证《列国志》这套大型丛书的高质量，科研局和社会科学文献出版社于 1999 年 1 月 27 日召开国际学科片各研究所及世界历史研究所负责人会议，讨论了这套大型丛书的编写大纲及基本要求。根据会议精神，科研局随后印发了《关于〈列国志〉编写工作有关事项的通知》，陆续为启动项目拨付研究经费。

为了加强对《列国志》项目编撰出版工作的组织协调，根据时任中国社会科学院院长的李铁映同志的提议，2002年8月，成立了由分管国际学科片的陈佳贵副院长为主任的《列国志》编辑委员会。编委会成员包括国际片各研究所、科研局、研究生院及社会科学文献出版社等部门的主要领导及有关同志。科研局和社会科学文献出版社组成《列国志》项目工作组，社会科学文献出版社成立了《列国志》工作室。同年，《列国志》项目被批准为中国社会科学院重大课题，国家新闻出版总署将《列国志》项目列入国家重点图书出版计划。

在《列国志》编辑委员会的领导下，《列国志》各承担单位尤其是各位学者加快了编撰进度。作为一项大型研究项目和大型丛书，编委会对《列国志》提出的基本要求是：资料详实、准确、最新，文笔流畅，学术性和可读性兼备。《列国志》之所以强调学术性，是因为这套丛书不是一般的"手册"、"概览"，而是在尽可能吸收前人成果的基础上，体现专家学者们的研究所得和个人见解。正因为如此，《列国志》在强调基本要求的同时，本着文责自负的原则，没有对各卷的具体内容及学术观点强行统一。应当指出，参加这一浩繁工程的，除了中国社会科学院的专业科研人员以外，还有院外的一些在该领域颇有研究的专家学者。

　　现在凝聚着数百位专家学者心血、约计 200 卷的《列国志》丛书，将陆续出版与广大读者见面。我们希望这样一套大型丛书，能为各级干部了解、认识当代世界各国及主要国际组织的情况，了解世界发展趋势，把握时代发展脉络，提供有益的帮助；希望它能成为我国外交外事工作者、国际经贸企业及日渐增多的广大出国公民和旅游者走向世界的忠实"向导"，引领其步入更广阔的世界；希望它在帮助中国人民认识世界的同时，也能够架起世界各国人民认识中国的一座"桥梁"，一座中国走向世界、世界走向中国的"桥梁"。

《列国志》编辑委员会

2003 年 6 月

CONTENTS

目　录

CONTENTS

目 录

CONTENTS
目　录

CONTENTS

目 录

CONTENTS

目　录

CONTENTS

目 录

CONTENTS

目　录

第八章　文化、艺术与体育／237

CONTENTS

目 录

CONTENTS

目　录

导　言

奥地利共和国（The Republic of Austria）地处中欧南部，东邻斯洛伐克和匈牙利，南接斯洛文尼亚和意大利，西联瑞士和列支敦士登，北与德国和捷克接壤，是连接东、西欧的内陆国家，全国面积为83871平方公里。奥地利属海洋向大陆性过渡的温带阔叶林气候，平均气温1月为 -2℃，7月为19℃。2005年，总人口约812万，91.1%为奥地利籍人，外籍人口占8.9%。少数民族有斯洛文尼亚人、克罗地亚人和匈牙利人以及土耳其人等。奥地利官方语言为德语，大部分人信奉天主教。

历史上奥地利曾经辉煌过，15世纪以后哈布斯堡家族一直出任"神圣罗马帝国"的皇帝。18世纪，玛利亚·特雷西亚女王建成哈布斯堡王朝盛世，她与她的儿子约瑟夫二世废除了奴隶制度，通过政治改革建立起中央管理机构和义务教育制度，为奥地利向现代化国家的发展奠定了基础。1804年弗兰茨一世皇帝建立奥地利帝国。1867年建起奥匈帝国，直至第一次世界大战后寿终正寝。

奥地利共和国创立于1918年，1938年成为希特勒侵略政策的牺牲品，1945年"二战"结束后被美、英、法、苏四国占领。1955年10月占领军撤出，10月26日奥国民议会通过《永久独立法》，宣布不参加任何军事同盟，不允许在其领土上设立外国军事基地，并将该日确定为奥地利国庆日，从此成为一个独立自主的国家，并确立了永久的中立国地位。1995年1月1日加入欧盟。

奥地利为联邦制国家，全国共分9个州：布尔根兰、克恩腾、上奥州、下奥州、萨尔茨堡、施蒂利亚、蒂罗尔、福拉尔贝格、维也纳。每个州都有自己的议会和政府，并有立法权。维也纳（Vienna），面积415平方公里，人口160万（2005）。首都维也纳市是国际原子能机构（IAEA）、联合国工业发展组织（UNIDO）、石油输出国组织（OPEC）等国际组织的所在地，近年不少跨国企业投资维也纳，维也纳已经成为一个国际政治经济和文化都市。

奥地利为发达的工业国家，1995年加入欧盟以后，国内发生巨大变化。国家对传统结构进行了彻底的改革。电信和能源（电和气）领域实现市场自由化；国有银行和国有钢铁、矿物油和烟草工业均陆续实现私有化；在工业、商业、建筑和金融等行业里，奥地利许多企业与跨国企业合并，使奥地利经济与国际市场接轨，吸引了国外企业来奥地利投资。2005年1月1日起，奥地利企业所得税从由原来的34%降为25%，使奥地利成为投资落脚热点。

2004年奥地利国内生产总值达2370亿欧元，人均达到2.9万欧元，在欧盟国家中继卢森堡、爱尔兰、丹麦之后位居第四，全球排名第12位。奥地利2004年就业人数达到320万，创历史最高纪录，近年来失业人口基本稳定在4%左右。

奥地利的经济产业主要由服务业和高度发达的工业构成，服务业占67.5%，而第二产业只占30.3%。奥地利主要工业部门有钢铁、金属制造和加工业、机械制造业、食品工业、化学工业、汽车和汽车配件加工业、水电设备、造纸以及国际市场上特殊需求的电子产品制造业。目前奥地利许多大企业被外国资本控股，本国占统治地位的是中小企业。85%左右的奥地利企业雇员少于100人。只有167家、占1%的企业雇员超过1000人。

奥地利地处阿尔卑斯山脉，矿产资源主要有石墨和镁，此外还有褐煤、铁、石油和天然气等，其原料和能源开采业有悠久历史，也很发达。奥地利是世界第8大电力输出国，在欧盟中使用可再生能源的比率最高，同时是无核电国家。奥水力资源亦很丰富，估计蕴藏量为1600万千瓦。

奥地利近些年国际竞争力不断提高，进出口贸易比重不断增加，出口产品销往全球235个国家和地区。主要出口产品是钢铁、机械、交通工具、化工制品，主要进口产品是能源、原料和消费品。2005年出口达到940亿欧元，比上年增长4.6%，进口达到954.9亿欧元，增长4.8%。奥地利加入欧盟以及2004年的欧盟东扩，奥地利是最大的受益国，奥地利对中、东欧国的出口额大幅增长，约占奥地利出口总量的17%。作为一扇通向欧盟新成员国以及候选成员国的传统大门，奥地利已经成为该地区的10大投资国之一。奥地利作为外国投资的输入和输出国，其重要性也日益彰显。

奥地利近2/3的国土位于阿尔卑斯山的东部地区，其余则位于多瑙河流域，西部为山区，东部为平原，全年气候温和，雨量充沛，土地肥沃，农业以畜牧业为主，种植业次之。2003年农业和林业企业占有土地总面积742万公顷，其中农牧业绿地为330万公顷（包括42%的农业可耕地），林业320万公顷。奥地利绝大部分农产品可以自给并出口，油料、水果、蔬菜需要进口。2004年奥地利农产品、食品出口53.8亿欧元，进口58.6亿欧元，分别占进出口总额的6.0%和6.4%。奥地利森林资源丰富，森林覆盖率为43%以上，远远超过欧洲的平均水平。据统计，2004 年农、林业产值占国内生产总值的 2.2%。奥地利农村人口约 90 万，占总人口的 11%。农林业从业人员 15 万，占全国从业人口比例不足 4%。

奥地利山水隽秀、历史悠长，拥有大量的自然与人文景观。在奥地利，保存完好的教堂、宫殿与城堡不计其数，多处世界文化遗产闻名遐迩。此外，奥地利的湖光山色与田园风貌更是宝贵的国家旅游资源。奥地利旅游业发达，有 7.6 万家从事旅游的企业（包括旅馆、饭店等），2004 年旅游业所创造的直接价值占国内生产总值的 9.8%，游客达 1910 万人次，成为世界上最受欢迎的 10 大旅游目的地之一。

奥地利地处欧洲中心，是欧洲的重要交通枢纽。奥地利有高速公路 2000 公里，铁路铺设的轨道总长 1.1 万公里。2004 年轨道客运量为 1.88 亿人次，货运量 9230 万吨，还有多瑙河水路运输，近年货运量平均每年可达 800 万吨左右。维也纳已成为欧洲重要的空港，特别是已成为通向中、东欧国家的转运空港。最近，奥地利航空公司收购兼并了距离维也纳只有 50 公里的斯洛伐克首都布拉迪斯拉发机场，计划将来以高速轨道连接维也纳机场，建成欧洲重要的空运枢纽。

近年来，经过一系列的改革，奥地利经济进入迅速发展时期。奥地利经济在战后半个世纪的恢复和发展中，虽然受到过石油危机的打击和世界性经济衰退的影响，但总体保持了不断发展的状态，所以国力不断增强，人民生活水平不断提高。奥地利的人均产值、劳动生产率、经济效益、人民生活质量等指标均已超出欧盟国家的平均水平，经济与科学技术水平在世界发达国家中处于中上游水平，通货膨胀率、失业率和犯罪率在西方发达国家中一直是最低的。在很多人眼中，奥地利一直是一个社会安定、人民祥和的福利国家。

第一章
国土与人民

奥地利的国名全称是"奥地利共和国"（Republik Österreich, The Republic of Austria），奥地利国旗呈长方形，长与宽之比为3/2，自上而下由红、白、红三个平行相等的横长方形相连而成，旗面正中是奥地利国徽图案。此旗的来历可追溯到奥匈帝国时期，据说当时的巴奔堡公爵在与英王理查一世激战时，公爵的白色军衣几乎全被鲜血染红，只有佩剑处留下一道白痕。从此，公爵的军队采用红白红为战旗颜色。1786年国王约瑟夫二世把红白红旗作为全军战旗，1919年正式定为奥地利国旗。奥地利政府机构、部长、总统等官方代表和政府驻外机构均使用带国徽的国旗，一般场合不用带国徽的国旗。奥地利国徽是一只姿态高贵黑色单头山鹰，头戴金色璧形金冠，两爪分别握着一把金色的锤子和镰刀。以雄鹰作为奥地利国徽已有900年历史。14世纪，奥地利采用的是拜占庭式的双头鹰图案，雄鹰舒伸的双翅象征着要将国家的安全置于其羽翼之下。1918年，奥匈帝国解体后，奥地利宣布成立共和国，新政府决定采用德国腓特烈二世的独头雄鹰图案作为国徽。雄鹰头顶的璧形金冠与双爪上的镰刀、锤子分别代表国民中的中产阶级、农民和工人。1938年，德国吞并奥地利后，象征主权的雄鹰图案被取消。

1

1945 年，随着德国在第二次世界大战中的失败，奥地利解放，独头鹰再次出现在国徽中，鹰爪上增添的挣断的锁链，是纪念奥地利摆脱德国统治，重获自由，同时在鹰的胸部还增添了奥地利国旗的盾形图案。

奥地利的独立日是 4 月 27 日（1945 年），以纪念奥地利"二战"后摆脱德国统治，重获自由；国庆日是 10 月 26 日（1965 年）。奥地利的国歌是《山的土地，河的土地》（Land der Berge，Land am Strome），采用莫扎特（Wolfgang Amadeus Mozart，1756 ~ 1791）的曲调作品，由女诗人保拉·普雷拉多维克（Paula Preradovic，1881 ~ 1951）作词。

奥地利的国花是高山火绒草，俗称雪绒花（Edelweiss）。雪绒花之成为国花来源于奥地利民间的一个风俗，许多年轻人甘愿冒着生命危险，攀上陡峭的山崖，只为摘下一朵雪绒花献给心上人，雪绒花代表了为爱牺牲一切的决心。雪绒花学名火绒草，俗称火绒蒿，菊科，多年生稀有草本植物。雪绒花约有 56 个种类，大多分布在欧洲的阿尔卑斯山脉一带，它通常生长在海拔 1700 米以上的地方，且在非常少有的岩石地表上，因而极为稀少。奥地利国鸟是家燕，象征活力和吉祥，在奥地利人心目中燕子是造福人民的使者。奥地利的国石是贵蛋白石。

奥地利原货币单位是奥地利先令，辅币是格罗申。奥地利纸币分别有 1、5、10、20、25 先令，辅币为 1、2、5、10、50 格罗申，一先令等于 100 格罗申。2002 年 1 月 1 日起，欧元（Euro）成为正式货币。奥地利先令与欧元的固定比价为 1 欧元等于 13.760 先令。欧元发行机构是欧洲中央银行（European Central Bank），货币符号 EUR，辅币进位为 1 欧元 = 100 欧分（Cent）。欧元钞票面额分别有 5、10、20、50、100、200、500 欧元；铸币有 1、2、5、10、20、50 欧分和 1 欧元、2 欧元等共

8 个面值。

奥地利发行的欧元纸币由奥地利货币设计专家罗伯特·卡利纳设计，共分 7 种面值，票面值越大，纸币面积越大。5 欧元纸币长 120mm，宽 62mm；10 欧元纸币长 127mm，宽 67mm；20 欧元纸币长 133mm，宽 72mm；50 欧元纸币长 140mm，宽 77mm；100 欧元纸币长 147mm，宽 82mm；200 欧元纸币长 153mm，宽 82mm；500 欧元纸币长 160mm，宽 82mm。纸币正面图案由象征合作精神的门和窗组成，背景是桥梁图案，既标志着欧洲内部交流，又代表欧洲同世界的联系。各种门及桥梁的图案分别代表欧洲各时期的建筑风格，按币值大小依次为古典派、浪漫派、哥特式、文艺复兴式、巴洛克及洛可可式、钢铁及玻璃式和 20 世纪现代派的建筑风格，颜色依次为灰色、红色、蓝色、橙色、绿色、黄褐色、淡紫色。同时还有 12 颗五角星紧紧环绕欧盟旗。

欧元辅币均用复合金属材料制作。与欧元纸币不同，欧洲货币联盟规定欧元辅币正面全部采用比利时设计专家鲁克鲁伊克斯的设计，而辅币背面中心图案可由欧元区各国自行设计，但其外沿应统一采用欧盟 12 颗五角星环绕图案。不同国家铸造的欧元辅币可自由流通。比利时、卢森堡、荷兰及爱尔兰铸造成的辅币背面分别只采用一种图案；德国、芬兰、法国、西班牙和葡萄牙的辅币背面图案分为三种；奥地利、意大利和希腊则对各种面值辅币的背面采用不同的图案。奥地利的欧元硬币 1 分、2 分和 5 分的背面分别是植物龙胆根、火绒草和樱草花图案，象征着奥地利珍爱自然和重视环境保护的宗旨；10 分、20 分和 50 分的硬币背面分别是奥地利维也纳圣斯特凡大教堂（St. Stephansdom，维也纳市标，著名的哥特式建筑）、美景宫（巴洛克式建筑，1955 年在这里签订了奥地利重建主权国家的协议，被视为奥地利自由的象征）和维也纳分离学派的建筑（表现了奥地利新艺术的诞

生和一个新纪元的开始，描绘了通往新的金融货币体系的桥梁）；1 元和 2 元硬币背面是奥地利大音乐家莫扎特的头像与和平主义者贝尔塔·冯·苏特纳（Bertha von Suttner，1843～1914年）的头像。

第一节　自然地理

一　地理概况

1. 地理位置

奥地利共和国是中欧南部的内陆国家，位于西经 9°32′～17°10′、北纬 46°22′～49°10′之间。奥地利在时区上位于东 1 区，比格林尼治时间早 1 小时，比北京时间晚 7 小时。奥地利有 2/3 的土地被阿尔卑斯山东麓覆盖，东部则是多瑙河流域，与地中海区域为邻。奥地利国土面积为 83871 平方公里，其中 43.3% 的国土是森林，34% 的国土为平原、丘陵、盆地、沼泽和低地，还有 10.3% 属于阿尔卑斯山地，整个国土的地势西高东低。

奥地利边境线全长 2704 公里，南北宽 294 公里，东西长 573 公里[①]，与 8 个国家接壤：北邻捷克和德国，南靠意大利和斯洛文尼亚，东部与匈牙利和斯洛伐克接壤，西部和瑞士及列支敦士登相连。其中与捷克接界 466 公里，与德国交界 816 公里，与意大利接界 430 公里，与斯洛文尼亚接界 330 公里，与匈牙利接界 354 公里，与斯洛伐克接界 107 公里，与瑞士接界 166 公里，与

---

① 见《奥地利统计年鉴 2006》（Statistic Austria 2006）。以下内容中所涉及的奥地利有关数据，除特殊标明的以外，全部来源于《奥地利统计年鉴 2006》。

列支敦士登接界 35 公里。

由于独特的地理位置，奥地利自古便是整个欧洲政治、经济和文化交流的枢纽，因此有"欧洲的心脏"之誉。

2. 山势地形

从地形上看，奥地利是个高山国家，拥有千姿百态的高山风光。阿尔卑斯山横贯奥地利西部（福拉尔贝格州、蒂罗尔州和萨尔茨堡州），并向南延伸到克恩滕州，然后向东，高度逐步降低，贯穿施蒂利亚州，直至维也纳西南部。

奥地利的地貌有高山区、中等山区、丘陵地带和平原。东阿尔卑斯山自东向西横亘全境，山脉南北两侧是石灰岩带，发育岩溶地貌，风光秀丽；中央是结晶岩带，峰岭高峻。其中北莱姆斯通阿尔卑斯山脉（Nördliche Limestonealpen）、中阿尔卑斯山脉（Mittelalpen），以及南莱姆斯通阿尔卑斯山脉。最高的中阿尔卑斯山脉还可进一步分成几座知名山脉与河谷：雷蒂孔山（Rätikon）、奥茨河谷（Ötztal）与齐勒河谷（Zillertal）、上陶恩山脉（Obere Tauern）与下陶恩山脉（Niedere Tauern），以及艾森埃尔茨阿尔卑斯山脉（Eisenerze Alpen）。北莱姆斯通阿尔卑斯山脉形成临德国的边界，末端在东方的维也纳森林（Wiener Wald）。南莱姆斯通阿尔卑斯山脉在 1919 年之前是完全属于奥地利的，如今大部分坐落在今天的意大利国境内，称为南蒂罗尔（South Tyrol）。意大利边境上的卡尼施阿尔卑斯山脉（Karnischalpen），以及南斯拉夫北部的卡拉万克山脉（Karawankentunnel）都属于此山系的一部分。奥地利东部则由平原、山丘和森林组成（境内山脉见表 1–1）。

许多河谷和山口横切东阿尔卑斯山脉，成为南北交通要道，东阿尔卑斯山地带约占全国面积的 64%。东北边境一带是波希米亚块状山，由古老的花岗岩和片麻岩高原组成，海拔 500～800 米，面积约占全国面积的 10%。介于山脉及块状山之间是以

表 1−1　奥地利境内主要山脉

山　脉　名　称	所属联邦州、地区及国家	海拔高度（m）
大格罗克纳山，高山隘口（Groβglocknerstraβe，Hochtor）	萨尔茨堡州、克恩滕州	2504
蒂梅尔峰（Timmelsjoch）	蒂罗尔州、意大利	2474
图拉赫高山（Turracher Höhe）	克恩滕州	1720
弗莱克森山（Flexenpass）	福拉尔贝格州	1773
霍赫坦贝格山（Hochtannbergpass）	福拉尔贝格州、蒂罗尔州	1676
费尔贝陶恩山（FelbertauernTunnel）	萨尔茨堡州、蒂罗尔州	1632
施图布阿尔卑斯山（Stubalpe，auch Gaberl）	施蒂利亚州	1547
格尔罗斯山（Gerlospass）	萨尔茨堡州、蒂罗尔州	1531
布伦内尔山（Brenner）	蒂罗尔州、意大利	1374
洛伊布尔山（Loiblpass）	克恩滕州、斯洛文尼亚	1367
普洛肯山（Plöckenpass）	克恩滕州、意大利	1357
拉德施塔特山（Radstädter）	萨尔茨堡州	1340
阿尔贝格山（ArlbergTunnel）	福拉尔贝格州、蒂罗尔州	1318
图尔恩山（Pass Thurn）	萨尔茨堡州、蒂罗尔州	1274
罗滕曼内尔陶恩山（Rottenmanner Tauern）	施蒂利亚州	1278
费恩山（Fernpass）	蒂罗尔州	1216
克恩腾湖山（Kärntner Seeberg）	克恩滕州、斯洛文尼亚	1215
卡奇山脉（Katschberg Tunnel）	萨尔茨堡州、克恩滕州	1195
泽费尔德山（Seefelder Sattel），或称齐尔勒山（Zirler Berg）	蒂罗尔州	1194
帕克山（Packstraβe）	施蒂利亚州、克恩滕州	1169
乌尔岑山（Wurzenpass）	克恩滕州、斯洛文尼亚	1071
佩考尔山（Perchauer Sattel）	施蒂利亚州	995
珀齐恩山（Pötschenhöhe）	施蒂利亚州、上奥地利州	993
谢莫林山（Semmering）	下奥地利州、施蒂利亚州	984
韦克塞尔山（Wechselpass）	下奥地利州、施蒂利亚州	980
朔布尔山（Schoberpass）	施蒂利亚州	849
格莱纳姆山（Gleinalm Tunnel）	施蒂利亚州	804
伯斯鲁克山（Bosrucktunnel）	上奥地利州、施蒂利亚州	742
卡拉万克山脉（Karawankentunnel）	克恩滕州、斯洛文尼亚	674

丘陵和阶地为主的阿尔卑斯山前地区，面积占全国的 11%。东北部的维也纳盆地及东南部的潘诺尼亚平原（Panonian Plain），面积分别占全国的 4% 及 11%，这里覆盖着肥沃的黄土及冲积土，是人口密集、经济发达的地区。

奥地利南部与东南部是横亘绵延的阿尔卑斯山（Alpen）和喀尔巴阡山（Karpaten）的山前地带；东部与西南部的 60% 都是阿尔卑斯山、维也纳盆地和时而平坦、时而坎坷的匈牙利低地。

奥地利境内有许多海拔 3000 米以上的山峰。大格罗克纳山（Großglockner）是奥地利境内的最高峰，海拔 3798 米，山顶终年积雪，现代冰川面积达 44 平方公里。

与阿尔卑斯山形成鲜明对照的是奥地利北部和东北部那些小山脉，高度很少超过海拔 950 米，它们缓缓地向多瑙河谷地延伸，山峰越来越低（境内主要山峰见表 1-2）。北部的这些山脉到了东部就被沼泽地所代替。维也纳以南的维也纳盆地一直伸展到匈牙利大平原。阿尔卑斯山、喀尔巴阡山、维也纳盆地，以及东部的潘诺尼亚低地是奥地利主要居住地和经济区。

3. 河流、湖泊

奥地利河流、湖泊众多，水面面积占国土面积的 1%。奥地利境内有两条主要河流——多瑙河（Donau）、莱茵河（Rhein）。

多瑙河发源于德国黑森林地区，在帕骚（Passau）流入奥地利后，一路向东，流经途中发源于阿尔卑斯山脉的大小诸支流皆注入该河，穿过上奥地利州首府林茨（Linz）和维也纳两个城市，进入捷克和斯洛伐克。多瑙河全长约 2850 公里，流经 7 个国家，最后注入黑海。多瑙河在奥地利境内的总长为 350 公里，并延伸出 20 余条支流，主要支流有因河（Inn）、萨尔察赫河（Salzach）、恩斯河（Enns）、德拉瓦河（Drau）等。奥地利境内属于多瑙河流域的国土面积达 80566 平方公里，占全国面积的 96%。

7

表 1-2 奥地利境内主要山峰

山 峰 名 称	所属联邦州	海拔高度（m）	所 属 山 脉
大格罗克纳峰（Groβglockner）	蒂罗尔州、克恩滕州	3798	陶恩山脉（Hohe Tauern）
维尔德峰（Wildspitze）	蒂罗尔州	3768	奥茨河谷阿尔卑斯山
大威尼斯峰（Groβvenediger）	蒂罗尔州、萨尔茨堡州	3674	陶恩山脉（Hohe Tauern）
霍赫费勒尔峰（Hochfeiler）	蒂罗尔州、意大利	3509	齐勒河谷阿尔卑斯山（Zillertaler Alpen）
楚克尔峰（Zuckerhütl）	蒂罗尔州	3507	施图拜阿尔卑斯山（Stubaier Alpen）
奥尔佩勒峰（Olperer）	蒂罗尔州	3476	图克斯阿尔贝斯山 Tuxer（Hoch－）Alpen
布伊恩峰（Piz Buin）	福拉尔贝格州	3312	西尔弗雷塔山（Silvretta）
怕赛尔峰（Parseierspitze）	蒂罗尔州	3036	莱希河谷阿尔卑斯山（Lechtaler Alpen）
达赫施泰因峰（Dachstein, Hoher）	上奥地利州、施蒂利亚州	2995	北喀尔巴阡山（Nördliche Kalkalpen）
雪沙柏娜峰（Schesaplana）	福拉尔贝格州、瑞士	2965	雷蒂孔山脉
上柯尼希峰（Hochkönig）	萨尔茨堡州	2941	北喀尔巴阡山脉
上格灵峰（Hochgolling）	萨尔茨堡州、施蒂利亚州	2862	下陶恩山脉
大普利尔峰（Groβer Priel）	上奥地利州	2515	托特斯山脉（Totes Gebirge）、北喀尔巴阡山脉
罗森诺克峰（Rosennock）	克恩滕州	2440	诺克山脉（Nockberge）、北阿尔卑斯山脉（Norische Alpen）
齐尔毕茨考格尔峰（Zirbitzkogel）	施蒂利亚州	2396	湖谷阿尔卑斯山脉（Seetaler Alpen）、北阿尔卑斯山脉

续表 1-2

山峰名称	所属联邦州	海拔高度（m）	所属山脉
霍赫托尔峰（Hochtor）	施蒂利亚州	2369	恩斯河谷阿尔卑斯山脉（Ennstaler Alpen）、北喀尔巴阡山脉
艾尔茅尔峰（Ellmauer Halt）	蒂罗尔州	2344	皇帝山脉（Kaisergebirge）、北喀尔巴阡山脉
霍赫施瓦布峰（Hochschwab）	施蒂利亚州	2277	北喀尔巴阡山脉
霍伊芬峰（Hoher Ifen）	福拉尔贝格州	2230	布雷根茨森林（Bregenzer Wald）
多布拉什峰（Dobratsch），又名楚克尔峰	蒂罗尔州	3507	菲拉赫施图拜阿尔卑斯山
阿尔卑斯山（Alpen）	克恩滕州	2166	盖尔河谷阿尔卑斯山（Gailtaler Alpen）
大施佩考格尔峰（Groβer Speikkogel）	克恩滕州	2140	科拉尔普山（Koralpe）
雪山（Schneeberg），又名（Klosterwappen）	下奥地利州	2076	北喀尔巴阡山脉
拉克斯风（Rax），又名霍伊库珀峰（Heukuppe）	下奥地利州	2007	北喀尔巴阡山脉
厄切尔峰（Ötscher）	下奥地利州	1893	北喀尔巴阡山脉
沙夫贝格峰（Schafberg）	萨尔茨堡州、上奥地利州	1782	北喀尔巴阡山脉
霍赫韦克塞尔（Hochwechsel）	施蒂利亚州、下奥地利州	1743	阿尔卑斯山脉
特劳施泰因峰（Traunstein）	上奥地利州	1691	北喀尔巴阡山脉
施布菲尔峰（Schöpfl）	下奥地利州	893	维也纳森林（Wiener Wald）
哥施里本斯坦因峰（Geschriebenstein）	布尔根兰州、匈牙利	884	居泽尔山地（Günser Bergland）
赫尔曼克格尔峰（Hermannskogel）	维也纳	542	维也纳森林

奥地利只有西部一隅为莱茵河流域，境内流域面积为 2366 平方公里。莱茵河在奥地利境内总长为 72 公里。易北河（Elbe）的支流莱恩泽茨河（Lainsitz）从奥地利东部流入奥地利，在奥地利境内长度仅为 15 公里，境内流域面积仅 918 平方公里。

奥地利主要河流见表 1-3。

表 1-3　奥地利境内主要河流及流域面积

河流名称	总长（km）	境内总长（km）	流域面积（km²）	境内流域面积（km²）
莱茵河（Rhein）	1320	72	224400	2366
多瑙河（Donau）	2848	350	817000	80566
莱希河（Lech）	250	90	4126	1338
因河（Inn）	510	280	26131	15913
萨尔察赫河（Salzach）	225	225	6704	5544
特劳恩河（Traun）	153	153	4277	4277
恩斯河（Enns）	254	254	6080	6080
伊布斯河（Ybbs）	126	126	1293	1293
特赖森河（Traisen）	70	70	900	900
卡姆普河（Kamp）	153	153	1753	1753
施韦卡特河（Schwechat）	64	64	1181	1181
马尔希河（March）	352	80	26658	3675
塔雅河（Thaya）	290	135	13404	2249
莱塔河（Leitha）	191	167	2360	2148
拉布河（Raab）	283	84	10114	4550
拉布尼茨（Rabnitz）	177	60	4816	2111
德拉瓦河（Drau）	749	261	40400	11828
盖尔河（Gail）	122	122	1403	1209
古尔克河（Gurk）	158	158	2584	2584
拉瓦特河（Lavant）	72	72	969	969
米茨河（Mürz）	85	85	1513	1513
祖尔姆河（Sulm）	70	70	1113	1113
易北河（Elbe）	1144	—	145800	—
莱恩泽茨河（Lainsitz）	143	15	4232	918

奥地利最大的湖泊是与德国、瑞士共有的博登湖
（Bodensee）。博登湖总面积为 538.5 平方公里，最大深度达到
252 米；其次就是与匈牙利共有的新锡德尔湖（Neusiedler See，
又译为诺伊齐德勒湖）。新锡德尔湖面积甚广，将近 157 平方公
里，但水深却最多不过 2 米，芦苇茂密，栖有珍禽。奥地利境内
最深的湖泊是特劳恩湖，最深深度为 191 米。从奥地利西部边境
的博登湖到东部边境的新锡德尔湖，其间有 80 多个较大的湖泊
和无数个小湖泊。萨尔茨堡以东的山地湖泊区，风景优美，自古
以来还是欧洲著名的盐产地和今天的世界文化遗产萨尔茨卡默古
特（Salzkammergut）。

境内主要湖泊见表 1-4。

4. 气候

奥地利地处温带，受大西洋影响，属于典型的中欧过渡性气
候，即从温和且受西部与西北部大西洋影响的气候向东部大陆性
气候的过渡地带，气候冬温夏凉。由于阿尔卑斯山脉覆盖了奥地
利境内绝大部分的土地，在决定奥地利各种气候状况上扮演了一
个重要的角色。阿尔卑斯山脉北端的气候大多属于中欧型气候，
降水充沛。阿尔卑斯山脉以南，即克恩滕州境内，气候几乎属地
中海型，气温较暖，雨量较少。

奥地利东部地区属于大陆性气候，夏热冬冷，7 月份平均气
温大都在 19℃ 以上，年降水量大多在 800 毫米以下。阿尔卑斯
山腹地因受阿尔卑斯山气候影响，雨量充沛，夏短冬长，7 月份
气温只有 1℃ ~3℃；冬长而多雪，1 月达 -10℃ ~ -17℃。其他
地区则呈现为湿润的中欧过渡型气候，7 月份平均气温在 14℃ ~
19°C 之间。

奥地利雨水充沛，就其降水量而言，从西向东逐渐减少，年
降水量约 700 ~1300 毫米。从降雨量上可以明显看出奥地利东西
部的差别。奥地利东部的降雨量明显低于西部，即海拔越高，降

11

表 1-4 奥地利境内主要湖泊（面积 >2km²）

湖 泊 名 称	所属联邦州、国 家	面积（km²）	海拔（m）	最大深度（m）
博登湖（Bodensee）	福拉尔贝格州、瑞士、德国	538.5	396	252
新锡德尔湖（Neusiedler See）	布尔根兰州、匈牙利	156.9	115	2
阿特尔湖（Attersee）	上奥地利州	45.9	469	169
特劳恩湖（Traun-/Gmundner See）	上奥地利州	24.5	423	191
维尔特湖（Wörther See）	克恩滕州	19.3	440	86
月亮湖（Mondsee）	上奥地利州	14.2	481	68
米尔施塔特湖（Millstätter See）	克恩滕州	13.3	588	140
沃尔夫冈湖（Wolfgangsee）	萨尔茨堡州、上奥地利州	13.5	538	114
奥塞赫尔湖（Ossiacher See）	克恩滕州	10.6	502	52
哈尔施塔特湖（Hallstätter See）	上奥地利州	8.4	506	125
亚琛湖（Achensee）	蒂罗尔州	6.8	929	133
魏森湖（Weißensee）	克恩滕州	6.4	929	97
瓦勒湖（Waller），又名（Seekirchner See）	萨尔茨堡州	6.4	505	23
上特鲁姆湖（Obertrumer See），属马特湖（Mattseen）	萨尔茨堡州	4.9	503	35
策尔湖（Zeller See）	萨尔茨堡州	4.7	750	68
格伦德尔湖（Grundlsee）	施蒂利亚州	4.2	706	64
下特鲁姆湖（Obertrumer See），属马特湖（Mattseen）	萨尔茨堡州	3.6	503	40
策尔湖，又名伊尔湖（Irrsee）	上奥地利州	3.5	553	32
普兰湖（Plansee）	蒂罗尔州	2.6	976	—
福斯尔湖（Fuschlsee）	萨尔茨堡州	2.7	664	66
法克尔湖（Faaker See）	克恩滕州	2.2	555	30
阿尔特奥泽尔湖（Altausseer See）	施蒂利亚州	2.1	712	53

雨量就越大。以 2002 年为例，奥地利降水量最大的是萨尔茨堡州，年降水量近 1400 毫米，而位于东部的埃森施塔特地区仅为 697 毫米，不到萨尔茨堡年降水量的 50%。阿尔卑斯高山地区夏短而凉，冬长多雪，一年的降水天数常常多达 180 天以上，年降水量近 3000 毫米，其中很大一部分是降雪。

奥地利气温、降水量情况见表 1－5。

表 1－5　2002、2003 年奥地利主要气象观测点气温、降水量统计

主要气象观测点	海拔(m)	气温(℃)						降水量(mm)					
		最高温		最低温		年平均		降水天数*		降雪天数		年降水总量	
		2002	2003	2003	2003	2002	2003	2002	2003	2002	2003	2002	2003
埃森施塔特	184	35.1	38.4	−11.2	−11.6	11.4	10.8	140	120	5	13	697	491
维也纳高观象台	202	35.1	37.6	−12.3	13.7	11.3	10.9	155	141	7	13	813	447
林茨－荷尔兴	297	34.4	36.9	−15.9	−20.6	10.2	9.8	164	141	8	23	1154	634
格拉茨机场	340	36.3	37.2	−14.5	21.2	10.9	10.2	134	117	6	10	800	649
萨尔茨堡机场	430	32.8	35.9	−17.1	−19.5	10.0	9.4	185	152	8	25	1386	955
费尔德基尔希	439	31.8	35.6	−14.1	−14.5	10.1	9.8	175	148	1	18	1341	951
克拉根福	447	35.3	36.6	−18.0	−18.8	9.6	9.0	130	124	8	13	937	928
因斯布鲁克大学	577	36.3	37.4	−11.9	13.7	10.0	10.0	163	139	2	17	919	789
福伊考格尔峰	1618	24.4	25.8	−15.1	17.5	4.7	4.6	202	174	55	70	2316	1518
拉赫阿尔卑斯山	2140	19.8	21.0	−18.4	18.2	1.7	1.5	179	149	73	72	1242	1299

说明：* 指一年中降水量超过 0.1mm 天数。

二　地理与行政区划

按照地理位置的分布，奥地利可划分为五大区域（见图1－1）：西部地区，包括福拉尔贝格州、蒂罗尔州与萨尔茨堡州；东部地区，主要是上奥地利州；南部地区，包括克恩滕州、蒂罗尔州东部、施蒂利亚州和布尔根兰州南部（居兴、耶内斯多夫、上瓦尔特）；北部地区包括下奥地利州、布尔

根兰州北部（埃森施塔特城、埃森施塔特周边区、鲁斯特、马特斯堡、湖畔诺伊齐德、上普伦多夫）；以及首都维也纳。

图 1-1 奥地利五大地理区域

按照行政区域划分，奥地利是一个由九个联邦州组成的联邦国家，九个联邦州分别是布尔根兰州、克恩滕州、下奥地利州、上奥地利州、萨尔茨堡州、施蒂利亚州、蒂罗尔州、福拉尔贝格州和维也纳（见图 1-2）。其中，维也纳既是一个独立的联邦

图 1-2 奥地利联邦州及州首府示意图

州，同时又是奥地利共和国的首都。奥地利在联邦州以下还设置了专区和市（镇）、乡等行政区域。专区是州政府的派出机构。奥地利全国共有 84 个专区、14 个州辖市，755 个市（镇）、1531 个乡。下面分别对奥地利的九个联邦州做概括介绍。

1. 布尔根兰州（Burgenland）

布尔根兰州位于奥地利最东部，与下奥地利州和施蒂利亚州相邻。布尔根兰州是 1921 年由匈牙利讲德语的边境地区形成的。其实，在 1919 年签订的圣日耳曼国家条约里，该地区就已宣布划归奥地利所有。布尔根兰州面积 3965.46 平方公里，人口 27.76 万，主要是奥地利人，少数民族有匈牙利人、斯洛文尼亚人和克罗地亚人。该州分为 7 个行政区，州首府是埃森施塔特（Eisenstadt），人口 1.13 万。其他 6 个行政区为鲁斯特（Rust）、埃森施塔特周边区（Eisenstadt-Umgebung）、居兴（Güssing）、耶内斯多夫（Jennersdorf）、马特斯堡（Mattersburg）、湖畔诺伊齐德（Neusiedl am See）、上普伦多夫（Oberpullendorf）和上瓦尔特（Oberwart）。

布尔根兰州的经济以农林业为主，是奥地利著名的农业区，盛产小麦、玉米、水果和蔬菜。葡萄是水果中最主要，也是备受青睐的产品，因此该州还是有名的葡萄酒产地。因其农业的发达，布尔根兰州与农业种植紧密相关的罐头制造业也十分兴盛。

除了发达的农业之外，兴旺的旅游业也是布尔根兰州的一大特色。凭借美丽诱人的乡村风景吸引着众多的游客，特别是中欧唯一的草原湖——诺伊齐德勒湖已被列入世界自然文化遗产名录，更是成为旅游者向往的观光度假胜地。州首府埃森施塔特曾经是著名音乐家约瑟夫·海顿工作过的地方，他死后被安葬在那里。埃森施塔特的埃斯泰尔哈吉宫（Esterhazy Palast）是布尔根兰州海顿音乐节的举办地。每年七、八月间，人们可以欣赏到在诺伊齐德勒湖的湖面舞台上演唱的轻歌剧。

2. 克恩滕州 （Kärnten）

克恩滕州位于奥地利最南端，从西部多山的上克恩滕到东部盆地下克恩滕构成了一个由高山环抱的地形整体，面积为9535.97平方公里，人口55.95万。该州分为10个行政区，州首府为克拉根福（Klagenfurt），人口9.01万。奥地利每年在克拉根福举办木材博览会，向欧洲和世界其他地区推销木材和木材制品。克恩滕州的其他9个行政区为菲拉赫（Villach）、菲尔德基尔希（Feldkirchen）、赫尔玛格尔（Hermagor）、克拉根福区（Klagenfurt-Land）、格兰河畔圣法伊特（Sankt Veit an der Glan）、德拉瓦河畔的施皮塔尔（Spittal an der Drau）、菲拉赫区（Villach-Land）、福克马尔科特（Völkermarkt）、沃尔夫斯贝格（Wolfsberg）。克恩滕州南部数百年来一直生活着斯洛文尼亚少数民族。

克恩滕州湖泊众多，其中维尔特湖畔地区素有"奥地利的里维埃拉"之称，它与奥塞赫尔湖和米尔施塔特湖浴场都是国内外游客非常喜爱的度假胜地。除了该州第四大湖魏森湖外，克恩滕州大大小小的湖泊还有两百多个。

除了湖泊众多之外，克恩滕州1/3面积是高山草场，畜牧业发达，拥有丰富的木材和水力资源。克恩滕的部分工业处于世界领先地位，主要工业是电子和化学工业，如菲拉赫的电子产品；其次是木材工业以及建筑和采石工业，菲拉赫造枪厂生产的猎枪举世闻名，还有铁、铅、锌、钨和镁矿都是在这个州开采的。

克恩滕州建在高山和特劳恩河上的大型发电厂对奥地利的电力供应起着十分重大的作用。位于斯洛文尼亚和意大利边境附近的菲拉赫是东阿尔卑斯山地区公路和铁路交通的枢纽。

3. 下奥地利州 （Niederösterreich）

下奥地利州位于奥地利东北部，是全国最大的联邦州，面积为19177.78平方公里，几乎占全国面积的1/4，人口156.39万。

下奥地利州分为 21 个行政区，州首府为圣珀尔滕（Sankt.
Pölten），人口约 4.91 万，其他城市有克雷姆斯（Krems an der
Donau，多瑙河畔）、魏登霍芬（Waidhofen an der Ybbs，伊布斯河
畔）、维也纳新城（Wiener Neustadt）、阿姆施特腾（Amstetten）、
巴登（Baden）、布鲁克（Bruck an der Leitha，莱塔河畔）、甘泽尔
多夫（Gänserndorf）、格明德（Gmünd）、赫拉布伦（Hollabrunn）、
霍恩（Horn）、科诺伊堡（Korneuburg）、克雷姆斯（区）（Krems
Land）、利林菲尔德（Lilienfeld）、迈尔克（Melk）、密斯特巴赫
（Mistelbach）、墨德林（Mödling）、新诺基伊尔（Neunkirchen）、
圣珀尔滕（区）（Sankt Pölten-Land）、维也纳周边区（Wien-
Umgebung）、茨魏特尔（Zwettl）。

多瑙河贯穿下奥地利州全境，水系丰富，农业发达，被誉为
奥地利的"谷仓"，葡萄产量占全国葡萄产量的 60%；同时，该
州还是全国最大的石油和天然气开采区。

和上奥地利州一样，这里依然以"区"来划分行政管理，如
森林区或者葡萄区。在所有联邦州中，下奥地利州的农业种植面
积最大，有农田、果园和葡萄园。这个州的许多农产品，如小麦
和甜菜产量均在奥地利国内居首位。出产于瓦豪（Waldhausen）、
维也纳周围地区、古姆珀茨吉欣（Gumpoldskirchen）、巴登或者
菲斯劳（Vöslau）的下奥地利葡萄酒深受行家们赞美。

这个在历史上构成奥地利国家核心的联邦州还蕴藏着丰富的
地下矿藏，工业发达。多瑙河以北地区坐落着奥地利最大的油
田。维也纳 - 施维卡特 OMV 炼油厂的年生产量为一千万桶。大
型化工、钢铁、冶金、纺织、食品和奢侈品企业大都位于维也纳
盆地南部。在多瑙河及其支流卡姆普河上，坐落着主要几个为奥
地利提供电能的大型发电厂。另外还有几家奥地利最大的热电厂
分布在维也纳工业区周围，如科诺伊堡、霍恩瓦特（Hohenwart）、
迪恩罗尔火力发电厂等。

下奥地利州考古发掘丰富，文化古迹众多，重要的出土文物有石器时代（如韦伦多夫的维纳斯）和"罗马帝国统治奥地利"（卡农图姆的民居点和兵营）时期的。罗马和哥特风格的慈善机构和教堂，宏伟的巴洛克风格修道院和宫殿受到艺术家们的青睐。著名的多瑙河戏剧节向世人展示着各种各样具有国际影响的艺术节目。

4. 上奥地利州（Oberösterreich）

上奥地利州位于奥地利北部，多瑙河流经该州东部，北部是片麻岩和花岗岩石的格拉尼特和格奈斯高原，中部是多瑙河谷地，南部是萨尔茨卡默古特山地（Salzkammergut）和阿尔卑斯山石灰岩高山地带，多湖泊。上奥地利州面积11981平方公里，人口139.30万，分为18个行政区，州首府林茨（Linz），人口18.35万。其余17个行政区分别是施泰尔、维尔斯（Wels）、布劳瑙（因河畔，Braunau am Inn）、埃佛尔丁（Eferding）、弗莱斯塔特（Freistadt）、格蒙顿（Gmunden）、格里斯基伊尔（Grieskirchen）、基尔多夫（克雷姆斯河畔，Kirchdorf an der Krems）、林茨－村（Linz-Land）、佩尔格（Perg）、里顿（因河流域，Ried im Innkreis）、罗尔巴赫（Rohrbach）、舍尔丁（Schärding）、施泰尔－村（Steyr-Land）、乌法尔－区（Urfahr-Umgebung）、福科拉布鲁克（Vöcklabruck）和维尔斯－村（Wels-Land）。

上奥地利州的萨尔茨卡默古特山地湖泊星罗棋布，是奥地利自然景色最壮美迷人的地区之一。位于哈尔施塔特湖畔的这一地区创造了一个史前时期的辉煌——哈尔施塔特文化。但是，阿特尔湖、特劳恩湖或者沃尔夫冈湖等的湖水不像克恩滕州的湖水那么温暖，自然条件比较严酷。

数十年来，上奥地利州的经济一直呈现出强劲的发展势头。其出口额大约占奥地利全部出口的1/4，其中2/3产品出口到欧盟国家。上奥地利州的工业发达，主要工业包括钢铁、汽车制造、机械、制药、造纸、纺织等。这里也蕴藏着奥地利第二大油气田，是奥地利第二大石油和天然气开采区。一座座大型发电厂坐落在多瑙河及其支流恩斯河上。

在技术、教育和就业方面，上奥地利州属于欧洲顶尖地区之一。位于多瑙河畔的州首府林茨拥有现代化的贸易港口，周围分布着许多大型钢铁和化工企业。其他重要的工业中心是维尔斯、格蒙顿、施泰尔和福科拉布鲁克地区。上奥地利州的汽车制造集群公司的伙伴企业拥有 5.5 万员工，年销售量在 54 亿欧元左右。维尔斯和里顿的国际展览会展示着上奥地利州的农业和工业所取得的成就。

州首府林茨每年举办一次"国际布鲁克纳音乐节"。此外，林茨电子音乐艺术节也享誉全球。

5. 萨尔茨堡州（Salzburg）

萨尔茨堡州位于奥地利北部，阿尔卑斯山纵贯全州。萨尔茨堡州面积 7154.22 平方公里，人口 52.44 万。自古以来，萨尔茨堡就以盛产盐而闻名，州和首府就是由此而得名的。萨尔茨堡州包括部分阿尔卑斯山石灰岩区、湖泊星罗棋布的西萨尔茨卡默古特山地、东部的基茨布尔阿尔卑斯山、北部的高特劳恩山脉和西部的低特劳恩山脉。该州分为 6 个行政区，州首府为萨尔茨堡市（Salzburg），人口 14.27 万。其余 5 个行政区为哈莱恩（Hallein）、萨尔茨堡周边区（Salzburg-Umgebung）、（蓬高）圣约翰（Sankt Johann im Pongau）、塔姆斯维格（Tamsweg）、（湖畔）策尔（Zell am See）。

萨尔茨堡州农林业与电业发达，格罗克纳－卡普龙高山发电厂远近闻名，部分特殊工业领域产品出口势头强劲。除此以外，萨尔茨堡州最引人注目、也特别具有竞争力的还是繁荣的旅游业。

萨尔茨堡州首府萨尔茨堡市既是州政府所在地，又是萨尔茨堡大主教的官邸。1945 年以后，这座"莫扎特之城"以及萨尔茨堡州发展成为国际旅游中心之一。萨尔茨堡老城被当作一个整体艺术品保存下来，并列入联合国教科文组织的世界文化遗产名录。萨尔茨堡州的疗养胜地巴特加施泰因和巴特霍夫施泰因以加施泰因温泉而闻名世界，著名冬季运动中心有萨尔巴赫/兴特格莱姆、策尔和卡普龙（Kaprun）。1920 年创立的萨尔茨堡戏剧节享誉全球，由赫贝特·冯·卡拉扬发起的复活节音乐会更为萨尔茨堡州兴盛的旅游业锦上添花。

6. 施蒂利亚州（Steiermark）

施蒂利亚州位于奥地利东南部，州面积 16391.93 平方公里，人口 119.53 万，分为 17 个行政区，州首府为格拉茨市，拥有 22.62 万居民。其余 16 个行政区分别为布鲁克（穆尔河畔，Bruck an der Mur）、德意志贝格（Deutschlandsberg）、费尔德巴赫（Feldbach）、菲斯滕费尔德（Fürstenfeld）、格拉茨周边区（Graz-Umgebung）、哈尔贝格（Hartberg）、尤登堡（Judenburg）、克尼特费尔德（Knittelfeld）、莱布尼茨（Leibnitz）、累欧本（Leoben）、利恩岑（Liezen）、穆劳（Murau）、明茨施拉格（Mürzzuschlag）、拉科尔斯堡（Radkersburg）、弗茨贝格（Voitsberg）和魏茨（Weiz）。

施蒂利亚州被誉为"绿色之省"，森林覆盖率为 52%，草场和葡萄园占 25%。施蒂利亚州不仅畜牧业和木材加工业发达，而且矿产资源丰富，采矿业发达。该州北部，也就是多山的上施蒂利亚地区因为拥有丰富的铁矿资源和强大的钢铁工业而又得名"钢铁之疆"。在采矿业中，施蒂利亚州居奥地利各联邦州之首。奥地利铁矿开采的 90% 来源于施蒂利亚的矿山。西施蒂利亚盛产褐煤。施蒂利亚州蕴藏着丰富的镁矿资源，镁产品出口许多国家。矿山开采和冶金工业研究中心是累欧本矿业大学。

穆尔和米尔茨谷地是钢铁工业和机器制造工业中心。近 10
年来，经过企业改制，上施蒂利亚的"老"企业又焕发出新的
生机。纤维和造纸业以及电子工业也起着重要作用。首先在电子
领域（如芯片生产公司 AMS），还有环境保护和塑料技术方面的
许多革新企业都赢得了国际声誉。

州首府格拉茨是奥地利的"汽车城"，拥有最现代化的汽车
工业，如欧洲之星汽车制造厂和斯泰尔－戴姆勒－普赫汽车制造
厂，产品销往世界各地，享有盛誉的 AVL-List 发动机研制厂也
坐落在这里。施蒂利亚的汽车制造集群公司是奥地利最有成效的
经济项目之一。

除了发达的汽车工业外，格拉茨还是奥地利重要的经济、文
化和教育中心。宫殿山及其钟塔高高地耸立在这座富有诗情画意
的古城上空。奥地利盛大的先锋派戏剧节"施蒂利亚之秋"以
及"施蒂利亚音乐节"远近闻名。

7. 蒂罗尔州（Tirol）

蒂罗尔州位于奥地利西部，与德国、意大利和瑞士相邻，全
州面积 12647.71 平方公里，人口 68.83 万，分为 9 个行政区，州
首府因斯布鲁克（Insbruck）位于因河河谷，是奥地利西部重要的
政治、经济、文化和交通中心，人口 11.34 万。其他 8 个行政区为
伊姆斯特（Imst）、因斯布鲁克区（Innsburck-Land）、基茨布尔
（Kitzbühel）、库弗施坦因（Kufstein）、兰代克（Landeck）、利恩
茨（Lienz）、罗伊特（Reutte）和施瓦茨（Schwaz）。

蒂罗尔州山峦叠嶂、森林密布、风景绮丽，登山和冬季运动
发达，曾成功举办 1964 和 1976 年冬季奥运会，同时还是闻名世界
的度假胜地。蒂罗尔州群山中，古老的农家院落与秀美的自然风
光和谐交融、古老淳厚的民风民俗绚丽多彩。蒂罗尔州的旅游业
是该州经济的动力，也是奥地利旅游业中最主要的创汇地区之一。

蒂罗尔州的农林业和水电业发达，是奥地利水力发电的重要

基地。蒂罗尔州最大的工业和出口行业是玻璃和宝石业。

蒂罗尔是欧洲交通枢纽之一。因塔尔和布莱纳高速公路是欧洲公路交通的要塞。长达 14 公里的阿尔贝格公路隧道是保证福拉尔贝格和蒂罗尔之间冬季交通往来的第一条公路。随着费尔伯陶恩公路的建成，实现了北蒂罗尔与东蒂罗尔之间在奥地利境内的直接交通往来。

蒂罗尔还是一个学堂林立的教育之州、思想荟萃之地和当代艺术与文化的家园。每年夏季，因斯布鲁克都会举办古典音乐周和安勃拉斯宫廷音乐会，"阿尔普巴赫欧洲论坛"是当今欧洲最重要的学者大会之一。

8. 福拉尔贝格州（Vorarlberg）

福拉尔贝格州位于奥地利最西端，与德国、瑞士和列支敦士登相邻。全州面积 2601.46 平方公里，人口 35.94 万，分为 4 个行政区。州首府布雷根茨市（Bregenz），位于博登湖畔，人口 12.11 万。其他三个行政区为布卢登茨（Bludenz）、多恩比恩（Dornbirn）、费尔德基尔希（Feldkirch）。多恩比恩是福拉尔贝格的商业中心和人口最多的城市。福拉尔贝格州是奥地利最西部的州，也是面积最小的联邦州（除首都维也纳外）。

福拉尔贝格州的主要产业是工业和能源经济。该州纺织业发达，特别是刺绣业更是首屈一指，是欧洲生产能力最大的刺绣中心之一；该州的金属与钢铁制造业、食品和享乐品生产业也不断发展；该州丰富的水力电能不仅供给本州使用，而且还通过欧洲电网为德国、比利时、荷兰和卢森堡提供部分电力能源。

福拉尔贝格州的旅游业发达。福拉尔贝格州位于博登湖和阿尔贝格山之间，拥有多种多样的地形，因其优美的自然风景而备受国内外游客的青睐。位于福拉尔贝格和蒂罗尔交界的阿尔贝格地区是阿尔卑斯山滑雪运动中心。瓦尔瑟山谷（Walsertal）、蒙塔奉（Montafon）也是著名的观光旅游胜地。

坐落在博登湖畔的布雷根茨市不仅是州政府所在地，也是奥地利西部的政治文化中心，还是奥地利著名的旅游城市。

9. 维也纳（Wien）

维也纳是奥地利首都和最大的城市，也是独立的联邦州，坐落于多瑙河东北部沿岸、阿尔卑斯山北麓维也纳盆地之中，被下奥地利州环抱，三面环山，多瑙河由北向东南穿城而过，市区的西北部延入维也纳森林，距匈牙利、捷克和斯洛伐克边界仅约60公里。维也纳最早是凯尔特人聚居地，1278年成为哈布斯堡王朝的首都，18世纪又成为奥地利主要的文化中心。1918年，维也纳被指定为奥地利首都。维也纳面积为414.66平方公里，人口161.33万人。

维也纳是奥地利联邦立法机构、联邦政府、中央机构和最高法院以及一系列国际组织所在地，还是奥地利的经济、金融中心。这里不仅坐落着国家主要的金属加工、精密机械、电子技术和发动机制造工业企业，奥地利的各大银行、储蓄银行、保险公司以及绝大多数奥地利大企业的总部均设在维也纳。

维也纳是欧洲、也是世界最著名的旅游中心之一，拥有大量珍贵的历史文化遗产和迷人的人文、自然风光。自18世纪起，维也纳就是欧洲古典音乐艺术的中心，舒伯特、勃拉姆斯、贝多芬、海顿、莫扎特和施特劳斯父子等音乐大师都曾在此生活和从事音乐事业，维也纳也因此被誉为世界最著名的"音乐之都"。维也纳的金色大厅享誉世界，一年一度的维也纳新年音乐会堪称全世界最受瞩目的音乐盛典。"维也纳文化周"和电影节具有极大吸引力。

维也纳也是重要的国际会议城市。20世纪90年代中期，在世界最受欢迎的会议城市中，维也纳紧随巴黎排名第二。同时，作为著名的会展城市，维也纳每年夏秋两季举办的国际博览会和一系列专业博览会，展示着其在国际贸易中的重要位置。

第二节　自然资源

奥地利拥有丰富的水力与森林资源，全国林地约占国土面积的 43.3% 。奥地利还拥有丰富的矿藏资源，其中菱镁矿储量 8000 万吨，居世界第二位，年产量 100 万吨左右，最大矿区在南部穆尔河谷。铁矿是奥地利最重要的矿藏资源，1984 年产铁矿 360 万吨，平均含铁品位 32% ，中部的埃尔茨山铁矿占全国储量的 30% 和产量的 90% 。奥地利的石墨储量居世界第一位，主要分布在凯泽斯贝格。其他的矿藏还有褐煤、石油和天然气、食盐、铝、钴、锌、铜等。2003 年奥地利开采天然气总量为 20.06 亿立方米，比上一年提高了 3.4% 。

奥地利地处欧洲腹地，地貌多样，气候类型多变，动植物种类繁多。奥地利因为拥有起伏的地势和多变的气候而使其动植物种类繁多。奥地利的平原和丘陵地区，植物带基本上符合大气候带植物生长的特征。在奥地利所看到的中欧植物种群中，非常典型的是橡树和山毛榉以及生长在海拔 500 米以上的山毛榉和云杉混合林。海拔 1200 米以上，主要分布的是云杉，再往上就是落叶松和五针松。

奥地利森林资源丰富，是世界闻名的"森林之国"，森林面积 3.63 万平方公里，为欧洲森林分布最稠密的国家之一。奥地利的森林以天然林为主，用材林占 64.5% ，山地防护林占 30.7% ，环境林占 3.6% ，休闲林占 1.1% ，平原农田防护林占 0.1% 。森林总蓄积量 9.7 亿立方米，平均每公顷蓄积 257 立方米，是世界平均水平的 2.3 倍；人均占有森林面积 0.5 公顷，蓄积 120 立方米，是中国人均水平的 4.5 倍和 12 倍。奥地利森林的所有制结构以私有林为主，21.4 万多个私有林主拥有全国森林面积的 79.5% 。公有林占 20.5% 。奥地利阿尔卑斯山前地带，森林已经大多为耕田和牧场所取代，尤其在阿尔卑斯山北麓，大约海拔 600 米以上，几乎全都变成了牧场。

图 1 – 3 是奥地利各州森林面积与各州总面积的对比情况。奥地利各联邦州的森林面积均十分广阔，其中以施蒂利亚州和克恩腾州的森林覆盖率最高，超过了全州面积的一半。

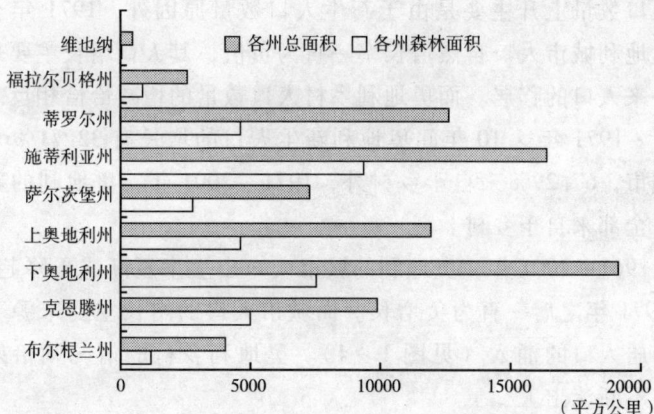

图 1 – 3 2003 年奥地利联邦州森林面积与州总面积对比

在奥地利，主要栖息着中欧的动物群，如狍子、鹿、野兔、野鸡、山鹑、狐狸、獾、貂和松鼠。岩羚羊、旱獭和山穴鸟是阿尔卑斯山动物的典型代表，而且人们又放养了北山羊。此外，诺伊齐德勒湖——欧洲唯一的草原湖芦苇带中的鸟天堂是潘诺地带动物世界的标志，栖息着紫鹭、琵鹭群和剑嘴鸟等鸟类动物。

第三节 居民与宗教

一 人口

根据 2004 年官方的人口统计资料显示，截至 2004 年，奥地利的人口总数为 817.5 万，比 1991 年的 775.5

万人增长了 42 万人。

2001 年，奥地利城市人口 536.87 万，占全国人口的 66.84%，乡村人口 266.4 万，占全国人口的 33.16%。自 1961 年起，奥地利城市人口呈快速上升趋势，除了 1961～1971 年这 10 年间的城市人口数量上升主要是由于新生人口数量原因外，1971 年至今的奥地利城市人口自然增长率一直为负值，其人口增长主要来源于外来人口的移居。而奥地利乡村人口数量的增减恰恰相反。除1961～1971 年这 10 年间奥地利新生人口的增长有 32.71% 来自于城市，67.29% 来自于乡村外，1971～2001 年，奥地利的新生人口全部来自于乡村。

1961～2001 年，奥地利的城市人口出生率逐渐成下降趋势，从 1971 年之后一直为负增长。而城市人口的增长主要来源于大量移居人口的涌入（见图 1－4）。奥地利乡村的情况则恰好相反，不断流出。

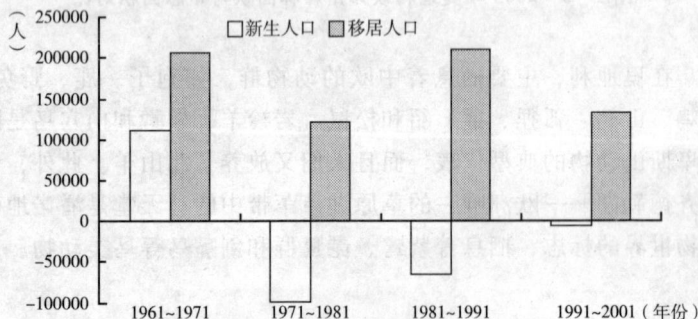

图 1－4 1961～2001 年奥地利城市人口数量变化示意图

总体而言，奥地利乡村的新生人口数量虽然自 1961 年起一直呈下降趋势，但是中间未呈现负值，而且在近 30 年基本处于比较稳定的数值。而乡村人口数量的减少另一个主要原因是大量居民移居至城市，直到 20 世纪 90 年代开始奥地利乡村的外来移居人口才出现正增长，具体数量变化参见图 1 - 5。

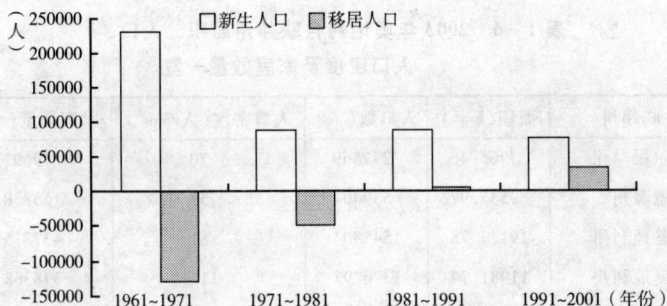

图 1 - 5 1961 ~ 2001 年奥地利乡村人口数量变化示意图

2001 年，奥地利总人口中男性为 388.9 万人，女性为 414.4 万人。男性的平均寿命为 75 岁、女性的平均寿命为 81 岁。1951 ~ 2001 年，奥地利 65 岁以上人口数量每年都以不同速度递增：1951 年，奥地利 65 岁以上人口数量为 73.35 万人，占当时全国总人口的 10.58%；1961 年 87.32 万人，占当时全国总人口的 12.34%；1971 年 106.16 万人，占当时全国总人口的 14.17%；1981 年 114.6 万人，占当时全国总人口的 15.17%；1991 年 116.7 万人，占当时全国总人口的 14.97%；2001 年 124.17 万人，占当时全国总人口的 15.46%。

奥地利全国人口密度平均每平方公里 96 人，比 10 年前每平方公里增长 3 人；家庭数量为 33.42 万户。奥地利人口主要分布在维也纳、下奥地利州、上奥地利州和福拉尔贝格州，其中，维也纳的面积（414.66km²）仅为全国总面积（83870.95km²）的 0.49%，但却集中了全国人口的 19.3%，共计 155 万人，人口密度达到 3738 人/km²，也是奥地利各联邦州中最多的。表 1 - 6

是奥地利各联邦州及全国的面积、人口数量、人口密度和家庭数
量的统计比较。

表 1-6　2003 年奥地利各联邦州面积、人口、
人口密度及家庭数量一览

联邦州	面积(km²)	人口数(人)	人口密度(人/km²)	家庭数量(个)
布尔根兰州	3965.46	277569	70	79692
克恩滕州	9535.97	559404	59	155838
下奥地利州	19177.78	1545804	81	437315
上奥地利州	11981.74	1376797	115	378368
萨尔茨堡州	7154.22	515327	72	138876
施蒂利亚州	16391.93	1183303	72	330460
蒂罗尔州	12647.71	673504	53	181984
福拉尔贝格州	2601.48	351095	135	95642
维也纳州	414.66	1550123	3738	407976
全国总计	83870.95	8032926	96	2206151

　　奥地利超过 5 万人的城市有 64 个。除首都维也纳外，奥地利
人口密度超过 500 人/km² 的城市还有克拉根福（750 人/km²），维
也纳新城（617 人/km²），林茨（1912 人/km²），施泰尔（1481 人/
km²），维尔斯（1230 人/km²），萨尔茨堡（2173 人/km²），格
拉茨（1774 人/km²），因斯布鲁克（1081 人/km²）。

　　截至 2001 年，奥地利共有 220.6 万户家庭，其中最主要的
家庭构成模式为"夫妻共同生活抚养子女"，占总数的 44%；夫
妻共同生活且无子女占 29%；单亲家庭占 16%；同居并共同抚
养子女的家庭模式占 5%，同居且无子女的家庭模式占 6%。

　　奥地利目前的人口性别相对较平衡，年龄分布相对比较合
理，但是其发展趋势不容乐观。据预测，奥地利 2030 年开始

将逐渐成为老龄化社会，而且人口老龄化程度会愈加严重（见图 1 – 6）。

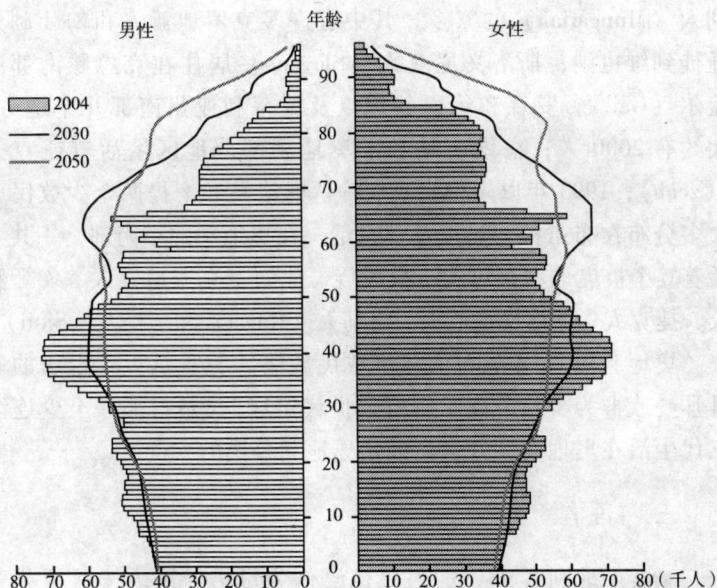

图 1 – 6 2004 年实际人口与 2030 年、2050 年人口年龄结构发展趋势

除本国人口外，奥地利还居住着大量外来人口。2001 年人口统计显示，当时在奥地利的外来人口占总人口的 8.85%。奥地利外来人口主要来自德国、意大利、其他欧盟国家、塞尔维亚及黑山、克罗地亚、斯洛文尼亚、波兰、罗马尼亚、土耳其、捷克、匈牙利和美国等。

二 民族

奥地利属于民族成分比较单纯的国家。98% 的奥地利人属于日耳曼族，母语为德语，主要由属于日耳曼部落的阿勒曼尼人、巴伐利亚人和法兰克人结合而成，并吸收有斯拉夫人以及罗马人的成分。在奥地利得到承认的 6 个少数民族分别生活在五个联邦州：布尔根兰州是克罗地亚人（Croatia）和匈牙利人（Mungarian）的家乡，其中有许多克罗地亚人和匈牙利人迁徙到维也纳；斯洛文尼亚人（Slovene）居住在克恩滕南部的盖尔（Gail）、罗森和约恩谷地以及施蒂利亚州南部几个地方，大约有 2000 人；在维也纳和下奥地利部分地区生活着捷克人（Czech）；1993 年以来得到政府确认的洛马和辛提两个少数民族大多分布在布尔根兰州以及维也纳。在奥地利的东南部，一共生活着 6 个被奥地利认可的少数民族，他们是克罗地亚人、匈牙利人、捷克人、斯洛文尼亚人、洛马人（Roma）和辛提人（Sinti）。

奥地利 1976 年颁布的《少数民族法》只承认世代定居的非日耳曼族群为少数民族，所谓"世代定居"，是指那些至少连续三代生活在奥地利，并且已经是奥地利公民的人群。

三　语言

奥地利有 98% 的人以德语作为母语。德语按地域分为奥地利德语、瑞士德语、列支敦士登德语及部分地区德语，如意大利的南蒂罗尔、卢森堡和法国阿尔萨斯地区德语。这些德语都跟以德国北部低地德语为基准的标准德语无论在语音、语法、词汇等方面都存在明显差别。奥地利德语如同德国德语和瑞士德语一样，是标准德语的一种变种。它不是独立存在的另外一种语言，而是一种民族语言变种，它同德国德语和瑞士德语存在许多共同性，而且相互之间可以理解。

奥地利德语的发音特色建立在德奥边界的巴伐利亚地区方言基础之上，受本地方语言的强烈影响，重音不同于德国德语和瑞士德语（特别是双音节单词）。奥地利德语大量借用周围地区语言的词汇和"外来语"而且较少德语化，特别是古代语言（如拉丁语、希腊语）；从其他语言借用的词汇发音未德语化。

奥地利德语与其他德语国家德语的区别还源于自身文化的特点。例如，与"die Melange/der Verlängerte（Milchkaffee）"一词用标准德语词典中通用的"Milchkaffee"，即"牛奶咖啡"来解释此奥地利表达方式是不准确的。在奥地利的咖啡馆文化中，"die Melange/der Verlängerte（Milchkaffee）"一词专指一种奥地利特色的咖啡制作方法：一小杯咖啡加热牛奶后倒入一大咖啡杯里，也就是让咖啡最后的容量在加入热牛奶后使其稀释多一倍。"Melange"这一表达方式通常局限于维也纳范围内，在奥地利的其他州里通常用"der Verlängerte"来代替。

近年，由德国、奥地利、瑞士和几个国家德语区联合进行德语"正字法改革"，使奥地利德语逐渐国际化。众所周知，德语是拼音语言，主要是用记音的方式记录语言内容。中世纪，德意志地区的书面文字主要为官方文件、修道院的宗教文献等使用。记录的方式根据口语发音，甚至是方言发音进行记录，这样就造成一种奇怪的现象，即同样的一个词会因为其发音变化而出现几种不同的写法。这种现象延续时间很久，就连对德语发展和规范有重大影响的马丁·路德翻译的圣经中仍保留了这一现象。这样的文字书写方法给信息的交流及书面交际带来许多负面影响，建立统一的德语语言书写规范的要求十分迫切。

1996 年 7 月 1 日，德国、奥地利、瑞士及比利时、丹麦、法国、意大利（南蒂罗尔地区）、卢森堡、列支登士顿、罗马尼亚和匈牙利政府代表聚会维也纳，代表各自政府签署一份联合声明，宣布建立新的德语文字规范并于该日起生效。新德语文字规范规定：从 1996~1997 学年起在各国中小学实施新规范；1998 年 8 月 1 日起全部按新规范进行授课；为了便于广大民众逐渐适应新规范，在 2004~2005 学年以前将同时允许老的规范继续存在，作为 10 年过渡期。与此同时，还在曼海姆德语研究所设立跨国德语正字法委员会，负责维护德语正字法的统一性。

四　宗教

2001 年，奥地利的罗马天主教徒有 591.54 万人、东正教徒 17.95 万人、新教徒 37.62 万人、其他基督教派信徒 6.92 万人、伊斯兰教徒 34 万人、其他宗教信仰者 2.97 万、无宗教信仰者 96.33 万人、没有说明其信仰者 16.1 万人。依据 2001 年统计数据，奥地利人宗教信仰情况如图 1－7 所示。

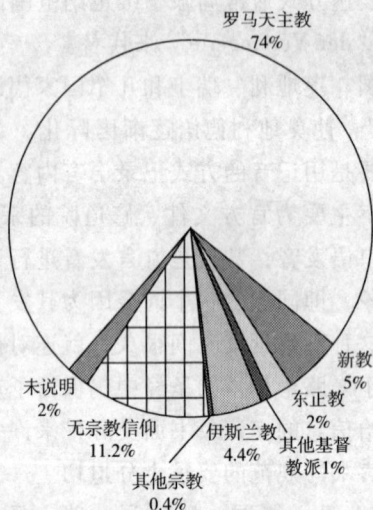

图 1－7　2001 年奥地利人宗教信仰分类

在奥地利，公民享有宗教信仰自由的权利。同时，凡是受到国家法律承认的合法教会和宗教团体均享有如下权利：公开进行宗教活动的权利；"名字"保护权和要求对自己的成员进行特别宗教护理权；公法社团地位的权利；自治维护和管理"内部"事务的权利；其慈善机构、捐赠和基金受保护不移作俗用的权利；享有建造私立宗教学校的权利；在公立学校教授宗教课的权利等。

　　奥地利法律承认的教会和宗教社团的自由受到国家基本法第15条规定保护，但同时也强调遵守国家普通法令是每个公民的义务。凡是涉及国家与教会关系问题，原则上要分别依照1933/1934年与罗马教皇签订的协定、新教法（1961年）、犹太人法（1890年）、东正教法（1967年）和伊斯兰教法（1912年）处理与天主教会、新教教会、犹太教社团、东正教会和伊斯兰教会的关系。处理与其他法律承认的教会和宗教社团的关系，则依照承认法（1874年）进行。

　　按照奥地利法律中"儿童宗教教育法"的规定，每个年满14岁的青年人都可以决定自己的宗教信仰。在奥地利学校里，不仅只讲授罗马天主教宗教课，同样也为来自小一些的教会和信仰团体的孩子们开设他们信仰的宗教课，而且宗教课老师是由国家聘用的。

第四节　民风与民俗

一　饮食

　　奥地利人偏爱美食，食物和饮料常常是人们聊天的主要话题。以1786年为典型，这一年中，20万维也纳人消耗掉了42197头菜牛、1511头母牛、66353头小牛、43925头羊、164700头羔羊、96947头乳猪、454063桶本地葡萄酒、19276桶匈牙利和蒂罗尔葡萄酒，以及382478桶啤酒。这份有趣的资料可算是奥地利人豪食豪饮的一个历史明证。

　　奥地利的饮食受邻国影响很大，这些邻邦曾是奥匈帝国的组成部分，因此，奥地利饮食的口味和风味受到了来自匈牙利、捷克、斯洛伐克、波兰、南斯拉夫以及意大利的影响，可谓集各家之长。例如美味的塞尔维亚浓豆汤，源自南斯拉夫的一个地区；常和许多传统菜肴配套的圆子来源于捷克、斯洛伐克；做工精制、香味浓烈、黄油多于白糖的多层蛋糕则是从匈牙利传来的；在焙盘中放上纸屑状的火腿末与通心粉一起焙烤的火腿面片是深受意大利影响的风味。

奥地利本土风味的菜肴注重实惠，而不是食物的精细。许多奥地利菜的烹饪基本方法都很简单，味道主要依靠各种调料的作用，最典型的奥地利菜肴有：

汤：肝丸子汤（Leberknödelsuppe，肝丸子加入牛肉清汤）、鸡蛋饼汤（Frittatensuppe，鸡蛋饼切成丝加入牛肉清汤）、麦丸子汤（Grieβnockerlsuppe，用碾碎的麦子做成丸子加入牛肉清汤）、红烧辣牛肉汤（Gulasch，最早从匈牙利传入奥地利，将猪肉或牛肉切成块，放在红辣椒调成的调味汁中加入土豆块煮制而成）。

主菜：维也纳炸牛排（Wiener Schnitzel，将小牛肉切成片，裹上面包屑、鸡蛋和面粉，放在油锅里炸熟。一般配土豆块或炸土豆条。现在用这种方法做成炸猪排、炸鸡排、火鸡排）；精煮牛肉（Tafelspitz，采用牛臀部肉放入作料煮制而成。通常还有碎苹果、芥末、小葱末调味，配以煮熟的土豆块）；烤排骨（Sparibs，将猪的肋骨加作料腌制后整片放在火上烤制而成，配以烤土豆或烤玉米棒、酸菜沙拉）；烤猪肘子（Schweinstelze，腌制过的猪肘子放在火上烤，配上大杯冰啤酒）。

香甜、酥软的甜点是奥地利的特色食品，如用果酱或果仁做馅的薄煎饼，或是用切成薄片的苹果夹上葡萄干和香料卷成几乎透明的酥饼。维也纳糕饼是奥地利最有名的传统美食。由樱桃、草莓、榛子、胡桃、巧克力做的烘饼、馅饼、糕饼，种类繁多，五花八门。奥地利人甚至会就著名的巧克力蛋糕、萨赫尔大蛋糕而进行永无休止的争论，例如是否应该把蛋糕掰开来、是否该去掉里面的杏仁酱等。他们甚至通过打官司来确定谁有权使用"正宗萨赫尔大蛋糕"的商标。除了萨赫尔大蛋糕外，奥地利特色甜点还有以下几种：苹果卷（Apfelstrudel，把苹果、面包屑和葡萄干用薄面皮包成卷后在烤箱里烤制而成）；奶酪卷（Topfenstrudel，用同样的方法将奶酪打成糊状烤制而成）；皇帝蛋饼（Kaiserscharren，用鸡蛋、面粉、糖、胡桃仁、葡萄干加入新鲜牛奶搅拌后放黄油煎制成饼）；空心蛋糕（Gugelhupf，面粉、鸡蛋、糖、牛奶发酵后烤制而成）。

奥地利的饮料多种多样，其中最主要的有葡萄酒、啤酒、咖啡、烧酒等。

奥地利人喜爱饮酒，最出名的葡萄酒是白葡萄酒。奥地利白葡萄酒几乎可以与所有的奥地利菜肴相搭配。奥地利最优质的白葡萄酒产地是多瑙河流域的下奥地利州、布尔根兰州、施蒂利亚州和维也纳周边地区。奥地利葡萄酒品种繁多，白葡萄酒有绿维特利纳（Grüner Veltliner）、丽斯林（Riesling）、维尔施丽斯林（Welschriesling）、白布贡德（Weissburgunder）和香多奈酒（Chardonnay）；红葡萄酒有：蓝茨维格尔特（Blauzweigelt）和蓝法兰基胥（Blaufrünkisch）。奥地利特别珍贵的葡萄酒是在葡萄成熟后在树上经过自然干燥或自然干燥之后受过冰霜冻过的葡萄酿成的葡萄酒，如晚秋佳酿（Spätlese）、干浆果佳酿（Trockenbeerenauslese）和冰酒（Eiswein），它们的含糖量比较高，香味浓郁。

在维也纳郊外靠近维也纳森林的格瑞金（Grinzing），各条小巷和街道遍布着独具奥地利、特别是维也纳风格的"霍里格（Heuriger）"小酒馆。在奥地利，法律允许葡萄酒的酿造者每年可以直接向公众出售一定数量的新鲜葡萄酒。而"霍里格"小酒馆就是专门出售当年新鲜葡萄酒的奥地利传统小酒馆，也称"当年小酒馆"。每逢葡萄成熟采摘时节，"霍里格"小酒馆的主人们便纷纷在自家酒馆门口挂上一截松枝，宣告有新鲜的葡萄酒出售，新酿的葡萄酒卖完后，酒馆主人则要把松枝取下。

啤酒也是奥地利人普遍享用的饮料。奥地利虽然不是世界著名啤酒产地，但是本地出产 360 多种啤酒，对各国进口的啤酒也是一种不可小视的挑战。有些奥地利餐厅供应自产啤酒，甚至可以参观啤酒酿造的整个过程。此外，奥地利还盛产几种用水果酿制的所谓烈性酒，最常见的是从梨、苹果、李子、杏子等果浆中蒸馏出来的烧酒（Marillen），水果味相当浓，其实酒精含量不超过 40%。其中最普通的是用李子、杏子和龙胆的花朵酿制而成的酒。根据当地民间传说，从水果中蒸馏出的奥地利烈性酒具有医药疗效。夏季，在奥地利最受欢迎的饮料是由一半葡萄酒与一半苏打水混合而成的饮料。大部分只喝软饮料的奥地利人偏爱苹果汁，其他的美味果汁则是从梨、红醋栗和木莓中榨取的。

在奥地利，咖啡作为饮品已有四百年传统。据说，在土耳其第二次占领维也纳被击败后，留下了许多咖啡豆，当时有个叫科尔斯基的人将咖啡豆磨碎，用水煮开喝。从此，一种新的饮料在欧洲诞生了，而奥地利人则又多了一个最传统的消闲场所——咖啡馆。1913 年，维也纳"中央咖啡馆"（Café Central）准备了 250 种欧洲报纸和杂志（比一所大学的图书馆还多）供客人们喝咖啡时阅读。渐渐的，奥地利的咖啡馆就成了人们谈天说地、商人们谈生意、情人约会、文学家们激发创作灵感、学生们温习功课以及老人们消除寂寞的好去处。随着时间的推移，咖啡馆的功能不断得到改进和发展。19 世纪以来，人们相应地推出了咖啡糕点店，在提供咖啡时，出售香软的糕点；后来又出现了咖啡餐厅，在咖啡馆里人们还可以点一些如汤、三明治、香肠面包等快餐；还有音乐咖啡，边喝咖啡边欣赏钢琴演奏。最近，露天咖啡馆更获得人们的青睐。

维也纳咖啡有：

牛奶咖啡（Melange）：咖啡和热牛奶各一半，上面加牛奶泡沫，维也纳特色咖啡；

奶油咖啡（Einspanner）：摩卡咖啡加奶油泡沫，装在玻璃杯中；

大、小咖啡（Grosser/kleiner Brauner）：咖啡加奶油泡沫；

浓咖啡（Espresso）：从咖啡机打出的浓咖啡；

马车夫咖啡（Fiaker）：摩卡咖啡加白兰地酒，装在玻璃杯中；

冰淇淋咖啡（Eiskaffee）：冷咖啡加香草冰淇淋，装在高脚玻璃杯中；

卡布齐诺咖啡（Cappuccino）：黑咖啡加奶油泡沫和可可粉。

二　衣着

日常生活中，奥地利人穿着较随意，不追求名牌与华丽，但总的来讲，奥地利人穿着较保守，妇女很少穿宽松的便裤，男人很少穿花哨的运动衫。在剧院、音乐会等场合，奥地利人通常要穿礼服。无尾礼服，或晚礼服，是在特别场合（例如，某部乐曲首次上演和宴会）穿的。在特别隆重的场合，例如在国家歌剧院举行的舞会或官方招待会，男士通常要穿燕尾服。到餐厅就餐一般可以不着正装，只有最豪华的餐馆才不允许不系领带和不穿西装的男子进入。如果在接受邀请时，请柬（通常在请柬的左下角）上一般会注明着装要求。男士正装一般指深色领带和晚礼服，女士正装则是拖地的晚礼服。

奥地利传统服饰一般是女士们的裙装（Trachten），基本式样为上衣敞领、束腰，白色的蓬蓬袖衬衣，领边、袖口镶有花边，并以白色为主。裙子有长裙或短裙，通常再配有一个围裙，以显示劳动妇女的气质，裙子的颜色大多为素色，围裙则有的鲜艳、有的素雅庄重。在裙边多用刺绣、挑花来点缀，腿部再配以白色为主的长袜。这一传统服饰在今天依然是女士们在各种节日庆典和出席盛会时最喜爱的穿着之一。男士穿皮短裤、脚穿长袜和翻毛皮鞋、上衣为罗登尼（Loden，一种粗尼）外套，颜色多以黑色或绿色为主。

三　风俗礼仪与生活习惯

在奥地利，应邀作客或商务会面要预先约定，并应力求做到准时赴约。初次应邀或作非商业性拜访时，可以给主人送些鲜花或巧克力之类的小礼物。送鲜花时忌送红玫瑰（表示爱恋之情）、红康乃馨（五朔节专用）或成双数的花朵（这被认为是坏运气）。因为奥地利人信奉天主教，因此在安排拜访或会面的日期是尽量避开"十三"和"星期五"等日子。

奥地利人非常讲究礼貌，即使是和陌生人相遇，他们也惯于面含微笑并打个礼节性的招呼。自哈布斯堡王朝时期留传下来的复杂的礼仪也一直沿用至今，例如奥地利人彼此喜欢以学衔、官衔或贵族头衔相称，尽管有时根本无此必要。奥地利人见面时一般握手问候，握手时注意要脱下手套。如果双方或有一方戴帽子的话，见面或告别时要用左手脱帽，帽顶对着客人，同时伸出右手同对方握手。男女双方见面时，一般也行握手礼，正式与传统场合则会行吻手礼，即男方轻轻拿起女方伸出的手，在手背上吻一下，女士则会施屈膝礼，同时还礼貌地将右手伸向对方，向对方回敬吻手礼。久别重逢的家人或很熟的朋友之间见面，一般行拥抱礼即相互拥抱、贴脸或吻额。

宴请或举行招待会时，主人要在招待会场的入口处列队恭候客人。当有客人或朋友来访时，孩子们都要走出自己的房间与客人见面问候。在家里宴请客人时的座位安排一般为女主人坐在上席，其右为女宾客，左为男宾客，男主人坐在下席。

奥地利人讲究情调，因此环境别致的酒馆和咖啡馆是奥地利人聚会的首选场所。与奥地利人交谈时尽量避免金钱、宗教和政治等敏感话题，除非对方特别问及有关这方面的问题。奥地利人希望自己的特性和成就得到承认，因此切勿把奥地利人叫作德国人。他们虽然讲同一种语言，但奥地利人和德国人各自有其独特的习俗和价值观念。奥地利人酷爱绿色。认为绿色象征着美好和吉祥。奥地利人的服饰也多以绿色为主色调。奥地利人认为在新年早晨碰见烟囱清洁工是吉利的好事。

同大多数欧洲人一样，奥地利人也有给小费的习惯。一般说来，要给理发师、出租汽车司机付些小费。在饭店里，账单上已经包括了服务费，但一般都在这基础上再按一定百分比添加一些钱。在这种情况下，人们一般都凑个整数。举例来说，账单上如果是 28 欧元，你就要给到 30 欧元，随着消费总数增加，小费金额也逐渐提高，通常是消费金额的 10% ~ 15% 的小费。在餐馆里，如果邀请吉卜赛乐师或民间管弦乐队来桌旁演奏，你必须给领班付小费。金额可多可少，取决于餐馆的类型、乐队演奏所点节目的时间长短，等等。按惯例，给出租汽车司机的小费是总车费的 10%。给理发师的小费完全取决理发店的级别、服务项目、是否为理发店常客等等。奥地利人在离开鸡尾酒会或晚宴时有给侍者小费的习惯；在鸡尾酒会后，可留下 3 ~ 5 个欧元；宴会后可留下 4 ~ 6 个欧元。每逢圣诞节和新年来临，奥地利人还会给行李员、看门人、邮递员、扫烟囱的人和打杂女佣以及其他常与之打交道的人发些赏钱。

奥地利的街道上的门牌号码顺序呈辐射状从市中心向外递增。与辐射状街道交叉的弧形街道的门牌号码则按地图上的顺时针方向递增。例如，当你面对号码递增的方向时，双号在你的右边。同一条街道上的编号不因出现广场、街区或街道本身中断而中断。

在奥地利，公共建筑中临街的大门多数是朝里开的，与很多其他国家的情形相反。在门把手的旁边几乎总是标有表示"推"或"拉"的德文字样。公共洗手间一般设在重要街道或广场附近，常常在人行地下通道内。一些咖啡馆和餐馆内的洗手间一般不作公用，只给在店里消费的客人，但是店主大都十分友善，即使不消费也可以使用店内的洗手间，但如果要一杯咖啡或啤酒，就更会显得礼貌些。

在奥地利，任何可以避免的噪声都是违法的，这条法律在公寓区被较严格地得到遵守。住家有权对邻居在晚上 10 点钟以后发出的不应有的响声或对孩子们在楼梯上、院子里和花园里大吵大闹表示抗议。噪声问题在很大程度上取决于你住的是什么样的房子、有什么样的邻里关系等。如果是老式楼房，墙体比较厚，基本上是隔音的。如果准备举办晚宴而且要搞得很晚，最好事先很礼貌地给邻居们打招呼，并尽量把晚会的声音控制到最低限度。

在奥地利，房主或代表房主看管房屋的人应负责保持门前人行道的清洁，冬天，有义务清除积雪；如果人行道上结冰，还要在上面撒防滑材料；如果雪和冰已压实，必须在早晨 6 点到晚上 10 点之间撒上防滑材料（如有必要，台阶上、过道上也要撒）。防滑材料可以是沙子、粉灰或磨碎的煤渣。一般不准在人行道上撒盐。

奥地利有很多美丽的公园。但是人们把它们看作是花园，而不是英文概念中的公园，一般在草地上散步或躺着是不允许的，小孩子也不准在池塘里漂放小船。

奥地利十字路口使用的是绿黄红三色交通灯。在大多数十字路口，绿灯闪亮 4 下后，就变成黄灯，然后变成红灯。闯黄灯或红灯是违法的。年龄不到 12 岁的儿童不许在马路上骑自行车。儿童只可以在人行道上骑很小的自行车或小三轮车。

四　传统节日

奥地利是世界上节日最多的国家之一，有人统计过奥地利一年的节日和假日加在一起超过 180 天。奥地利的

40

主要节日有圣诞节（12 月 25 日）、狂欢节（2 月）、复活节（4月）、万灵节（11 月 1 日）、圣灵降临节（6 月 3 日）、玛丽亚怀孕节（12 月 8 日）等。

同其他西方国家一样，奥地利的所有节日中以圣诞节、复活节和狂欢节最为隆重。圣诞节是奥地利一年当中最大的节日，节前的四个星期天，商店破例开门营业，以充分满足人们购物的需求。与此同时，大大小小的圣诞市场争相开放，接待四方顾客购买节日礼品。大街小巷彩灯招展，彩带飘扬。12 月 24 日晚上，即平安夜，家家户户摆放圣诞树，树上挂满包装得五颜六色的巧克力球和糖果。晚饭后，熄灭电灯，点燃蜡烛，全家人围着圣诞树席地而坐，互赠节日礼物，沉浸在节日的欢乐之中。

复活节是纪念耶稣复活的节日，是夜，教徒们点着蜡烛去教堂做祷告，读圣经，唱圣歌，为新教徒洗礼，晚上吃圣餐。复活节之前，为庆祝复活节的到来，大商场、小商店均出售复活节兔子和复活节彩蛋，以渲染节日气氛。狂欢节，也叫"谢肉节"，是奥地利的民间节日。

狂欢节一般在每年 2 月份举行，目的是为了驱赶冬天的严寒，迎接春天的到来，主要节庆活动是化装游行。狂欢节大游行是全民性的，人们身着各式各样的服装、化装成各种角色，参加者从普通百姓到政府官员、从头发花白的老人到出生几个月大的婴儿，都会出现在游行队伍中。

奥地利的主要节日有：

新年：1 月 1 日；

主显节：1 月 6 日，纪念耶稣把自己显示给世人的三个核心事件：贤士来朝、耶稣受洗、变水为酒；

受难节：复活节前的星期五，纪念耶稣受难；

复活节：每年春分月圆后的第一个礼拜日，纪念耶稣复活；

国际劳动节：5 月 1 日；

耶稣升天节：复活节后第 40 天，纪念耶稣于复活后升天；

圣神降临节：复活节后第七个星期一；

圣体节：6 月 11 日；

圣母升天节：8 月 15 日；

国庆节：10 月 26 日；

万圣节：11 月 1 日；

圣诞节：12 月 25 日，纪念耶稣诞辰。

五　休闲文化

奥地利的休闲文化极具民族特色，这在聚集了奥地利近 1/3 人口的首都维也纳表现得最为集中与鲜活，维也纳可谓是奥地利休闲文化的缩影。奥地利的休闲文化主要是音乐文化、咖啡文化、霍里格小酒馆（Heuriger Wein）文化，以及丰富多彩的户外活动。

1. 音乐文化

奥地利人由衷地热爱音乐，如果将音乐比作奥地利的灵魂和奥地利人的精神家园一点也不过分。奥地利音乐家们创作底蕴深厚而丰富的音乐篇章是人类艺术领域珍贵的财富和永不磨灭的经典。除奥地利外，全世界几乎找不到另外一个国度对音乐和戏剧如此推崇和普及。有人这样形容奥地利："在这个国家我只能看到两样东西——多瑙河与音乐。"

2002 ～ 2003 年奥地利最主要演出场所的音乐演出场次统计见表 1 - 7。

由表 1 - 7 可以看出，奥地利一年中每天都会有 10 余场各类音乐演出，其中国家歌剧院几乎每天都有演出活动，这种浓郁的音乐文化氛围在全世界是首屈一指的。奥地利的音乐文化不仅使本国音乐传统得以世代传承，为本国人民创造浓郁的音乐艺术氛围，同时也向全世界奉献了非凡的音乐艺术瑰宝。

表 1-7　　2002~2003 年度奥地利主要场所的音乐演出场次统计

演出形式		国家歌剧院	人民歌剧院	城堡剧院	约瑟夫城市剧院	人民剧院主大厅	维也纳联合剧院	青年剧院
歌　　剧	作品	43	14	—			—	—
	场次	233	99	—			—	—
歌剧片段、音乐表演	作品	1	14				3	—
	场次	6	168				458	—
芭　蕾　舞	作品	11	2					
	场次	52	20					
卡巴莱小品剧、话剧	作品	—	—	48	20	13		2
	场次			654	675	285		127
儿童、青少年剧	作品	3				1		6
	场次	58				16		181
外来艺术团体表演	作品				1		51	—
	场次				16		150	
其　　他	作品	10	11	40				
	场次	10	20	48		16		
合　　计	作品	68	41	88	21	14	56	8
	场次	359	307	692	691	317	506	308

2. 咖啡馆文化

奥地利人喝咖啡的历史可以追溯到 17 世纪，现在已成为人们日常生活不可缺少的一部分。在首都维也纳有一家最著名的咖啡馆——位于市中心老城区的中央咖啡馆。第一次世界大战前，这里一直是著名诗人、剧作家、艺术家、音乐家和外交官们聚会的地方，当年音乐大师莫扎特、贝多芬、舒伯特和施特劳斯父子都曾是这里的常客。奥地利咖啡种类繁多，从黑咖啡到各种味道的加奶咖啡，各有特色，适合不同人的口味，而且都有各自的名称。咖啡馆还备有报纸、画报和杂志供读者阅览，构成维也纳咖啡馆独特的文化品位。

3. 霍里格小酒馆文化

位于维也纳城西部的维也纳森林，其间的树林草地都是敞开的，是人们散步、郊游之处。格瑞金就是在森林边的一个古老村镇。镇里全是做新酒生意的庭院式酒家，每一个酒家的前面是店面，后面就是山坡上的葡萄园。与遍布维也纳大街小巷的各色酒馆不同，在格瑞金的酒馆喝到的是当年酿制的新葡萄酒。

霍里格小酒馆文化构成了维也纳休闲文化的另一大特色。"霍里格"一词取自德语"Heuriger Wein"，意为"今天的葡萄酒"。在维也纳郊外的小农舍，门上挂一截松枝、一小束枞树或是用冬青编成的花环，外加一块招牌，就是向游客表示该酒馆自酿的新葡萄酒已经上市。新酿的葡萄酒卖完后，酒馆主人则要把松枝取下。霍里格小酒馆的历史可以追溯到1874年的《霍里格小酒馆法》，该法规定维也纳人有出售自产的食品、酒类或果汁的自由。从此，维也纳森林里的农户开办了"霍里格小酒馆"，把自产的葡萄酿制的葡萄酒卖给客人。时至今日，霍里格小酒馆已经成为奥地利旅游业中一个独特项目。每逢葡萄成熟采摘时节，"霍里格"小酒馆的主人们便纷纷在自家酒馆门口挂上一截松枝，宣告有新鲜的葡萄酒出售。于是，人们会陆续来到维也纳森林的山坡上这些绿树掩映的庭院里，围坐在别具一格的松木长桌边品尝新鲜的葡萄酒，搭配着冷肉和干酪，倾听小提琴、吉他或手风琴演奏怀旧音乐。

夏季，客人就直接坐在葡萄山上喝酒，边喝边品尝各式冷菜和烤肉。奥地利乡村风格的环境、新酿的美酒，佐以传统的食物，伴随着悠闲的气氛和现场演奏的美妙音乐，这一切构成了霍里格小酒馆独特的休闲文化。来霍里格小酒馆喝酒的除了奥地利人外，也吸引了几乎所有来维也纳观光的外国游客。

4. 户外运动与度假旅行

除了音乐、咖啡和霍里格小酒馆之外，热爱大自然的奥地利人的户外活动也极为丰富多彩。登山、滑雪、宿营、狩猎、垂钓、高尔夫等都是奥地利人十分热衷的户外运动。人们喜爱在森林中郊游踏青、骑自行车，呼吸清爽的空气。奥地利拥有无数美丽的湖泊和溪流，因此钓鱼也是奥地利人的一大爱好。在美丽、险峻的阿尔卑斯山地区，人们则喜欢登山、滑雪、狩猎和宿营。奥地利的花园、公园和广场很多，这也成为奥地利人传统的户外休闲场所。

奥地利是世界著名的高尔夫胜地。从维也纳近郊宽阔起伏的丘陵地带到南部阿尔卑斯山的东南脊，及至西部皇家阿尔卑斯高山草场，奥地利的高尔夫球场几乎遍布全国。

奥地利人热爱度假旅行，每逢周末和假期，他们都会和家人、朋友外出度假，或者开着房车到郊外宿营，或是到国外享受异国风光。自上世纪70年代至今，奥地利人旅行的次数呈逐年上升趋势，从1975年的360万人次，一直到2004年的780万人次，增加了一倍还多。其中以2003年为最多，达到802万人次。据统计，近20年来，奥地利人旅行的目的地大多是在国外。奥地利人的旅行目的地遍布全球，但最频繁出行的大都是欧洲国家。据2004年数据显示，意大利接待奥地利游客110.75万人次、克罗地亚55.46万人次、希腊42.28万人次、德国39.05万人次、西班牙36.69万人次、土耳其30.40万人次。美洲、非洲和亚洲也是奥地利人理想的度假胜地，2004年奥地利人到美洲度假共计20.87万人次，到非洲共计28.66万人次，到亚洲共计17.90万人次。

第二章
历　史

"**奥**地利"在德语中为"东方的疆域"之意。公元初至 10 世纪，奥地利相继为罗马帝国、法兰克王国的东部领土；1156 年成为公国，13 ~ 19 世纪为哈布斯堡王朝统治，逐步扩展成为地跨中欧及东南欧的强大帝国。1867 年，奥地利与匈牙利联合称奥匈帝国。第一次世界大战中失败，奥匈帝国瓦解，1918 年成立奥地利共和国。1938 年，奥地利被德国吞并，第二次世界大战中作为德国的一部分参战，1945 年战败后曾分别由苏、美、英、法分区占领。1955 年，奥地利恢复独立，称奥地利共和国，并宣布永久中立。这便是奥地利这片古老土地在历史进程中简要的编年史。

第一节　上古史

在奥地利区域内，人类活动的踪迹可以追溯到公元前 20 万年的旧石器时代。此时欧洲大陆气候的变迁是当时地球自然环境变异的主要特征。北极的冰冻向南一直影响到德国的中部山脉。在现在的奥地利境内，阿尔卑斯冰冻决定了奥地利区域的自然景观和生存环境。

旧石器时代因为处于最后一个"维尔姆"冰河期的开端，自然气候日趋恶劣，因此人类活动的迹象呈现千变万化的特征。在公元前10万年到1万年间，人类逐步学会如何规划自己的经济活动并选择猎物丰富的地方生活。从已经发掘出来的古德努斯岩穴上层和黄土区的一系列遗址可以看出，当时人类活动区域主要集中在多瑙河以北的下奥地利、瓦豪和今天瑞士境内的魏因菲尔特（Weinfelden）等地区。

旧石器时代最晚期处于冰冻期结束、气候趋暖的时期。人类开始拥有固定的居住地域并搭建房屋，人类使用的劳动工具已经精细很多。尽管此时获取食物的主要方式依然是狩猎和采集野果，但人们已经懂得栽培小麦、大麦和谷子，并开始饲养最早的家畜——狗。目前在奥地利境内发掘出来的旧石器时代的遗址主要有：

（1）下奥地利克雷姆山谷的古德努斯岩穴（Gudenushöhle bei Hartenstein im Kremstal in Niederösterreich）；

（2）下奥地利州罗根多夫的 Teufelslucken（Teufelslucken in Roggendorf in Niederösterreich）；

（3）施蒂利亚州 Mixnitz 的龙岩洞（Drachenhöhle bei Mixnitz in Steiermark）。

公元前5000～前1800年间的新石器时代，地球东方开始兴起城市文明，中国、埃及和美索不达米亚平原上纷纷建立了庞大的帝国，而此时奥地利所处的中欧地域内仍是以农村部落为主。奥地利、南德意志、苏台德地区①（Sudetenländer）和喀尔巴阡山地区（Karpatenländer）的大部分都被归为多瑙河地区文化。

---

① 苏台德地区位于今天的捷克、斯洛伐克西北部。

新石器时代居住在奥地利区域内的人们已经懂得驯养牲畜和种植庄稼，并开始用陶土烧制陶器。当时主要的牲畜是牛、绵羊、猪、山羊和马。种植庄稼不仅使人们开始有计划地储备食物，也促发了纺织业的产生。当时产生了最原始的贸易往来，例如人们曾经从远方引进琥珀。

新石器时代末期，人们开采阿尔卑斯山区的铜矿并用其炼制新的工具和器皿。铜的发现与使用把当时的人们带入了崭新的世界，人们不仅开始四处寻找金属矿藏，同时还开始了金属的远途贸易。蕴藏金属区域内的文化和金属贸易交通通道周围的区域文化与没有矿藏和金属贸易的区域内的文化开始发生变化，前者进入青铜器时代，而后者仍然在较长的时期内保持着石器时代的文化特点。

公元前9世纪末年，中欧地区再次发生了一种新的文化的转变，即由青铜文化时代逐步进入铁器文化时代。代表早期铁器文化遗址的主要发现地在哈尔施塔特（Hallstatt）。因此，这一时代还被称为哈尔施塔特时代（Hallstattzeit），通常还被译为"早期铁器时代"。

在哈尔施塔特时代，人们开始在克恩腾和哈莱恩开采铁矿。但是当时的铁还仅限于用来制造武器，饰物和容器仍由青铜制成。除了铁器的逐渐普遍外，制盐也在这一时代开始大规模进行。不过，当时的制盐尚未采用熔盐法，而是直接开采盐块。此外，人们也开始鞣制皮革和纺织羊毛制作衣服，甚至懂得了染色技术。

从公元前4世纪开始，凯尔特人从高卢方向涌入西班牙，并越海至不列颠群岛。公元前3世纪，一部分凯尔特人从南德意志和上意大利同时向东阿尔卑斯山推进。公元前2世纪，凯尔特人的一个部族诺里孔人在东阿尔卑斯山建立诺里孔王国，其东部的

国界范围与今天的奥地利东部国界大致相符，南部大约到达阿尔
卑斯山边缘，北部延伸至多瑙河畔，西部则部分到达莱茵河畔。
阿尔卑斯山的凯尔特文化在早期具有晚期铁器时代的特征。在制
陶方面采用圆盘制陶法，使用的陶土中石墨含量很高，最典型
的陶质容器为扁嘴壶；铁制武器有双刃长柄刀、砍刀、长矛和
盾牌等。晚期的凯尔特文化则受到地中海地区发达文化的影响。
此时的凯尔特人正向城镇定居过渡，城邑随处可见。凯尔特人
的城邑是为自卫的目的而建，同时也是诸侯驻地、集市和宗教
活动的中心。凯尔特人在金、银币铸造上也深受地中海文明的
影响。

第二节　罗马帝国时代的奥地利

（公元前 15 年至公元 5 世纪末）

罗马帝国（Roman Empire，公元前 27 年至公元 476 年）
对相当于今天的奥地利国土的多瑙河流域诸省的占领
和统治时期始于从奥古斯都（Augustus，公元前 63 年至公元 14
年）的军队占领里提亚（Lentia，即今天的林茨），至马尔科曼
战争结束（公元前 15 年至公元 3 世纪初期），大约持续了 300 余
年。罗马帝国建国后，改称邦为行省。奥古斯都的长期统治，在
帝国全境造成了一个相对稳定的政治局面，开创了延续百余年的
所谓"罗马和平"时期。

罗马皇帝奥古斯都在内战中获胜后，继续奉行扩张政策。公
元前 15 年，罗马军队在德鲁苏斯（Drusus，公元前 38～前 9 年）
和提比略（Tiberius，公元前 42～公元 37 年）的带领下攻克里提
亚，数年之后，提比略又占领了潘诺尼亚。

奥古斯都还要继续进攻苏台德地区的马尔科曼人，但由于伊

利里亚人（Ilyrer）的起义而放弃了这个计划。公元 9 年，奥古斯都在托伊托堡森林遭到惨败，不得已撤离莱茵河与易北河间的地区。自此，罗马帝国继续扩张的计划告吹。诺里孔王国因为罗马人的落败而得以保存。

公元 14 年奥古斯都逝世，其养子提比略（公元 14 ~ 37 年在位）继位，再后则由卡利古拉（Gaius Caesar Caligula，公元37 ~ 41 年在位）、克劳狄乌斯一世（Claudius，公元 41 ~ 54 年在位）和尼禄（Nero Claudius Caesar Augustus Germanicus，公元54 ~ 68 年在位）相继为帝。从奥古斯都至尼禄的统治时期，史称克劳狄王朝。该王朝皇位均由皇帝亲属继承。从提比略到尼禄统治时期，罗马帝国不断加强皇权、巩固专制统治、发展官僚体系、残酷镇压反对者。

公元 1 世纪中叶，罗马皇帝克劳狄乌斯一世将诺里孔王国变为一个行省，并任命总督代替原先的凯尔特王公治理该地区。归属诺里孔的阿尔卑斯山以东地区，包括维也纳盆地，全部并入潘诺尼亚省，这也就是奥地利国土的雏形。公元 16 和 17 年，诺里孔西部又设置了里提亚省（Rätien）。这三个行省按照现在奥地利地域的分布分别是：

（1）诺里孔省，包括今天的北蒂罗尔东部、东蒂罗尔、克恩滕、施蒂利亚、萨尔茨堡、上奥地利、下奥地利，此外还包括基姆高（Chiemgau）、普斯特雷尔（Pusterral）和赛利耶（Cilli/ Celje，在如今的斯洛文尼亚境内）。

（2）里提亚省，包括北蒂罗尔、福拉尔贝格，以及今天的瑞士东部地区。

（3）潘诺尼亚省，包括下奥地利维也纳森林以东地区、东施蒂利亚州、布尔根兰州。

当时诺里孔行省内的地方行政单位按"城市"划分，包括原来的城市居民聚集区和四周的郊区。城市行政机构有较低的审判权，但高级审判权仍属行省的最高行政长官总督所有。帝国初期的税收权归城市所有，后来因为战事频繁，税收制度成了安全防卫制度的基础。

诺里孔行省多瑙河边界北部自罗马占领时期以来就是日耳曼部落的居留地。当时占日耳曼部落中较多人数的纳里斯特人（或法里斯克人）的区域由上普法尔茨越过巴伐利亚森林一直延伸到米尔菲特尔西部。另一个大的部族马尔科曼部族的势力范围是从北波希米亚岛到现在奥地利境内的花岗岩高原地带。这些部族因其强大的军事力量而对罗马帝国一直构成威胁。从马尔波德任部族君王至他以后的部族君王的统治时期，日耳曼人与罗马人间还保持了数十年和平。但到了多米蒂安皇帝（Domitian，公元81~96年在位）当政时又重开战端。

多米蒂安死后，接下来的几位皇帝，如图拉真、哈德良（公元117~138年在位）、安东尼、马可·奥勒留（公元161~180年在位）等均生于行省，因有才干而由前任收为养子，后登上皇位。图拉真当政时，继续推行对外扩张政策，使帝国的疆域达到最大规模：东到美索不达米亚，南至北非撒哈拉沙漠，西起不列颠，北至喀尔巴阡山脉和黑海北岸。哈德良致力于加强皇权，整顿内政，使从奥古斯都开始的建立帝国官僚机构的工作最终完成。安东尼统治时期罗马帝国达到极盛。他对外采取防御政策，对内维持和平局面，加强行省的管理，整顿财政，兴修道路，因而促进了行省的繁荣和商业的发展，执政时期堪称罗马帝国史上的"黄金时代"。然而好景不长，潜伏的矛盾和斗争日益发展。到马可·奥勒留当政时期，罗马帝国已危机四伏。帕提亚帝国屡犯边疆，北方蛮族也乘虚而入。入侵者虽被挫败，但罗马实力已显不足，帝国国库空虚，罗马帝国面临混乱与衰落的时期。公元192年皇帝康茂德（公元180~192年在位）被杀，安东尼王朝告终。

公元2世纪后半叶，东日耳曼各部族，如哥特人、勃艮第人和汪达尔人向黑海推进，对多瑙河流域的日耳曼人形成威胁。日耳曼人则入侵诺里孔和潘诺尼亚，引起近15年的马尔科曼战争（公元166~180年）。

马尔科曼战争后，罗马与马尔科曼人间保持了数十年的和平。然而到3世纪初，阿拉曼人又开始威胁罗马帝国的边境。

这一时期是从戴克里先（Diocletian，约公元240~313/316年）执政到罗马帝国在多瑙河地域统治的瓦解，即自公元313年（或316年）至4世纪中叶。

罗马皇帝戴克里先一方面同阿拉曼人作战，一方面在国内推行改革，重整行省建制。他将若干个行省组建成更大的行政单位，即大区（Diözese）和总督辖区。同时，他还将军事治理与社会、民众治理区分开来，明晰权责，创建政府体制。在他的统治时期，多瑙河诸省得以休养生息。公元308年，已退位的戴克里先拥立李锡尼（Licinius，约公元250~325年）为西部的奥古斯都。

戴克里先以后著名的君士坦丁一世（Konstantin Ⅰ der Große，公元280~337年）继续推行并完善他的改革。君士坦丁一世对戴克里先在税收政策、行政管理和军事诸方面的改革措施加以补充。在军事方面，他推行雇佣兵制度；在经济方面，他引进金币，为铸币业制定的规章制度一直沿用到西罗马帝国衰亡以后。同时，他还改奉基督教，并尊其为国教，将教会纳入罗马法律和国家管理中。君士坦丁一世的改革是罗马帝国历史上最辉煌的篇章。

君士坦丁一世的精明治理使多瑙河诸省在他死后的若干年内

都得以安享太平。然而，戴克里先和君士坦丁一世的统治未能挽救罗马帝国的没落。公元 337 年君士坦丁一世死后，争夺帝位的斗争重新开始。狄奥多西一世（公元 379～395 年在位）虽一度恢复帝国的统一，但他死后，帝国分裂为两部分：西罗马帝国（首都罗马）和东罗马帝国（首都君士坦丁堡，即今天的伊斯坦布尔）。西罗马帝国一直连年战乱，经济衰落，城乡联系松弛，统治日趋薄弱。公元 476 年，西罗马帝国灭亡。

第三节　巴奔堡家族的统治与
奥地利诸邦的形成

公元 962 年，奥托一世在罗马加冕称帝，标志着德意志王权与罗马帝国的结合，并深刻地影响着随后几个世纪奥地利的历史。现代奥地利国家的起源可以追溯到公元 976 年建立的"巴伐利亚东马尔克"，这里曾是东法兰克王国的一个边区。"神圣罗马帝国"建立后，帝国政府任命巴奔堡家族的利奥波德为驻边区行政长官。1156 年，巴奔堡家族在此基础上建立了以维也纳为首都的奥地利公国，先后把施蒂利亚、蒂罗尔、克赖因等地区并入版图，标志着奥地利基本形成。从此，巴奔堡家族开始了对奥地利长达 270 年的统治，直到 1246 年巴奔堡家族谱系中断，奥地利则一度落入北方的波希米亚王室手中。

在巴奔堡家族统治期间，奥地利经济得到长足发展，特别是农业发展迅速，大片农田得以开垦。主要的种植物有燕麦、大麦、小麦、亚麻、豆类、罂粟、葡萄和香料。在畜牧业方面，养猪较为普遍。牛羊饲养主要集中在西阿尔卑斯地区，那里有丰美的高山牧场，乳酪业也成为当地畜牧业的重要产品。据文献记载，自 12 世纪中叶以来，在蒂罗尔、萨尔茨堡和上克恩滕地区的高山饲养庄园，庄园主提供牛羊，佃户缴纳乳酪作为回报。羊毛加工业也迅速发展，主要盛行于阿尔卑斯山以南地带，那里的草地很适合羊群生长。渔业、家禽养殖和具有悠久传统的养蜂业在中世纪奥地利也已经出现，但其经济意义并不十分显著。

中世纪中期奥地利城市逐渐发展，大量村镇被有计划地扩建规划为城市。中世纪奥地利城市的主要特征首先是军事防御要塞和政治中心，如沃尔夫贝格、施泰尔等，其次才是经济特征。位于多瑙河沿岸的城市因为交通位置的优越而首先繁荣起来。当时的累根斯堡（Regensburg）① 堪称中世纪奥地利境内第一大都市，其位置直到 13 世纪才被维也纳所取代。除了累根斯堡，林茨、克雷姆茨和维尔斯都是繁华的商业城市。

中世纪晚期，奥地利的采矿业得到全面发展，成为除农业以外的第二大经济部门。奥地利采矿业中首先应该提到的是采盐业，当时境内的诸侯都拥有自己的盐场。中世纪奥地利采盐的方法除了沿用传统的开采干燥岩盐以外，还开始使用盐水提炼法。中世纪奥地利的采盐业已恢复到罗马时代的繁荣程度，盐在多瑙河的商业中起到了非常重要的作用。在很长一段时期内，多瑙河的航运货物主要是盐。中世纪的奥地利采矿业中，铁的开采在采矿业中居第二位。在开采工艺上，坑道开采和露天开采并存。冶铁由最初的通风炉冶炼变成风箱冶炼。贵重金属的开采在中世纪奥地利也成为采矿业的重要部分，并推动了当时铸币业的发展。采矿业在当时的城市经济中起了决定性作用。中世纪末，各诸侯凭借铸币和税收特权聚敛了大量财富。

---

① 累根斯堡现在属于德国的巴伐利亚州（Bayern）。

第四节 哈布斯堡家族的统治

奥 地利位于德意志东南隅，其境内物产丰富，气候适宜，农牧业发达，采矿、冶金业先进。此外，它又是欧洲南来北往的交通枢纽，从古罗马以来就是南北商货的重要集散地。它境内还有多瑙河横贯，又是东西欧的连接地。由于这些原因，它在德意志诸邦中一向经济发达。1282 年，德意志皇帝鲁道夫·哈布斯堡伯爵（1273～1291 年在位）占领了原来巴奔堡家族统治的地区，将当时的奥地利公国和施蒂利亚公国分给他的两个儿子阿尔布雷希特和鲁道夫，从此奥地利成为"神圣罗马帝国"统治下的一个公国。哈布斯堡王朝统治奥地利长达 640 年，直到第一次世界大战后奥匈帝国解体才宣告结束，是欧洲历史上统治时间最长、统治地域最广的封建家族。哈布斯堡家族是欧洲历史上支系繁多的德意志封建统治家族。其主要分支在奥地利，亦称奥地利家族。哈布斯堡家族的远祖系日耳曼人中的一支，最早居住在阿尔萨斯和瑞士的阿尔高。11 世纪初，由于该家族的主教斯特拉斯堡的维尔纳建立哈布斯堡，其家族即以哈布斯堡为名。哈布斯堡家族治下的"神圣罗马帝国"是一个包括德国、奥地利广大地区的松散联盟，各德意志诸侯之间处于割据状态。除统治"神圣罗马帝国"和奥地利帝国外，这一家族也曾是西班牙、波希米亚、匈牙利、葡萄牙等国的统治家族。

1273 年，哈布斯堡家族的鲁道夫一世（Rudolf Ⅰ）被选为"神圣罗马帝国"皇帝。

哈布斯堡家族在以后几个世纪又陆续取得克恩滕、蒂罗尔等地，使其直接统治下的领土大致相当于今天奥地利的领土。1396年奥地利邦议会的召开表明奥地利开始作为一个国家实体出现在历史舞台上。1438 年，从阿尔布雷希特二世起，"神圣罗马帝国"皇帝开始由哈布斯堡家族世袭，这又进一步扩大了他们的势力。由于巧妙的联姻、外交手段，再加上以强大的武力为后盾，奥地利哈布斯堡家族于 1526 年获得波希米亚、摩拉维亚、西里西亚和匈牙利的大片领土，这样，奥地利成为"神圣罗马帝国"内部最强大的国家。

1806 年"神圣罗马帝国"皇帝弗兰茨二世（同时也是奥地利皇帝弗兰茨一世）放弃"神圣罗马帝国"皇帝称号，统治范围仅限于奥地利帝国。1867 年后，哈布斯堡家族统治奥匈帝国。第一次世界大战后，奥匈帝国解体。奥地利于 1918 年成立第一共和国，1919 年 4 月 3 日奥地利共和国国民议会通过《哈布斯堡法》，没收哈布斯堡家族财产，其成员被逐出国。

在长达 640 年的统治中，哈布斯堡家族较重要的帝王有："神圣罗马帝国"皇帝阿尔布雷希特二世、马克西米利安一世、查理五世、西班牙国王腓力二世、奥地利帝国皇帝玛丽亚·特蕾西亚和约瑟夫二世等。

从马克西米利安一世（1493～1519 年在位）起，奥地利就开始发展中央集权。15 世纪末在各领地设置隶属中央的行政机构，叫作"政府"或"执政府"。马克西米利安一世还在维也纳设立了管理所有领地的中央行政机构，如枢密院（负责行政和司法）、宫廷财务署、宫廷司法处等等。他的孙子斐迪南一世（1556～1564 年在位）进一步发展君主专制制度：枢密院成了君主召集宫廷显贵商议政事、制定政策的最高决策机关；宫廷办公厅发展成管理世袭领地的执行机关。斐迪南一世还在各领地建立隶属于宫廷财务署的财务局，负责税收工作；在中央建立负责国家防卫的宫廷军机处。这一系列改革使奥地利在 16 世纪初已成为欧洲最早实行君主专制的国家之一。

　　尽管帝国在各领地设置了隶属中央的行政机构，但是每一块领地却始终具有相对的独立性，而且都只服从哈布斯堡君主个人的统治。各领地都有自己的等级会议，不承认与其他领地同属一个国家。哈布斯堡王朝统治者在不同领地分别有公爵、伯爵或国王等不同的头衔，代表国家行使统治权，但这些代表必须是本地贵族，每一个领地都是一个半自治的实体。因此，尽管集权化已经开始，但诸领地还没有完全融合成一体。

　　在所有这些领地中以波希米亚和匈牙利的地位最特殊。波希米亚当时是"神圣罗马帝国"境内唯一的王国，境内包括摩拉维亚边区和西里西亚公爵领地等广阔地域，居民多为捷克人。波希米亚有其自己的独特的历史传统，14世纪还爆发过反对天主教的战争。波希米亚的民族与宗教的不同使它在奥地利所有领地中具有很大的独立性。1526年它承认哈布斯堡家族的统治权后，仍保有自己的王国议会和各附属邦的等级会议，并保留着改革后的新教教会。根据波希米亚宪法，王国议会是无限制的立法机构，国王由它选出，国王只有在议会支持下才能行使君主权，还必须尊重波希米亚宪法。后来哈布斯堡王朝的统治者违背诺言，不尊重波希米亚的自治权与宗教权，终于成为导致"三十年战争"爆发的重要诱因之一。"三十年战争"后，捷克贵族被没收土地，天主教成为强制性的信仰，波希米亚的自治地位丧失了，成了哈布斯堡家族的"世袭领地"。等级议会不再有选举国王的权利，波希米亚事务处也从布拉格迁到维也纳。这样，民族矛盾和宗教矛盾就更尖锐了。

　　匈牙利王国于公元1000年建国，居民主要是马札尔人，境内还居住着许多南斯拉夫人，属地包括特兰斯瓦尼亚、克罗地亚、波斯尼亚、达尔马提亚等。匈牙利信奉基督教，长期以来实行西欧的土地分封制，文化上受德意志影响，地理上又与德意志毗邻，因此与德意志有密切的联系，一度还受到卢森堡家族的统治。从 14 世纪末，匈牙利面对土耳其的扩张，被迫与德意志结成更密切的关系。1526 年土耳其击溃匈牙利军队，以后匈牙利便三分天下，西部承认了奥地利哈布斯堡家族的统治权，选举斐迪南一世为国王。这以后，奥地利就与土耳其长期争夺匈牙利，直到 1699 年才把整个匈牙利置于它的统治下。尽管如此，匈牙利却从来没有并入"神圣罗马帝国"，它保留着在帝国之外的独特地位。匈牙利也有自己的议会，贵族地方势力特别大。总之，哈布斯堡家族统治下的奥地利君主国尚未完全形成统一，而是同一君主的领地共同体。

16 世纪宗教改革以后，德意志诸侯之间的矛盾以宗教冲突的形式表现出来。17 世纪初期，奥地利哈布斯堡王朝是欧洲封建制度的主要维护者，它竭力加强在其统治下的"神圣罗马帝国"，谋求欧洲霸权，但遭到新教诸侯的反抗。德意志国内矛盾给欧洲列强以可乘之机，法国、丹麦、瑞典、英国和俄国怀着不同的目的先后介入，逐步形成两大集团。其中哈布斯堡王朝集团由奥地利、西班牙与德意志天主教联盟（1609 年成立）组成，得到罗马教皇和波兰的支持；反哈布斯堡王朝集团则由法国、丹麦、瑞典、尼德兰联省共和国（荷兰）及德意志新教同盟（1608 年成立）组成，得到英国、俄国支持。这场哈布斯堡王朝集团与反哈布斯堡王朝集团为争夺霸权的全欧性战争从 1618 年捷克（波希米亚）反对哈布斯堡王朝统治的布拉格起义开始，到哈布斯堡王朝集团失败，于 1648 年双方签订《威斯特伐利亚和约》为止，持续达 30 年之久，史称"三十年战争"。

1648 年签署的《威斯特伐利亚和约》主要内容是：法国取得阿尔萨斯（斯特拉斯堡除外），并肯定了它早先取得的麦茨、图尔和凡尔登三个主教管区归它所有。瑞典则获得不来梅和费尔

登的主教管区以及波美拉尼亚的西半部，包括什切青城在内。在
德国内部，几个强大的诸侯都获得新领土，勃兰登堡得到波美拉
尼亚东部和马德堡大主教管区等地；萨克森合并了鲁沙提亚；巴
伐利亚得到上巴拉丁，仍保有选帝侯的地位，腓特烈之子继承下
巴拉丁，列为帝国的第八选帝侯。和约确定了荷兰的独立地位，
承认了瑞士脱离帝国而独立，承认帝国诸侯有独立的外交权力，
皇帝不得干涉诸侯内政，帝国的重要事务如立法、课税、征兵、
宣战、媾和等，必须由帝国议会决定。和约还规定加尔文教可享
受与路德教同样的权利；在帝国法庭中，天主教和新教的法官各
占的人数相等。

和约沉重地打击了哈布斯堡家族，欧洲霸权转入法国之手。
德皇盟国西班牙衰弱，葡萄牙脱离西班牙独立；荷兰和瑞士的独
立被确认；法国获得阿尔萨斯和洛林地区；瑞典获得波美拉尼亚
等地，巩固了它在波罗的海的地位。此后，哈布斯堡家族虽然名
义上还是"神圣罗马帝国"的统治者，但是在德国北部实权已
经完全落到了诸侯的手中；普鲁士王国兴起之后，哈布斯堡王朝
的统治重心日益向奥地利转移。

"三十年战争"之后，奥地利帝国的版图除本土之外，还包
括捷克和匈牙利的部分领土。17～18世纪，哈布斯堡家族不断
对外扩张，兼并了全部匈牙利，先后将波斯尼亚、塞尔维亚、斯
洛文尼亚、罗马尼亚、乌克兰等地纳入了自己的版图；在西班牙
王位继承战争中又获得了西属尼德兰、伦巴底、那不勒斯等地的
控制权，建立了一个幅员广阔的、多民族的、庞大的中欧帝国。

在对外扩张的同时，奥地利的经济也有所发展。早在17世
纪，奥地利就出现了资本主义性质的分散的手工工场；到18世
纪它又发展为集中的手工工场。波希米亚是奥地利工业最先进的
地区。

在波希米亚，民族压迫是和阶级压迫交织在一起的。在"三十年战争"结束后，曾反对哈布斯堡王朝的捷克中、小贵族都被逐出国外，或者被没收土地。这些土地都落到日耳曼人（奥地利人属于日耳曼人）手中，这些日耳曼人都成了剥削当地农民的地主。而且，奥地利统治者无情地摧残斯拉夫人的民族文化，以德语为波希米亚的官方语言。

在匈牙利，当地的贵族地主与奥地利统治集团勾结在一起共同压迫人民。奥地利派来的官吏对匈牙利人横征暴敛，并且粗暴地推行日耳曼化政策，以德语为匈牙利的官方语言。到 17 世纪后半期，奥地利帝国境内也强化了农奴制。在捷克、匈牙利、克罗地亚及下奥地利的某些地区盛行以被束缚在土地上的农民的强迫劳动为基础的大地主经济。地主残酷地剥削农民，任意增加劳役时间（在波希米亚甚至达到每周六天）。农民不得到封建主的允许不能结婚，不能随便迁居。他们还承担很沉重的军税（国税）及什一税（教会税）。庄园主不仅收取封建地租，而且担任国家收税人，从中渔利。他们还操纵市场，强迫农民按照他们规定的价格，贱卖农产品而贵买生活用品，而且垄断磨坊，向农民收取使用费。地主和农民之间的阶级矛盾有时激化为农民的反抗斗争。在 17、18 世纪，波希米亚的农民运动几乎一直没有间断。

除了地主与农民间的矛盾外，专制政府与贵族封建主也有矛盾。长期的对外战争和不断扩大的行政官僚机构，使国库愈益入不敷出，但是大小贵族却竭力维护自己的免税特权，这意味着国库收入的减少。

为了缓和这些矛盾，帝国政府在 18 世纪下半期曾致力于改革。在奥地利，这些改革是在女皇玛丽亚·特蕾西亚及其儿子约瑟夫二世在位期间进行的，其主要内容有以下几个方面。

第一，实行土地改革。玛丽亚·特蕾西亚（1740～1780 年在位）在 1771 年和 1775 年颁布法令，宣布减少农民劳役地租及代役租的数量，劳役固定为每周 3 天，每天 10 小时，并且减少农民为地主拉车运输的义务，同时宣布取消皇室领地上的农奴制度。

约瑟夫二世（1780～1790 年在位）在这方面更前进了一步。他于 1781 年宣布波希米亚、摩拉维亚和奥地利帝国其他地区的农奴为自由人。此后，他们可以自由结婚，有权利自由地离开地主的庄园，并且可以选择任何职业。但是，留在地主庄园上的农民如果继续使用地主的份地，必须照旧为地主服劳役，并且缴纳其他贡赋。

第二，实行教会的改革。1773 年宣布解散耶稣会，还开始审查奥地利与罗马教廷的关系。约瑟夫二世在位时下令解散大约 400 座富裕的天主教修道院，没收其财产为国有，并且要求天主教主教向君主而不是向教皇宣誓效忠。1781 年颁布宗教宽容令，宣布天主教以外的其他基督教各派都享受合法的地位，各派教徒与天主教徒享受同等的公民权利。

第三，限制地主权力的措施。为了增加国库收入，也为了缓和农民与地主的矛盾，玛丽亚·特蕾西亚下令取消了地主担任国家收税人的权利，限制领主裁判权。

第四，约瑟夫二世为了奖励工商业，实行保护关税；成立国家工场，以增加国家收入。但是在实行这些改革措施的同时，专制政府也采取加强中央集权及专制统治的措施。玛丽亚·特蕾西亚看到普鲁士之所以屡次在对外战争中取得胜利，是由于普鲁士实行中央集权，所以她着手改革国家组织。她在维也纳成立"公共及宫廷事务督导部"，作为管理所有领地行政和财务的最高机构。各领地都建立直属这个机构的"代办与财务处"，基层又有"县公署"。这样，建立起一个从中央到基层的行政管理系统，有效地排挤了地方贵族势力。1761 年，为协调中央各机构的工作，又成立最高咨询指导机关"国务会议"，将宫廷事务部、宫廷审计处、宫廷财务署、宫廷军机处、最高司法处等都置于它之下。所有这些改革都是在考尼茨公爵（1711～1794 年）指导下进行的，他于 1753 年起担任首相。由于这些改革，完全的中央集权制建立起来了。但改革措施只限于在奥地利和波希米亚所属地区实行，匈牙利和尼德兰仍旧保留了旧封建机构。玛丽亚·特蕾西亚的儿子约瑟夫二世继续推行中央集权的措施，他的主要改革是把原来彼此分离的相邻各领地合并起来，成立跨领地的地方政府。例如，施蒂里亚、克恩滕和克赖因就置于一个共同的奥地利地方政府之下，其他领地也经历了相同的改组。

为加强对人民的控制，建立警察制度，并建立严格的书报检查制度以控制舆论。在司法方面，实行司法和行政分离的原则，颁布刑法典，虽然废止了刑讯逼供，却规定了严厉的监禁、苦役和惩罚制度。在军事方面仿照普鲁士实行募兵制，建立常备军，兵力到 18 世纪 80 年代已达到 27 万。

这些改革都是在所谓"开明专制"的招牌下进行的。"开明专制"是欧洲一些落后国家的君主玩弄的政治花样，在表面上是按照法国启蒙思想家所提出的一些主张进行改革，而实质上这些改革只是触动了封建专制主义统治的皮毛，而没有破坏它的基础。而且，这些改革也有其致命的弱点：君主操之过急，单凭强迫命令，缺乏深入细致的工作及充分的酝酿准备。因此，奥地利的这些改革收效甚微。约瑟夫二世逝世后，在改革中本身利益受到侵犯的封建贵族把这些改革措施都推翻了，奥地利又恢复到改革以前的状态。

哈布斯堡家族的西班牙系于 1700 年绝嗣。奥地利皇帝查理六世亦无男嗣。为使哈布斯堡家族的王权得以存续，查理六世于

1720 年正式公布《国本诏书》，规定哈布斯堡王朝的领土不可分割，如男嗣断绝，皇位由女儿继承。这一诏书相继得到"神圣罗马帝国"各邦、各世袭领地及大多数欧洲国家的承认。1740年，查理六世逝世，长女玛丽亚·特蕾西亚根据《国本诏书》即位。普鲁士国王腓特烈二世为夺取西里西亚，率先反对，提出由巴伐利亚选帝侯继承王位，并于 1740 年 12 月不宣而战，攻入西里西亚，开始了第一次西里西亚战争。

1741 年 5 月，巴伐利亚、法国、西班牙在慕尼黑签订《尼芬堡条约》，不久，普鲁士、萨克森、瑞典、撒丁、那不勒斯、科隆等国也加入该条约，形成以瓜分奥地利为目标的军事同盟，巴伐利亚选帝侯被选中的竟是"神圣罗马帝国"皇帝。第一次西里西亚战争便发展为奥地利王位继承战争。巴伐利亚、法国由北方入侵，占领上奥地利、波希米亚，维也纳告急。英国、俄国、尼德兰仅在财政上给奥以支持。奥因实力不足，在对普作战中受挫，被迫于同年 10 月签订克莱因－施内仑多夫秘密条约，将下西里西亚及奈舍城割让给普鲁士。1742 年 7 月，普奥签订柏林和约，普取得下西里西亚、上西里西亚和格拉茨，并承认玛丽亚·特蕾西亚的王位继承权。

由于得到君主国世袭领地，尤其是匈牙利的有力支持，奥地利实力大增，在北线连挫巴伐利亚军，于 1744 年收复失地，攻占慕尼黑，巴伐利亚王出逃。奥地利同英、荷、撒丁诸国的合作通过《沃尔姆斯条约》得到加强。在廷根大败法军，在意大利境内击溃西班牙军，局势转而对奥地利有利。普鲁士担心奥地利收回西里西亚，于 1744 年再度入侵奥地利，第二次西里西亚战争开始。1745 年，奥地利在连续失利后，同普鲁士签订《德累斯顿和约》，和约规定普鲁士对西里西亚的占有权，普鲁士承认玛丽亚·特蕾西亚对哈布斯堡王朝的王位继承权，玛丽亚·特蕾西亚又加冕为匈牙利和波西米亚女王。普鲁士国王马克西米利安三世约瑟夫同奥缔结《菲森和约》，承认《国本诏书》，并投票支持玛丽亚·特蕾西亚的丈夫洛林公爵弗兰茨·斯特凡为"神圣罗马帝国"皇帝。同年弗兰茨·斯特凡在法兰克福加冕为"神圣罗马帝国"皇帝弗兰茨一世，一度失去的皇位重新归属哈布斯堡家族。1748年10月，各战场参战国在亚琛缔结《亚琛和约》。奥地利王位继承战争结束。条约承认《国本诏书》及弗兰茨一世的皇位，规定法国将尼德兰归还奥地利，奥地利将意大利境内的某些属地割与西班牙和撒丁。普鲁士对西里西亚及格拉茨领地的占有得到确认。和约使奥地利蒙受重大损失，改变了奥地利内部的民族构成，迫使其修正对外政策，与法国结盟，以对付主要敌手普鲁士，并开始在国内实行玛丽亚·特蕾西亚制订的一系列改革措施，逐步巩固了哈布斯堡王朝在奥地利的统治。

1789年，法国大革命爆发，哈布斯堡王朝同法国关系恶化，先后三次参加反法联盟，均为拿破仑·波拿巴击败，失去本土西部、意大利北部、西加里西亚和南斯拉夫等领地，"神圣罗马帝国"已彻底瓦解。"神圣罗马帝国"皇帝弗兰茨二世于1804年宣布自己为奥地利皇帝，改称弗兰茨一世。1806年，弗兰茨一世放弃"神圣罗马帝国"皇帝称号。1809年任命梅特涅为首相，奥地利的反法政策改为策略性与法合作。1810年弗兰茨一世将女儿玛丽亚·路易丝嫁给拿破仑一世，以巩固奥地利的地位。1812年，拿破仑一世侵俄失败，奥地利又转而与法作战，莱比锡会战以后，于1814年3月攻入巴黎。在同年召开的维也纳会议上，梅特涅施展外交手腕，使奥地利收复所失领地，后组成以奥地利为首的德意志联邦，奥地利的大国地位得到恢复。1815年，奥地利发起成立神圣同盟，成为复辟势力的代表，纠合欧洲各君主国，镇压各国革命，维护专制制度，充当欧洲宪兵。

以普鲁士为首的德意志关税同盟成立后，各小邦纷纷参加，梅特涅的权势一蹶不振。欧洲 1848 年革命爆发后，3 月 13 日维也纳群众在学生领导下爆发起义，梅特涅被迫辞职。在维也纳革命影响下，匈牙利和捷克先后发生革命，斯拉夫人问题日益尖锐化，全国各地革命一触即发，皇帝费迪南德一世被迫逊位，其侄弗兰茨·约瑟夫一世即位。此后政治倒退，帝国的专制统治变本加厉，1849 年起，奥地利与普鲁士为争夺德意志霸权展开尖锐斗争，奥地利在德意志联邦中的盟主地位暂时得到稳定。1864 年奥、普联合对丹麦作战，奥地利获得荷尔斯泰因。1866 年普奥战争爆发，奥军被击败，被迫放弃荷尔斯泰因，并同意解散德意志联邦，此后，德意志走上以普鲁士为首的自上而下的统一道路，奥地利被排除在外。奥地利统治者被迫转向巴尔干等地发展，对国内日益尖锐的民族矛盾采取让步政策。

1867 年 6 月经帝国议会通过，正式建立奥地利—匈牙利君主国，全称"帝国议会所代表的王国和领地以及匈牙利圣斯蒂芬的王冠领地（Die im Reichsrat vertretenen Königreiche und Länder und die Länder der heiligen ungarischen Stephanskrone)"，简称奥匈帝国（Österreich-Ungarn）。奥地利皇帝为帝国元首，兼有匈牙利国王称号。帝国以莱塔河为界分奥匈两部分，同为主权国家，有各自的议会和政府。外交、军事、财政共有。国家支出按比例分摊，订有货币、关税盟约以保证两国经济上的协调和统一。两国共同事务由两国议会代表团定期开会商定。奥匈帝国无统一宪法，奥地利部分仍使用 1867 年颁布的根本法，帝国君主与两院组成的帝国议会共享立法权。

奥匈帝国幅员辽阔，版图仅次于俄国，居欧洲第二位。其地居水陆交通要冲，经济自成体系。立国后，工农业、科技文化均有长足发展，是欧洲主要强国之一。但二元体制并未解决境内民族矛盾，日耳曼人和匈牙利的马扎尔人对其他少数民族的歧视，导致民族斗争此起彼伏，政治上极不稳定。20 世纪初，民族斗争更加激烈，捷克人、意大利人、波兰人和南部斯拉夫人争取民族自治的斗争持续高涨。日耳曼人和匈牙利人的统治阶级间也发生冲突，奥皇曾一度解散匈牙利议会。在奥匈统治者的高压之下，工人运动迅猛发展，在俄国 1905 年革命影响下，维也纳工人举行大罢工，要求普选权，并与军队发生武装冲突，迫使政府同意实行普选。

在外交上，奥匈帝国初期与法国接近，试图遏制普鲁士在欧洲势力的增长，普法战争后，开始逐渐转变为同德意志帝国合作，并同意大利和俄国接触。1881 年奥地利在巴尔干扩张得手，与塞尔维亚订立同盟条约，将其置于自己控制之下。1882 年 5 月与德国、意大利结成三国同盟。1908 年又正式合并波斯尼亚－黑塞哥维那，引发 1912～1913 年的巴尔干战争。战后，塞尔维亚日益强大，构成对奥的威胁。1914 年 6 月，奥皇储费迪南德在波斯尼亚指挥炫耀武力的军事演习，以塞尔维亚和门的内哥罗为假想敌，激化了塞尔维亚人的民族情绪，28 日在波斯尼亚首府萨拉热窝被塞尔维亚爱国分子炸死，德奥集团以此为借口，挑起第一次世界大战。1918 年"一战"结束，奥匈帝国也相应解体，前后存在约半个多世纪，是哈布斯堡家族统治下的最后一个封建君主国。1918 年 11 月 12 日，奥地利成为共和国。

第五节　从第一共和到第二共和

奥匈帝国从建立伊始就困扰于国内的民族纠纷和民族矛盾。奥匈帝国是一个多民族的君主国，尽管对于境内其他少数民族来说，匈牙利人在君主国内的地位仅次于德意志人和奥地利人，但匈牙利人要求独立的愿望却最强烈，这种情绪影响了其他民族，导致帝国内部民族起义此起彼伏。

1914年6月28日，奥匈帝国皇储弗兰茨·费迪南德公爵夫妇在萨拉热窝被塞尔维亚民族主义者炸死，"萨拉热窝事件"成为奥匈帝国向塞尔维亚宣战的导火索，也成为以德、奥、意"同盟国"为一方和以英、法、俄"协约国"为另一方的第一次世界大战爆发的导火索。

第一次世界大战最终以"同盟国"的失败而告终。奥地利境内各民族纷纷独立，导致帝国崩溃。1918年11月11日，奥匈帝国皇帝在维也纳美泉宫宣布退位，从而结束了绵延7个世纪的哈布斯堡王朝的君主统治。翌日，奥地利临时国民议会宣布奥地利共和国诞生，史称奥地利第一共和国。

作为第一次世界大战的战败国之一，奥地利被剥夺了所属的非德语地区，在那里建立了匈牙利、捷克斯洛伐克、南斯拉夫三个独立的国家，还有一部分加入了独立的波兰。同时，奥地利还失去了讲德语的南蒂罗尔，这一地区后来被划归意大利。此时的奥地利从一个欧洲大帝国变成了中欧的一个小国，与周边国家的边界被封锁，原料的进口和工业品的出口受到这些国家关税壁垒的阻碍，经济处于瘫痪状态。20世纪30年代经济大萧条时期，国内政治动乱几乎导致内战，奥地利转向德国求援，为纳粹德国兼并奥地利提供了借口。1938年3月11日，德国法西斯以"维护奥地利秩序"为名，派兵进占奥地利，奥地利变成了德国的一个省，从地图上消失了17年之久；一年半以后，第二次世界大战爆发。

"二战"期间，奥地利虽然是法西斯的受害者，但同时也扮演了纳粹德国的帮凶角色，战争后期，奥地利本土也成为战场，损失惨重。国内各大城市都被盟军的飞机炸成废墟，仅维也纳就遭到 53 次轮番轰炸，不少珍贵的古典建筑毁于炮火。1945 年 3 月，盟军占领了奥地利全境。

根据 1945 年 7 月的苏、美、英三国首脑波茨坦会议决定，由苏、美、英、法四国共同占领和管制奥地利，首都维也纳则由四占领国军事当局共同管理。由于战时同盟国即已经宣布了战后恢复奥地利的独立主权，1945 年 4 月苏占区成立了奥地利临时政府；10 月，四占领国承认临时政府；11 月举行议会选举，成立了以人民党和社会党为主，包括共产党和无党派人士在内的新政府，第二共和国建立。1947 年奥地利共产党退出政府，从此奥地利政坛呈现社会党和人民党联合执政或其中一党执政的局面。

为了恢复主权，使占领军撤出其领土，奥地利政府做出了 10 年的不懈努力。终于在 1955 年 5 月 15 日，苏、美、英、法四国在美泉宫同奥地利政府签订《重建独立和民主的奥地利国家条约》（即对奥和约，简称《国家条约》）。条约确认奥地利重新独立并对有关战后问题作了规定。条约正文计 38 条，其主要内容为：宣布 1938 年同纳粹德国吞并奥地利有关的条约、规定均为非法；恢复合并前的领土主权；禁止从经济和政治上与德国结成任何形式的政治或经济联盟；成立民主政府，尊重人权和境内的少数民族（指斯洛文尼亚人和克罗地亚人）的平等权利，承认一切民主机构的合法权利；解散法西斯组织，杜绝其复活；不得拥有、制造和试验原子武器及条约规定的其他武器；1946、1947 年盟军占领当局的管理规定于本条约生效之日废止；其他关于多瑙河航行权以及财产、经济等问题的处理办法。根据条约，1955 年 10 月 25 日，四国占领军全部撤离。次日，奥地利国民议会通过了关于奥永久中立的根本法，宣布不参加任何军事联盟，不允许在其领土上设立外国军事基地。10 月 26 日，奥地利国民议会通过关于奥地利实行永久中立的宪法条文，这一天被定为奥地利的国庆节。同年 12 月，奥地利加入联合国。

第六节　著名历史人物

一　政治领域

1. 马克西米利安一世（Maximilian Ⅰ，1459 ~ 1519 年）

马克西米利安一世是德意志国王（1486 ~ 1519 年在位）和"神圣罗马帝国"哈布斯堡王朝皇帝（1493 ~ 1519 年在位）。1459 年 3 月 22 日，马克西米利安一世出生于维也纳的诺伊施塔特，为皇帝腓特烈三世之子。1486 年，马克西米利安一世继承父位，成为德意志国王。

马克西米利安一世通过与西班牙王族联姻，让儿子腓力娶西班牙国王之女胡安娜，为其孙卡洛斯（即查理一世）获得西班牙王位继承权。1490 年，马克西米利安一世重新统一哈布斯堡家族各领地，并获得匈牙利、波希米亚、蒂罗尔等大片新的土地。1495 年，马克西米利安一世同教皇、西班牙、威尼斯、米兰结盟，次年赶走入侵意大利的法军。1499 年进攻瑞士联邦失利，被迫承认瑞士独立，统治动摇。1504 年在王朝战争中得胜。1508 年 2 月，教皇尤利乌斯二世授予其"神圣罗马帝国"皇帝称号，自此德意志国王当选后即成为"神圣罗马帝国"皇帝，无须去罗马接受教皇加冕。1508 年，马克西米利安一世同教皇、法国、西班牙结成康布雷联盟，企图瓜分威尼斯共和国。三年后，他解除与法国的盟友关系，1513 年在斯普尔斯战役中战胜法军，但 1515 年在马里尼亚诺战役中失利，根据《布鲁塞尔和约》，米兰归属法国，韦罗讷归属威尼斯，马克西米利安一世仅保有蒂罗尔地区。1519 年 1 月 12 日，马克西米利安一世死于上奥地利的维尔斯城。

马克西米利安一世致力于建立中央集权的统一强国，在使奥地利上升为欧洲大国方面起了重要作用，成为奥地利历史上创建现代民族国家的先驱。他倡导"相互归属和依存"的国家观念，以蒂罗尔的等级制议会为基础，试图建立帝国中央机构，并对财政、税收、司法进行改革，实行采矿、制盐的国家垄断。军事方面，以新式步兵取代过时的骑士军队，兴办兵工厂，战术上亦有创新，加强了国家的经济和军事实力。外交方面，除联合西班牙、英格兰同法国抗衡外，东线取悦于俄国，以推行向波兰、波希米亚、匈牙利扩张的计划。16 世纪初，马克西米利安一世是欧洲各国角逐中举足轻重的人物。

2. 查理五世（Charles Ⅴ，1500～1558 年）

查理五世的身份十分复杂，在即位前通称奥地利的查理（1500 年 2 月 24 日至 1558 年 9 月 21 日），身兼西班牙国王（称"卡洛斯一世"，Carlos Ⅰ，1516～1556 年在位）、"神圣罗马帝国"皇帝（称"卡尔五世"，Karl Ⅴ，1519～1556 年在位）、西西里国王（称"卡洛一世"，1516～1556 年在位）、那不勒斯国王（称"卡洛四世"，1516～1556 年在位）。在欧洲人心目中，他是"哈布斯堡王朝争霸时代"的主角。

查理五世是哈布斯堡王朝广泛的皇室联姻的产物。他是出身于哈布斯堡家族的西班牙国王腓力一世与西班牙国王之女胡安娜之子、阿拉贡的斐迪南二世与卡斯蒂利亚的伊莎贝拉一世的外孙、"神圣罗马帝国"皇帝马克西米利安一世和勃艮第女公爵玛丽的孙子。查理五世生于根特，他童年时的教师是乌得勒支的艾德里安（即日后的教皇哈德良六世）。查理五世的妻子是葡萄牙公主伊莎贝拉，二人于 1526 年结婚。

查理于 1506 年（他的父亲死于那一年）继承了低地国家和弗朗什孔泰的统治权。当他强悍的外祖父斐迪南二世在 1516 年去世后，他成为一片巨大领地的拥有者，这片领地包括他母亲的卡斯蒂利亚和斐迪南二世统治的阿拉贡、纳瓦拉、格拉纳达、那不勒斯、西西里、撒丁，以及整个西属美洲（在他统治时期，西班牙在美洲的殖民地由于征服墨西哥和秘鲁又扩大了好几倍）。他刚抵达西班牙就不得不与争取自治的城市作战，一些西班牙贵族则对他在卡斯蒂利亚为一些佛兰德人安插官职感到不满。最终所有的反抗都被他压服，一个顺从而强大的西班牙构成他日后在欧洲驰骋的基础。在祖父马克西米利安一世去世后，查理又得以继承哈布斯堡家族在奥地利的产业。通过向选帝侯行贿等手段（得到德意志银行世家富格尔家族的资金支持），他在 1519 年战胜法国国王弗朗索瓦一世当选为"神圣罗马帝国"皇帝。

查理五世除了不断与法国、土耳其和意大利进行多次战争外，在宗教上还激烈地反对宗教改革，狂热地推崇天主教。

1555 年，在击溃新教力量的最后努力失败后，查理五世就开始脱离政治生活。他把自己的个人帝国——西班牙和低地国家传给了儿子腓力二世；把"神圣罗马帝国"传给了弟弟斐迪南一世（1555 年 10 月 25 日放弃尼德兰王位给腓力；1556 年 1 月 16 日放弃西班牙王位给腓力；1556 年 9 月 12 日放弃皇帝帝位给斐迪南一世）。

查理五世的晚年是在西班牙埃斯特雷马杜拉的尤斯特修道院度过的。查理五世死于 1558 年，在他生命的后 20 年中，他一直受到痛风病的折磨。

3. 利奥波德一世（Leopold Ⅰ，1640～1705 年）

利奥波德一世，哈布斯堡王朝的"神圣罗马帝国"皇帝，1658～1705 年在位；同时还是匈牙利和波希米亚国王。他生于维也纳，是皇帝斐迪南三世的次子，母亲为西班牙公主（奥地利的）玛丽亚·安娜。

利奥波德一世的统治遇到各种困难。他在即位后不久与瑞典发生战事，瑞典国王卡尔十世与匈牙利反对奥地利统治的领袖之一特兰西瓦尼亚亲王拉科齐·格奥尔基二世结盟反对皇帝。利奥波德一世得到波兰帮助，于1660年结束了这场战争。

然而更危险的敌人很快在东方出现。由几位柯普律吕家族帕夏重振起来的奥斯曼帝国声势极大，再度向中欧发起军事征服。于是抗击土耳其便成为利奥波德一世在位时期的头等大事。奥地利一直反对土耳其人干涉特兰西瓦尼亚公国的事务，因为该公国几乎已沦为奥斯曼帝国的附庸，奥土双方终于在1663年开战。奥军先于1663年9月的埃尔塞库伊瓦尔战役中败北，但却在1664年8月的圣哥达战役中获胜。土耳其人遭此打击后，进攻势头大大减弱，遂于1664年8月10日与奥地利缔结一项和约。

1683年奥斯曼帝国再度大举入侵中欧，势不可挡，大军一度围困维也纳。但是，由奥地利及一些选侯的武装组成的联军最终击退了土耳其军队。这是一次决定性的胜利，使奥斯曼帝国从此一蹶不振。利奥波德一世本人对这次胜利贡献不大。1689年，联军反攻进入巴尔干半岛，占领许多地方，更在斯兰卡曼战役中击毙奥斯曼帝国首相柯普律吕·穆斯塔法帕夏。不过土耳其人很快发起有效的防御，令奥地利军队无法再深入进攻。1664年8月10日，利奥波德一世与奥斯曼帝国签订停战条约，结束了长期的争斗。

1692年，利奥波德一世封恩斯特·奥古斯特为汉诺威选侯，几乎引起一场政治危机。帝国已有的各选侯反对再多加任何一个成员。但是，此事终获圆满解决，汉诺威家族日后更成为统治英国的王室（汉诺威王朝）。

　　在利奥波德一世统治期间，奥地利卷入一系列与法国的冲突。当时法国国王正是路易十四，他的扩张性的政策促使利奥波德一世与英国、西班牙、丹麦及勃兰登堡选侯结盟。

　　与法国最严重的冲突发生于 1702 年。西班牙国王卡洛斯二世的去世结束了西班牙的哈布斯堡王朝，他把王位传给了他的外甥、路易十四的孙子安茹公爵菲利普。由于与奥地利王室的近亲关系，西班牙的外交政策一般是亲奥地利的，而路易十四决心在西班牙建立一个亲法的政权。利奥波德一世为支持其子查理竞争西班牙王位，对法国发动西班牙王位继承战争。1705 年，利奥波德一世在维也纳去世。

　　4. 萨伏依·冯·欧根（Eugen von Savoyen，1663～1736 年）

　　萨伏依·冯·欧根是奥地利元帅、外交家，1663 年 10 月 18 日生于巴黎，是法国萨伏依 – 苏瓦松的欧根·莫里茨亲王之子。1683 年，他因身材矮小而被路易十四拒绝其从军的要求，从而愤而离开法国，入奥军服役，同年，参加维也纳城解围战，1686 年参加攻克布达城战役，战功卓著。1689 年，他率部进军意大利，屡挫入侵之法军；1693 年晋升为奥皇家陆军元帅；1697 年在对土耳其作战中任奥军总司令，同年取得森塔战役大捷。在西班牙王位继承战争中，他指挥奥军屡败法军和巴伐利亚军队。1703 年起，萨伏依·冯·欧根任宫廷军事委员会主席和皇家枢密院主席，被三代奥地利皇帝倚为重臣，有"无冕国王"之称。1714 年在同法国进行的拉施塔特谈判和巴登谈判中，他表现了高度的外交才能。在 1716～1718 年的第二次奥土战争中大败土军，攻占贝尔格莱德，迫使土耳其议和，解除了土耳其对奥、匈的威胁。1716～1724 年，萨伏依·冯·欧根任奥地利驻荷兰总督，1736 年 4 月 21 日在维也纳去世。

　　萨伏依·冯·欧根主张联合普、英反法，并主张与巴伐利亚联姻以巩固王朝地位。在军事上，善于利用战局，行动果决，治军严明，注重平时培训，重视给养装备等后勤保障。他有较深的科学艺术素养，和孟德斯鸠、莱布尼茨等学者私谊甚笃。他还是位著名的文物收藏家，其维也纳官邸白乐宫有丰富的文化珍藏传世。

5. 玛丽亚·特蕾西亚 (Maria Theresia，1717～1780 年)

玛丽亚·特蕾西亚是奥地利历史上最著名的统治者之一。1717 年 5 月 13 日，玛丽亚·特蕾西亚生于维也纳，系"神圣罗马帝国"皇帝卡尔六世之女，1736 年同洛林公爵弗兰茨·斯特凡（1745 年当选为"神圣罗马帝国"皇帝，称弗兰茨一世）结婚。1740 年卡尔六世去世后，据《国本诏书》袭哈布斯堡王朝王位，1741 年和 1743 年加冕为匈牙利和波希米亚女王。即位不久，奥地利王位继承战争爆发，玛丽亚·特蕾西亚失去西里西亚等地，但保住了王位继承权和其他世袭领地。

奥地利王位继承战争结束后，玛丽亚·特蕾西亚开始在奥地利实行全面改革：建立总参谋部，实行新的征兵制度；革新外交事务；改革国家管理体制，废除中世纪遗留下来的社会机构，建立中央枢密院、司法部、行政部和财政部；限制贵族对农民的剥削，颁布征收所得税法，取消贵族和僧侣不纳税的特权，规定新工厂主免税 10 年，鼓励工商业和纺织业自由发展；废除国内贸易关卡，实行统一税制，发行统一货币；实行司法与行政分离，制定新的民法和刑法，废除刑讯；教育方面使学校摆脱教会控制，由国家统一管理，建立专科学校。同时，又在一定程度上限制天主教特权，废除迫害新教徒的法律，使新教团体获得合法地位。这些改革限制了贵族的特权，促进了工商业和科学文化的发展。

由于玛丽亚·特蕾西亚的开明统治，奥地利逐渐成为比较强大的中央集权君主制国家，而女皇玛丽亚·特蕾西亚也深得奥地利人民的尊重与爱戴，被人们亲切地誉为"奥地利的母亲"。1780 年 11 月 29 日，玛丽亚·特蕾西亚在维也纳去世。

6. 约瑟夫二世（Joseph Ⅱ，1741～1790 年）

约瑟夫二世是"神圣罗马帝国"皇帝（1765～1790 年在位）。玛丽亚·特蕾西亚和洛林的弗兰茨一世之长子。1741 年 3 月 13 日生于维也纳。1765 年其父死后为"神圣罗马帝国"皇帝，与其母亲共理朝政。1780 年其母卒后单独执政，1790 年 2 月 20 日病逝于维也纳。他全面推行和发展玛丽亚·特蕾西亚的改革事业，致力于建立依靠军队和官吏支持的集中统一的德语国家。他的主张和政策被称为"约瑟夫主义"。

约瑟夫二世推行所谓"开明君主制"，在国内进行一系列改革，他在加利西亚、布科维纳、匈牙利和西本比尔根建立德意志移民区，奖励依附地区德意志贵族地产和德意志资本的发展，优先录用德意志人为文武官员；推行保护关税政策，奖励发展工商业，增加财政收入；1781 年颁布关于宗教政策的《宽容令》，1781～1782 年颁布谕令，废除世袭领地内的农民人身依附关系，限制贵族特权，没收部分教会财产，并解散一些修道院；实行严格的书报检查制度，建立起永久性的警察组织。

在对外政策中，他推行亲俄反普政策，力图加强奥地利在德意志和欧洲的地位；1772 年参与第一次瓜分波兰，获加利西亚；1775 年诱使土耳其让出布科维纳；1781 年缔结奥俄联盟，图谋瓜分巴尔干半岛，但因对土耳其的战争屡遭失败而未果。

约瑟夫二世的改革取得了一定成效，但某些措施过于激进，遭到守旧贵族的反抗，在非德意志地区推行德意志化，又引起尼德兰和匈牙利各民族的反对。他在去世前被迫收回大部分改革措施，而去世后的所有改革均被取消。

7. 梅特涅 (Metternich von Klemens Wenzel Nepomuk Lothar, 1773~1859 年)

梅特涅，奥地利政治家，奥地利帝国外交大臣（1809~1848年在职），首相（1821~1848年在职）。1773年5月15日生于科布伦茨的一个贵族家庭，1859年6月11日卒于维也纳。1788~1790年先后就读于斯特拉斯堡大学、美因茨大学和维也纳大学，学习法律、历史和外交。

受历史学家福格特提出的欧洲"新实力均衡"思想的影响，梅特涅站在贵族立场上，强烈反对1789年的法国大革命。1801年，梅特涅任奥地利驻萨克森公使，1803年任驻普鲁士公使，1806年改任驻巴黎公使；1809年任奥地利帝国外交大臣。

在对拿破仑作战失败后，梅特涅撮合玛丽亚·路易丝公主与拿破仑联姻，使奥地利获得喘息之机。1812年12月拿破仑在侵俄战争中失败后，奥地利于1813年8月与俄、普等国结成第六次反法联盟。在维也纳会议上，梅特涅积极推行欧洲大国均势政策，调和俄、英、普、奥列强瓜分领土和殖民地的矛盾，在巩固欧洲旧秩序上取得各方一致的意见。同时，又利用列强之间的矛盾与英、法代表签订反对俄、普的秘密协定，确保奥地利在意大利和德意志联邦中的优势地位。1815年，梅特涅积极参加建立神圣同盟，是神圣同盟和四国同盟的核心人物，成为复辟势力总代表，积极主张镇压欧洲各国革命。

1819年，梅特涅主持制定《卡尔斯巴德决议》，对自由民主运动采取高压手段，对大学实行严格监督，加强书刊出版检查制度；在美因茨设立中央调查委员会，侦察各地革命活动；决定在社会秩序遭到"破坏"，特别是君王有被推翻的危险时，派联邦军队进行干涉。1821年5月，梅特涅任奥地利首相，在国内外推行被称为梅特涅体系的一整套保守主义的政治主张，维护封建地主和金融巨头君主制统治。

1835 年弗兰茨二世皇帝去世，梅特涅受命辅佐其子斐迪南二世。1848 年 3 月，奥地利爆发资产阶级民主革命，要求实行宪政。梅特涅被迫辞职，亡命英国，1849 年迁居比利时，1851 年返回奥地利，任斐迪南一世的顾问。

8. 弗兰茨·约瑟夫一世（Franz Josef I, 1830~1916 年）

弗兰茨·约瑟夫一世是奥地利皇帝兼匈牙利国王（1848~1867 年在位），奥匈帝国的缔造者和第一位皇帝（1867~1916 年在位）。

弗兰茨·约瑟夫是奥地利皇帝弗兰茨一世之子弗兰茨·卡尔大公与巴伐利亚公主苏菲的长子。1848 年，其伯父、奥地利皇帝斐迪南一世宣布逊位，其父弗兰茨·卡尔宣布放弃皇位继承权，弗兰茨·约瑟夫继位为奥地利皇帝和匈牙利国王、伦巴第国王、波希米亚国王，称弗兰茨·约瑟夫一世。1854 年，弗兰茨·约瑟夫一世与表妹、巴伐利亚马克斯公爵（也称马克西米利安公爵）的次女伊丽莎白公主（茜茜公主）结婚并育有三女一子。1859 年，被法国—撒丁王国联军打败，被迫签订和约，放弃伦巴底。1864 年，弗兰茨·约瑟夫一世联合普鲁士发动丹麦战争，夺取丹麦治下的德意志领土。1866 年，在普奥战争中战败，被迫解散德意志邦联，并被排除在德意志事务之外。同时，被迫将威尼斯归还给普鲁士的同盟意大利。1867 年，他与匈牙利贵族达成和解，加冕为匈牙利国王，戴上了圣斯蒂芬王冠，奥匈帝国建立。1889 年，其子、奥地利皇储鲁道夫神秘死亡。1898 年，皇后伊丽莎白（茜茜公主）在日内瓦被一位意大利无政府主义者暗杀。1914 年，其侄、奥地利皇储弗兰茨·斐迪南大公与大公夫人苏菲在波黑首府萨拉热窝遇刺。奥匈帝国以"萨拉热窝事件"为由对塞尔维亚宣战，随后德、俄、法、英等国相继卷入战争，第一次世界大战爆发。1916 年，86 岁高龄的弗兰茨·约瑟夫一世驾崩，其侄孙卡尔即位为奥匈帝国皇帝。

9. 伊丽莎白皇后（Elisabeith Amalie Eugenie，1837~1898 年）

伊丽莎白是巴伐利亚的马克西米利安·约瑟夫公爵与同宗的路多维卡公主（巴伐利亚国王马克西米利安一世的女儿）的女儿。1854 年，伊丽莎白嫁给奥地利皇帝弗兰茨·约瑟夫一世，成为奥地利皇后，1867 年加冕为匈牙利皇后。伊丽莎白皇后婚后育有三女一子，长女不满三岁便夭折。她的儿子，30 岁的奥地利太子鲁道夫也在 1889 年身亡。1898 年 9 月 10 日，伊丽莎白皇后在日内瓦被一名意大利无政府主义者用一把磨尖的锉刀刺杀身亡。

伊丽莎白皇后生性热爱自由，厌恶繁文缛节和严格的宫廷礼仪，喜爱读书、艺术和体育运动。1955 年，罗密·施奈德与卡尔海因茨伯姆合演电影《茜茜公主》而使她的名字广为人知，她与奥地利皇帝弗兰茨·约瑟夫一世之间被神化了的爱情故事一直为世人传诵。然而，伊丽莎白皇后的一生实际上是不幸与悲哀的。她的感情与婚姻生活也并非像人们所传闻的那般幸福浪漫，她与皇帝之间一直充满矛盾与不和，甚至长期分居。尽管如此，奥地利人民至今深爱着她，将她视为有史以来最有魅力的皇后，她的雕像在奥地利常可见到，在维也纳的霍夫堡皇宫里还有她的博物馆。

二 音乐艺术领域

1. 海顿（Franz Joseph Haydn，1732~1809 年）

约瑟夫·海顿出生于奥匈边境卢瑙的一个铁匠家庭，是奥地利著名作曲家，维也纳古典乐派的奠基者之一。海顿出身贫困，从小在很艰苦的条件下学习音乐，作曲主要靠自学，成年后长期任乐队队长，至18世纪90年代初，成为当时首屈一指的音乐家。1791和1794年他曾两度去伦敦旅行，写了12部《伦敦交响乐》，这是他一生中最优秀的作品，从此名扬全欧备受欢迎。海顿主要从事主调音乐的创作，是他确立了"弦乐四重奏"和古典"交响曲"的结构形式，把交响曲固定为四个乐章形式，以完整的交响乐队编制进行配器，为近代交响乐的发展奠定了基础，因而他被誉为"交响乐之父"。

海顿的音乐语言朴素、简洁、平易近人，感情明朗、乐观。作品不重深刻抒情和戏剧性刻画，而主要是以普通人的日常生活为题材，常用"说话原则"，进行世态风俗性的表现。他在乐曲的发展中常用"主题活用的原则"，这直接启示了贝多芬"动机发展"的灵感。

海顿一生共创作了一百多部交响曲，其中较著名的交响曲有《告别》、《时钟》、《狩猎》、《惊愕》、《军队》、《伦敦》、《牛顿》等。其他管弦乐作品有3部键盘协奏曲、3部小提琴协奏曲、2部大提琴协奏曲、2部圆号协奏曲、1部小号协奏曲、5部为两架带管轮擦提琴写的协奏曲，为小提琴、大提琴、双簧管、大管与乐队而写的《交响协奏曲》；戏剧作品有约18部歌剧和4部木偶歌剧；清唱剧和教堂音乐有8部清唱剧和康塔塔、2部独唱康塔塔、12首弥撒曲、两首感恩赞及3首圣母经、1首圣母悼歌。室内乐有84首弦乐四重奏，31首钢琴三重奏，105首《嬉游曲》（由小提琴、中提琴与大提琴演奏），约56首弦乐三重奏及为各种乐器写的嬉游曲、遣兴曲、夜曲。键盘音乐有52首奏鸣曲，5套变奏曲，1首幻想曲。歌曲有47首歌曲，377首苏格兰与威尔士曲调改编曲。

2. 莫扎特（Wolfgang Mozart，1756～1791年）

莫扎特是奥地利伟大的作曲家，维也纳古典乐派的杰出代表。莫扎特出身于萨尔兹堡宫廷乐师家庭，很小就显露出极高的音乐天赋，即兴演奏和作曲都十分出色，6 岁即创作了一首小步舞曲，并在欧洲旅行演出获得了成功，被誉为"神童"。1773年，莫扎特任萨尔斯堡大主教宫廷乐师，1781 年不满主教对他的严厉管束而愤然辞职，来到了维也纳，走上了艰难的自由音乐家道路。莫扎特的全部作品中洋溢着他追求民主自由的思想，迸发出在巨大社会压力下明快与乐观的情绪。他广泛采用各种乐曲形式，成功地把德、奥、意等国的民族音乐和欧洲的传统音乐有机地联系在一起，赋予它们深刻的思想内容和完美的表现形式，为西方音乐的发展开辟了崭新的道路。其创作手法新颖，旋律纯朴优美，配器注重音色效果，发挥了复调音乐的积极作用，对后世音乐创作产生极大的影响。他在短促的一生中共创作了 75 部作品，留下了《费加罗的婚礼》、《唐璜》、《后宫诱逃》、《魔笛》等著名歌剧，使歌剧成为具有市民特点的新体裁；并作有大量交响曲、协奏曲、钢琴曲和室内乐重奏。莫扎特的主要代表作品是：

歌剧：《费加罗的婚礼》、《唐·璜》、《魔笛》；

交响乐：《降 E 调第 39 号交响曲》（帝王）、《G 小调第 40号交响曲》、《C 大调第 41 号交响曲》（丘比特）；

协奏曲：《D 大调小提琴协奏曲第四号》、《降 B 大调小提琴协奏曲第五号》、《C 大调钢琴协奏曲第 21 号》、《A 大调钢琴协奏曲第 23 号》；

其他：弦乐四重奏《狩猎》。

3. 舒伯特（Franz Schubert，1797 ~ 1828 年）

舒伯特是奥地利著名作曲家、浪漫主义音乐的开创者之一，生于 1797 年 1 月 31 日。舒伯特的父亲是维也纳近郊一所小学的校长，有 19 个孩子，舒伯特最小。他自幼喜欢音乐，8 岁开始随父兄学习提琴和钢琴，11 岁时进入免费寄读的神学院合唱团，1811 年创作第一首歌曲《哈加尔的悲哀》，16 岁到父亲的小学里当教员，一边教课一边进行音乐创作。舒伯特 17 岁时为歌德的诗篇《纺车旁的葛莱卿》、《野玫瑰》等谱曲，18 岁那年，一天午后，他拿起歌德的叙事诗《魔王》来读，忽然心情激荡，一小时后，脍炙人口的世界名曲《魔王》诞生了。这首名曲，立即轰动了维也纳，使他从此走上音乐创作之路。

舒伯特生活在古典主义和浪漫主义交汇的时期，其交响乐风格继承的是古典主义的传统，但艺术歌曲和钢琴作品则是浪漫主义的。舒伯特采用和声上的色彩变化，用各种音乐体裁形式来刻画个人的心理活动，富有大自然的和谐与生命力的气息，将瞬息间的遐想与内心情感行之于乐谱，把感受到的一切化为音乐形象，构成了他独特的浪漫主义的旋律。舒伯特在传统的室内乐中注入了自己的精神特性，也是维也纳古典主义的最后一批作品。

舒曼在对舒伯特的《C 大调交响曲》评论时说道："这种音乐把我们引入一种境地，使我们忘却了以前曾有过的东西。"而其绝妙的抒情性使李斯特称他为"前所未有的最富诗意的音乐家"。

尽管舒伯特只活了 31 岁，但他短暂一生却创作了 600 多首包括交响曲、重奏、奏鸣曲，即兴曲作品等在内的音乐作品。他的《小夜曲》更是以其深情、优美为世人所赞赏，成为舒伯特的传世之作。

4. 老约翰·施特劳斯（Johann Strauss，1804～1849 年）

老约翰·施特劳斯，奥地利作曲家，是"圆舞曲之王"小约翰·施特劳斯的父亲。老施特劳斯与约瑟夫·兰纳（1801～1843 年）一起奠定了维也纳圆舞曲体裁的基础，被誉为"圆舞曲之父"。直至 20 世纪的今天，圆舞曲仍方兴未艾，保持着一定的影响。

老施特劳斯一生共创作了 150 余首圆舞曲，另有大量进行曲和波尔卡舞曲等。代表作有《拉德斯基进行曲》和《安那波尔卡》等，其中《拉德斯基进行曲》是最为人们喜闻乐见的作品，是每年维也纳新年音乐会的压场曲。

5. 小约翰·施特劳斯（Johann Strauss，1825～1899 年）

小约翰·施特劳斯，老施特劳斯之子，奥地利著名小提琴家、指挥家、圆舞曲及维也纳轻音乐的作曲家，其创作以 120 余首维也纳圆舞曲著称，被后人誉为"圆舞曲之王"。

小约翰·施特劳斯继承了父辈和圆舞曲音乐先锋兰纳（Josef Lanner，1801～1843 年）的音乐传统，青出于蓝而胜于蓝，所取得的成就超过前人。他一生作有 500 余首作品，主要是生活舞蹈性音乐，包括圆舞曲、波尔卡舞曲、进行曲及一些轻歌剧等。他的创作核心是圆舞曲，以民间舞曲的节奏和其他表现手法为依据，旋律酣畅，节奏自由，音乐语言真挚而自然。他还将源于德国南部性格温和的连德勒舞（Landler），改造成为结构简单、节奏灵活、旋律优美、感情奔放的音乐体裁，在市民生活中占有重要地位，同时也使这种平民音乐逐渐为上流社会所钟爱。小约翰·施特劳斯曾带领乐队访问欧洲各国，使维也纳圆舞曲风靡全欧洲。他的圆舞曲是每年维也纳新年音乐会的主要曲目。

小约翰·施特劳斯最著名的作品有《蓝色多瑙河》、《艺术家的生涯》、《维也纳森林的故事》、《春之声》、《美酒、爱情和歌曲》、《皇帝圆舞曲》等，其中《蓝色多瑙河》被誉为奥地利第二国歌。此外还作有《雷鸣电闪》等 120 多首源自捷克的波尔卡舞曲及几十首其他舞曲。1870 年起创作了《蝙蝠》、《罗马狂欢节》、《阿里巴巴与四十大盗》、《吉卜赛男爵》等 16 部轻歌剧，对于欧洲轻歌剧的发展有着相当深远的影响。

6. 约瑟夫·施特劳斯（Josef Strauss，1827~1870 年）

约瑟夫·施特劳斯，奥地利作曲家、指挥家，小约翰·施特劳斯之弟。约瑟夫·施特劳斯的本职为建筑工程师，1853 年开始从事指挥和作曲，后任宫廷舞会的指挥。作品以钢琴小品和舞曲为主，共计 300 余首，风格与小约翰·施特劳斯极其相近。代表作为《奥地利的村燕圆舞曲》、《天体音乐圆舞曲》以及同小约翰·施特劳斯共同创作的别具一格的《拨弦波尔卡》舞曲。

7. 勋伯格（Aunold Schönberg，1874~1951 年）

勋伯格，奥地利近代著名作曲家。勋伯格生于维也纳，家境贫寒，曾在银行当小职员。他在音乐上从未接受过任何专业训练，全凭自己的天赋自学成才。

勋伯格早期作品受勃拉姆斯、瓦格纳影响，在继承 19 世纪末德奥浪漫派作曲家风格的基础上，作曲风格逐渐倾向于无调性，首创十二音作曲技法，从而开创了 20 世纪现代主义的音乐理论，形成"新维也纳乐派"。

1933 年，纳粹将身为犹太人的勋伯格赶出其任教 8 年的柏林普鲁士艺术学院，他无奈流亡到美国，后加入美国籍。勋伯格晚年创作转为朗诵、男声合唱、管弦乐演出的名作《华沙幸存者》，用音乐向纳粹提出强烈的抗议。同时，他还是著名的音乐理论家，其音乐理论与作曲体系对世界有较大影响，主要著作有《和声学理论》、《和声的结构功能》和《作曲基本原理》等。勋伯格的主要音乐作品有：《升华之夜》、《古雷之歌》、《五首钢琴曲》、《月光下的皮埃罗》、《钢琴组曲》、《五首管弦乐曲》、《期待》、《钢琴协奏曲》、《华沙的幸存者》和《摩西与亚伦》等。

8. 卡拉扬（Herbert Von Karajan，1908~1989 年）

卡拉扬是当代奥地利，也是世界上最杰出的指挥家之一，生于奥地利音乐圣地、莫扎特的故乡萨尔茨堡。

卡拉扬自少年时代学习指挥。1927 年在乌尔姆歌剧院初次登台指挥；1934 年在亚琛歌剧院任指挥；1938 年被选为柏林歌剧院的指挥；1947 年担任著名的维也纳爱乐乐团和维也纳爱乐协会乐团指挥；1949 年兼任米兰斯卡拉歌剧院常任指挥；1950 年又兼任伦敦爱乐乐团常任指挥；1955 年任柏林爱乐乐团终身常任指挥；1956 年任维也纳国立歌剧院指挥兼萨尔茨堡音乐节总指导。此外，他设立了卡拉扬基金会，主持国际指挥比赛，设立音乐研究所等。

卡拉扬被称为"欧洲音乐的总指导"，他擅长在忠实于原作的基础上，对作品进行精雕细刻、巧妙布局，甚至适度夸张，而这一切都围绕着塑造完美的音乐形象而进行。卡拉扬的指挥气势宏伟、强调理性，技术精炼，热情洋溢，对乐曲处理细腻精致，与乐队配合得水乳交融，其惊人准确的指挥技巧与指挥风格深刻地影响了新一代指挥家。

卡拉扬指挥的作品很多，是演绎贝多芬、勃拉姆斯、舒曼、瓦格纳、威尔第、布鲁克纳和理查·施特劳斯等人音乐作品的权威人物。他一生共指挥录制了 650 多种唱片，仅录制贝多芬全部交响曲的唱片，就有 7000 多万张。他在晚年时期达到了指挥艺术的最高峰。

三　文学、哲学及其他领域

1. 斯蒂芬·茨威格（Stephen Zweig，1881～1942 年）

斯蒂芬·茨威格是奥地利著名小说家、传记作家，出身于富裕的犹太家庭。青年时代在维也纳和柏林攻读哲学和文学，后去世界各地游历，结识罗曼·曼兰和罗丹等人，并受到他们的影响。第一次世界大战时，茨威格从事反战工作，成为著名的和平主义者；20 世纪 20 年代赴苏联，结识高尔基；1934 年遭纳粹驱逐，先后流亡英国、巴西。1942 年，茨威格在孤寂与感觉理想破灭中与妻子双双自杀。

茨威格在诗、短论、小说、戏剧和人物传记写作方面均有很深的造诣，尤以小说和人物传记见长。代表作有小说《最初的经历》、《马来狂人》、《恐惧》、《感觉的混乱》、《人的命运转折点》、《一个陌生女人的来信》、《象棋的故事》、《一个女人一生中的二十四小时》、《危险的怜悯》等；传记《三位大师》、《同精灵的斗争》、《三个描摹自己生活的诗人》等。茨威格对心理学与弗洛伊德学说感兴趣，作品擅长细致的性格刻画，以及对奇特命运下个人遭遇和心灵的热情的描摹。

2. **卡夫卡**（Franz Kafka，1883～1924 年）

卡夫卡是欧洲著名的表现主义作家，1883 年 7 月 3 日生于布拉格一个犹太商人家庭，18 岁入布拉格大学学习文学和法律，1904 年开始写作，主要作品为 4 部短篇小说集和 3 部长篇小说，可惜生前大多未发表，3 部长篇也均未写完。他生活在奥匈帝国行将崩溃的时代，又深受尼采、柏格森哲学影响，对政治事件也一直抱旁观态度，故其作品大都用变形荒诞的形象和象征直觉的手法，表现被充满敌意的社会环境所包围的孤立、绝望的个人，成为席卷欧洲的"现代人的困惑"的集中体现，并在欧洲掀起了一阵又一阵的"卡夫卡热"。其最著名的作品有借小动物防备敌害的胆战心理，表现资本主义社会小人物时刻难以自保的精神状态和在充满敌意的环境中的孤立绝望情绪的短篇小说《地洞》（1923 年）；表现现代社会把人变成奴隶乃至"非人"的"异化"现象的短篇小说《变形记》（1912 年）；描写一名土地丈量员在象征神秘权力或无形枷锁统治的城堡面前欲进不能、欲退不得，只能坐以待毙的长篇小说《城堡》；借银行职员约瑟夫·K.

莫明其妙被"捕",又莫明其妙被杀害的荒诞事件,揭露资本主义社会司法制度腐败及其反人民本质的长篇小说《审判》等。

3. **西格蒙德·弗洛伊德(Sigmund Freud,1856～1939年)**

弗洛伊德是 20 世纪最著名的心理学家,作为 20 世纪最重要的社会思潮和学术流派之一,弗洛伊德的精神分析理论对心理学、教育学、哲学、人类学、文学艺术和伦理学等领域都产生了重大影响,是精神科、神经科医生、心理学家,精神分析学派的创始人。

1856 年 5 月 6 日,弗洛伊德出生于摩拉维亚一犹太商人之家,是其父母八个子女中的长子。他 4 岁时随家人迁居维也纳,17 岁考入维也纳大学医学院,1881 年获医学博士学位,后开业行医,担任临床神经专科医生,终生从事精神病的临床治疗工作。在探寻精神病病源方面,弗洛伊德抛弃了当时占主流的生理病因说,逐步走向了心理病因说,创立了心理分析学说(Psychoanalysis,又译精神分析),认为精神病起源于心理内部动机的冲突。他思考敏锐、分析精细、推断循回递进、构思步步趋入,探讨问题中,往往引述文学、历史、医学、哲学、宗教等材料,揭示出人们心灵的底层。主要著作有:《梦的解析》(1900年)、《性学三论》(1905年)、《心理分析导论》(1910年)、《文明及其缺陷》(1929年)。1886 年与马莎·伯莱斯结婚,育有三男三女,女儿 A. 弗洛伊德后来也成为著名的心理学家。

4. **艾恩斯特·马赫(Ernst Mach,1838～1916年)**

艾恩斯特·马赫是奥地利著名物理学家、思想家和哲学家,1838 年出生于一个教师家庭。他先后在维也纳学习数学和物理学,并于 1854 年获得物理学博士学位。马赫在 1864～1867 年任格拉茨大学数学和物理学教授,1867～1895 年任布拉格大学校长,1895 年起任维也纳大学历史与哲学教授。1898 年,马赫由于患上中风而停止了教学和学术生涯。马赫在力学、声学和光学研究方面成就卓著，马赫的名字成为飞行速度单位，"马赫数"就是他一项重要成果。马赫的主要著作有《物理光学原理》、《热力学原理》、《感觉的分析》和《认识和谬误》等。

5. 艾特蒙德·胡塞尔（Edmund Husser，1859~1938 年）

埃特蒙德·胡塞尔是奥地利著名哲学家，是先验现象主义和现象主义哲学的创始人。他 1859 年生于莫拉维亚一个犹太人家庭。1876~1881 年间先后在莱比锡、柏林和维也纳求学，1884 年返回维也纳并开始专门从事哲学研究。1891 年，胡塞尔出版了第一部哲学著作《算数的哲学、心理和逻辑的调查》。1887~1901 年间，胡塞尔分别执教于德国的哈勒大学、哥廷根大学和弗赖堡大学。在这期间，他在哲学研究领域取得了重大成就，主要代表作是两卷本巨著《逻辑调研》。

第三章

政 治

第一节 国体与政体

18 67 年 12 月 21 日，奥地利通过"十二月宪法"，从君主专制的国家变成君主立宪的国家，这是奥地利最早的宪法。奥地利第一共和国成立后不久，以社会民主党人卡尔·伦纳为总理的三党联合政府研究制定了一部宪法，并于 1920 年 10 月 1 日经国民议会表决通过。这部宪法后经 1925 年和 1929 年修改后一直沿用至今。奥地利联邦宪法分 7 章 152 条，主要内容为：全国公民不分出身和性别在法律面前一律平等，实行联邦制国家体制和多党制，实行立法、行政、司法"三权分立"制度等。

奥地利是一个共和国。第二共和国的宪法是对 1929 年宪法稍加修改后的文本，而 1929 年的宪法本身包括了对 1920 年确定奥地利为民主共和国和联邦国家的原有宪法所作的一些修改内容。这些修改内容主要是朝中央集权方向的。现宪法把立法权、行政权和司法权严格地分立；规定充分保障人权和自由，并保障少数民族的权利。

奥地利的政体是议会制的民主共和制。奥地利是一个联邦制国家，国家的联邦制体现在联邦政府与各州政府之间分权和中央立法机构成员的组成方面。联邦政府拥有比较广泛的立法权和行政权。在其他具体的领域，由联邦制定原则或立法，各州负责执行，剩下的权力均属各州。

在奥地利，议会（Parlament）是国家最高权力机构，主管立法事务。奥地利联邦议会实行两院制：国民议会（Nationalrat）即下院，有议员 183 名，由全体年满 20 岁的公民按比例代表制以平等的、直接的、秘密的和亲自投票的方式选举产生，任期 4 年，享有主要的立法权力；联邦议会（Bundesrat）即上院，有 58 名议员，由各州议会选举产生，名额因各州人口的多寡而不同，其主要任务是审议国民议会通过的法案。两院合议时组成联邦大会，主要任务是决定对外宣战和接受总统任职。

奥地利有独立的宪法法院，保护公民的宪法权利，调解州与中央政府之间在执行宪法方面的争议。还有一个类似的行政法院，处理违背行政权限的案件。

一 立法与司法

奥地利全国有三个最高级法院，即宪法法院、最高法院和行政法院。宪法法院的主要任务是审核法律、监督国家机构的活动是否符合宪法的基本原则、裁决宪法性纠纷、维护宪法的权威性。宪法法院由院长、副院长及 12 名法官和 6 名候补法官组成，其中院长和副院长及法官的半数由联邦政府提名，联邦总统任命。其他法官由总统根据议会的建议任命。现任院长路德维希·阿达莫维奇（Ludwig Adamovich）。

最高法院是审理民事和刑事案件的最高机构，其主要职能是监督下属法院的工作。最高法院由一名院长、两名副院长和 11 名法官及若干辅助人员组成，所有法官均由总统或总统授权的部长任命。现任院长埃尔文·菲尔茨曼（Dr. Erwin Felzman）。

行政法院的主要职能是监督各级行政机构执行和遵守国家法律的情况，审理涉及官方机构及其工作人员的行政纠纷案件。行政法院由院长、副院长和若干必要的成员组成，所有人员均需由联邦政府提名，联邦总统任命。现任院长克莱蒙斯·雅伯伦纳（Clemens Jabloner）。

二　国民议会的组成与职权

1. 国民议会选举

奥地利宪法规定：国民议会的议员在选民"平等、直接、秘密和亲自"行使选举权的基础上产生。奥地利公民，凡年满 19 周岁享有选举权，凡年满 21 周岁享有被选举权。选举日期由联邦政府决定宣布。

1971 年通过《国民议会选举条例》把全国按州划分为 2 个选区联盟（维也纳、下奥地利和布尔根兰州为第一选区联盟，其余为第二选区联盟）、9 个州选区和 43 个地方选区，并根据当年人口普查的最新结果，将国民议会议员的人数定为 183 名，任期 4 年。

奥地利国民议会选举采取比例选举制。183 个议席按各选区人口比例分配。自 1971 年以来的历次选举，得议席最多和最少的选区分别是维也纳和福拉尔贝格州。议员候选人由参加竞选的党派提名，被提名的候选人必须得到至少三名国会议员或 200～500 名（各选区人数不等）选民的签名支持，方可上报隶属内政部的选举管理机关。选民参加选举只能在选举管理机关提名的参选党派中进行选择，而不能针对某个候选人。所以，选民投票选举议员实际上只是投票选举某个政党。"二战"后，奥地利国民议会的议席历来为社会党、人民党、自由党（1956 年以前还有共产党）这些少数政党垄断。

1945～2002 年各政党在历届国民议会议席分配情况见表 3－1。

表 3－1　1945～2002 年奥地利历届国民议会议席分配情况

年　代	社民党	人民党	自由党	共产党	绿　党	自由论坛	合　计
1945	78	65	—	4	—	—	165
1949	67	77	16	5	—	—	165
1953	73	74	14	4	—	—	165
1956	74	82	6	3	—	—	165
1959	78	79	8	—	—	—	165
1962	76	81	8	—	—	—	165
1966	74	85	6	—	—	—	165
1970	71	78	6	—	—	—	165
1971	93	80	10	—	—	—	183
1975	93	80	10	—	—	—	183
1979	95	77	11	—	—	—	183
1983	90	81	12	—	—	—	183
1986	80	77	18	—	8	—	183
1990	80	60	33	—	10	—	183
1994	65	52	42	—	13	10	183
1995	71	52	41	—	9	11	183
1999	65	52	52	—	14	—	183
2002	69	79	18	—	17	—	183

　　宪法规定，新当选的国民议会最迟要在选举后的 30 天由总统召集举行首次会议，标志着新一届立法期开始。在该立法期结束之前，议会可以在下列情况下解散：一为国民议会通过决议已宣布自行解散（该情况一般是由于议会中的主要政党认为有必要提前进行利于自己地位的大选）；二为总统根据联邦政府的建议宣布解散国家议会（该情况一般是由于政府发生更迭，新上

台的执政党想改变议会内的力量对比，以利于自己组织有利的政府）；三为当国民议会决定罢免总统，并报联邦大会得到通过，交全民投票表决却遭否决时，就意味着总统宣布解散国民议会。新选出的国民议会最迟要在上届国民议会解散后的 100 天举行首次会议。

2. 国民议会的组织机构

国民议会由议长、第二议长和第三议长组成领导核心，议长一般由议会中最大的党出任。国民议会议长是仅次于总统的国家第二号人物，社会地位较高，但无实权。

议长及其两位副手（第二议长和第三议长）由每届国民议会在首次会议上选出，任期与议会任期相同。议长选举由上届议长主持，然后由当选议长主持选举第二议长和第三议长。

战后以来，奥地利国民议会议长均产生于议会中最大的议会党团，第二议长基本由第二大议会党团出任。奥地利《国民议会工作条例法》规定议长的职权和任务如下：对外代表国民议会，主持会议，决定会议日程，领导表决并确定其结果，负责工作条例的实施，维护议会大厅里的秩序，行使议会内部的管理权和治安权，领导议会的工作，维护议会的尊严和权益。

议长在履行其最重要的任务——主持会议时，须按工作条例"主持公道，不偏不倚"。但为使会议顺利进行，可执行纪律，如打断议员的发言，要求"言归议题"或"遵守秩序"，甚至也可剥夺议员的发言权。议长还负责召集各委员会举行首次会议，并主持会议直至选出委员会主席为止。

国民议会第二议长和第三议长主要职责是依次代理议长职务。当总统因故不能履行职务 20 天以上时，由三位议长组成集体国家元首，代理总统。

三位议长和各议会党团主席组成主席团会议，作为协商机构，其主要任务是协助议长工作，对制订议事日程和工作计划、确定开会时间和各议案归哪个委员会审理提出建议。在每届议会的首次会议上，议长主持从议员中选出五名书记员和三名纠察员，同三位议长一起组成国民议会办公室。书记员协助议长行使职权，同议长一起监督议案的宣读和计算表决结果。议会内举行选举时，书记员负责计票。书记员人选一般事先经各议会党团磋商，按各自所占议席比例分配。纠察员人选通常也经各议会党团事先磋商，从议会里的前三大党团中各出一人。纠察员的职责是在议长的领导下维持议会会场的秩序。

国民议会的立法准备工作由下设各委员会具体负责。委员会分三类：常设委员会、特别委员会和调查委员会。各委员会的组成均由议长按各议会党团所占议席比例把委员会名额分配给各议会党团，然后由各议会党团指派议员参加各委员会。

常设委员会是固定工作机构，任期与国民议会任期相同。其中最重要的是总务委员会，其职责是分担国民议会的任务，尤其是在代表国民议会行使参与联邦行政管理的权力方面起着重要的作用。其主要职权有：对审计院院长和副院长的人选提出建议；参与制定火车票价、邮电费、国家专卖商品价格和国营企业固定职工的工资；监督审议联邦政府制订的某些内容的行政法规；监督国家预算外的紧急拨款；重点国营企业的股票买卖。

国民议会的其他机构还有宪法委员会、资格审查委员会、工作条例委员会、豁免委员会、审计委员会，以及同联邦政府工作部门对口的专业委员会等共 21 个。国民议会里另设一个议会两院常设共同委员会，由 26 人组成，国民议会和联邦议会各出 13 人。

当处理某些专门问题或某一事件时，国民议会还可成立临时的特别委员会与调查委员会。奥地利宪法规定：法院和所有其他机构有义务满足调查委员会查找证据的要求，所有国家机关都要按照要求提供材料。

国民议会各委员会的会议基本上不公开举行。根据《国民议会工作条例法》，同属一个党的议员可组成议会党团，但人数不得少于5人。议会党团不是国民议会机构的组成部分，所以不接受议长的指令。但它有权要求国民议会拨款，弥补其部分办公费用。议会党团设主席、副主席，均由党的领袖人物担任。下设同国民议会委员会对口的工作小组，为在各委员会上审理法律议案事先研究和制订本党的政策。各主要政党主要用这种方式对国家的立法施加影响。奥地利国民议会中现有社会党、人民党和自由党三个议会党团。

3. 国民议会的职权

（1）立法权。立法权是国民议会的首要职能和任务。宪法规定，在立法期内，总统必须每年召集国民议会举行一次正式会议。会议不得早于9月15日开始，也不能迟于次年7月15日结束。如有必要，也可召集特别会议。国民议会在会议上行使立法权。会议原则上公开举行，在会议大厅后面的二层设有听众、使团和记者席。任何人凭本人证件便可旁听。在休会期间，各委员会可举行会议，为立法做准备。宪法还规定，联邦政府在签订政治性条约以及有修改或补充奥地利法律内容的条约时，必须经过国民议会批准。

（2）监督国家行政管理机构。宪法赋予国民议会三种监督权力：①法律监督，对联邦政府或其成员违犯宪法的公务行为可上告宪法法院；甚至对总统在执行国家行政公务时违犯宪法的行为，也可通过决议要求召开联邦大会讨论罢免总统。②政治监督，议会有权对联邦政府的工作进行检查，索取一切必要的材料，通过书面质询、口头质询和紧急质询要求政府澄清某一问题，政府原则上必须做出答复。国民议会会场在主席台前专设一排面对议员的座位，是为联邦政府成员准备的。调查委员会也是监督的手段之一。③财政监督，奥地利审计院独立于州政府和联邦政府，直属国民议会领导，主要职能是审计国家机关、国营经济企业和社会保险机构的财务活动，监督公共资金和财产的使用是否合法，是否符合节约和有效的原则，并在审核过程中研究减少或避免支出的可能性及增加和开源节流的可能性。

通过行使监督权，国民议会可以通过"不信任案"，要求总统罢免联邦政府或其个别成员。总统原则上必须按照国民议会的要求去做。

三 联邦议会的组成与职能

1. 联邦议会的组成

联邦议会是 9 个州在联邦的代表机构，共有 58 个议席，由各州议会选举的代表组成。议员任期分别与各州议会的立法期一致。联邦议会议员的任期是无限的，只是其部分议员要按各州议会在不同时间举行选举之后更换。联邦议员不必是派遣州的议员，但须享有当选该州议员的资格。州议会须按各政党在该州议会所占议席的比例选举联邦议员，至少保证州议会的第二大党享有一个名额。宪法对联邦议会的议员人数作如下规定：人口最多的州派遣 12 名，其他州派遣的人数要比照该州与人口最多州的人口比例，但不得少于 3 名。各州向联邦议会应派遣议员的人数在每次人口普查之后由总统确定。

联邦议会议长由各州派出的首席联邦议员按州字母顺序排列轮流担任，每半年轮换一次。联邦议会另设 2 名副主席、2 名书记员和 2 名纠察员，并设工作条例、资格审查、外交、财政、经济、法律，教育和社会委员会。联邦议会的工作程序同国民议会类似。

2. 联邦议会的职能

联邦议会的职能是在联邦代表各州的利益，参与联邦立法工作以及参与和监督联邦行政事务。联邦议会的职能包括参与联邦立法工作、监督联邦行政事务，代表州的利益通过联邦政府向国民议会提出法律议案等。联邦议会参与联邦行政事务的权力主要表现在，总统解散某个州议会须经它的同意和对宪法法院的部分法官人选提出建议。联邦议会的监督权包括对联邦政府或其成员提出质询、同国民议会一起要求召开联邦大会，以及对总统实行监督等。

宪法规定，联邦议会可将反映州利益的法律议案通过联邦政府提交给国民议会，但对国民议会如何审理议案却无权施加影响。

国民议会通过的法案一般须送联邦议会审议（涉及总统职务的代理、国民议会的解散、国家预算和决算的批准、国家接受贷款和支配国家资产事务的法律决议只需通知联邦议会即可）。联邦议会对送审的法案可以表示反对并予驳回。但是，如果国民议会在1/2以上议员到场情况下仍"坚持原议"，就可作为决议送交总统和总理签署颁布。联邦议会的立法权力十分有限，不过，直接涉及州立法权和联邦议会本身事务的法案则必须经联邦议会同意才能送签颁布。对国民议会通过的宪法性法案，1/3以上的联邦议员有权要求进行公民投票表决。

四　联邦大会

国民议会和联邦议会举行的联合会议是联邦大会（Bundesversammlung），其主要职能是决定战争的宣布，接受总统就职宣誓，决定对总统进行法律追究和对总统违犯宪法的行为上告宪法法院，决定就罢免总统问题举行公民投票表决。联邦大会有时也召开会议，庆祝国家重要的纪念日，如1980年，联邦大会召开过两次会议，一次是接受第二次当选的总统基希施莱格宣誓就职，另一次是纪念制定联邦宪法60周年。1972～1982年，联邦大会平均每年开会不到一次。

联邦大会开会根据不同议题分别由总统（例如决定对外宣战）、总理（例如制裁总统）和国民议会的三位议长（例如举行总统的宣誓就职仪式）负责召集，大会主席轮流由国民议会议长和联邦议会主席担任。会议的决议由大会主席和总理签署颁布。

第二节 国家元首

在奥地利，总统是国家元首，但不掌握实权。总统由公民投票直接选举产生。凡享有参加国民议会选举权、年满 35 周岁的奥地利人（根据法律规定，封建皇室家族的成员除外）可竞选总统。前任总统托马斯·克莱斯蒂尔在 1992 年当选总统，1998 年 7 月连任，至 2004 年卸任。2004 年 8 月 7 日，海因兹·费舍尔（Heinz Fischer）当选为奥地利新一任总统。

奥地利历届联邦总统有：卡尔·伦纳（Dr. Karl Renner，任期为 1945～1950 年）；特奥多尔·柯尔纳（Dr. Theodor Körner，任期为 1951～1957 年）；阿道夫·谢尔夫（Adolf Schärf，任期为 1957～1965 年）；弗兰茨·约纳斯（Dr. Franz Jonas，任期为 1965～1974 年）；鲁道夫·基希施莱格（Dr. Rudolf Kirchschläger，任期为 1974～1986 年）；库尔特·瓦尔德海姆（Dr. Kurt Waklheim，任期为 1986～1992 年）；托马斯·克莱斯蒂尔（Dr. Thomas Klestil，任期为 1992～2004 年）。

一 总统的选举

在奥地利，总统候选人须获得至少 2000 名选民或 5 名国民议会议员的支持。历史上，总统候选人均由各大政党提名。战后的 5 位总统均为社会党提出的候选人，其中 4 人为社会党成员。

在公民直接选举中，得半数以上选票的候选人即当选为总统，如果任何一名候选人都未获半数以上的选票，则举行第二次选举，只有在第一次选举中得票最多的前两名候选人有权参加，获胜者当选为总统。法律明文规定，参加投票选举总统是公民必须履行的义务。

新当选的总统向联邦大会宣誓就职。总统每届任期 6 年，只可连选连任一次。

二 总统的职权

在奥地利，总统行使的职权均属国家行政事务范畴，需签署命令才能付诸执行，依照宪法总统签署的有关国家行政事务的文件一般先由联邦政府准备和上呈，并在总统签署后由总理副签才具有效力。这样，联邦政府便对这些文件的合法性向议会负责。总统对于送签的文件有权签署或驳回，而无权提出修改意见。

1. 对外代表国家

奥地利总统接受外国使节的国书和任免驻外使节，签署与外国缔结的条约和协议，对于不需议会通过的与外国的条约和协议，也可授权联邦政府或主管部长签署。

2. 紧急立法权

在国家处于紧急状态时，总统可事先征得国民议会总务委员会常设工作小组的认可，由全体联邦政府成员会签，颁布包括修改现行法律在内的"紧急法规"，暂时取代议会的立法权。但在事后（8 天内）须接受国民议会的审核。国民议会在 4 个星期内可立法确认或撤销"紧急法规"。

3. 人事任免权

（1）任免总理。从法律上讲，总统任免总理虽无需根据任何一方的建议，但议会多党制却要求总统必须考虑到国民议会内各党议席的分配情况，任免占有多数议席的政党推举或反对的人选。根据总理的建议任免副总理、部长和国务秘书或代总理和代部长。

（2）罢免联邦政府。罢免总理即意味着整个联邦政府遭到罢免；另外，每届国民议会任期之初，总统应罢免上届联邦政府，同时任命总理组织新政府。

（3）任命高级官员。任免高级官员、军官、法官（也可授权联邦政府成员任命），颁发高级官衔和军衔；设立职衔，颁发国家荣誉职衔和勋章以及特别物质奖励。

（4）赦免权。对法院的个别判决，可决定减刑、转刑和免刑，颁布大赦和特赦令。

4. 组织事务

接受总理、副总理、部长、国务秘书和州长的就职宣誓；决定联邦机构的变更和国民议会会议的易地召开；召集和解散国民议会，确定各州向联邦议会派遣议员的人数，召集联邦大会（涉及总统时除外）。根据国民议会的决议宣布国民议会休会；决定公民投票表决的举行；根据宪法法院的要求，执行其裁决，并可指示联邦政府和州政府动用国家机器强制执行。

5. 军队的最高统帅

总统有权签署调动武装部队的命令。但联邦军队实际领导权平时归国防部长，战时归总理（国防委员会主席）。

三 总统的义务

联邦总统在任期内不得担任其他任何职务，并在政治上对全体人民负责。根据联邦宪法第 60 条第 6 款规定，总统在任期结束前，可经公民投票表决罢免。在法律上，总统要对联邦大会负责，总统如违犯宪法，联邦大会可要求宪法法院审理，因为总统没有实权，违犯宪法的机会很小，再加上要制裁总统须通过的手续甚为繁杂，所以历史上还未出现过上述事例。

另外，总统凭其威望和地位，以超脱的身份凌驾于各党派之上，调和各方利益矛盾，对政治施加影响。总统平时还参加大量的社会活动，发表演讲、谈话，接触各界人士和平民，宣传法律准则和道德规范，以维护国家的安宁。

四　总统的办事机构

奥地利总统的办事机构是总统办公厅。它由 13 名官员和 30 名左右的勤杂工作人员组成，在办公厅主任的具体领导下为总统行使职权服务。办公厅主任同联邦政府部门的司（局）长平级，是办公厅内的最高行政长官。总统办公厅主任与其他三名副主任分别主管办公厅的下列部门：

秘书处：配备 2 名官员，专门负责总统办公时的文书工作。

新闻处：是沟通总统同议会、联邦政府及其他部门的桥梁，也是总统对外发布新闻的主管单位。

副官处：由一名上校军官主持。他负责总统的礼宾工作，并在外事活动中担任总统的随身副官。

授勋办公室，国家颁发勋章基本上由总统亲自授予，是总统职权范围的重要部分。这是一项既隆重又严肃的工作，因而由办公厅主任兼任这一部门的负责人。

此外，总统办公厅还设有人事和财务处以及行政办公室，主管内部事务。

第三节　联邦政府与地方政府

奥地利联邦政府即中央政府，是最高国家行政机关，是统治国家的"权力中心"，联邦政府首脑是联邦总理。奥地利各联邦州有经选举产生的、具有双重职权的州长。

联邦州州长既是本州负责处理中央管辖事务的最高行政长官，又是负责处理本州自治事务的总理。在维也纳，最高长官是市长。

奥地利政府现设 14 个部，职权范围十分广泛，其中包括根据宪法和法律制定政策、法规和行政措施；发布决定和命令；对重大国际国内问题表态和采取对策；向国民议会提交议案；决定和宣布国民议会和联邦总统的选举日期；对州政府制订的行政法规提出异议；任免中、下级官员；管理国家内政、外交、军事、财政、经济、文化等各方面的事务等。

奥地利现任总理是沃尔夫冈·许塞尔（Wolfgang Schuessel，人民党）。奥地利联邦政府由总理、副总理和各部长组成，各政府成员政治上向国民议会负责，有义务随时接受其质询。联邦政府实行部长会议合议制与各部部长分工负责相结合的领导体制。部长会议由全体政府成员组成，是政府的最高决策机构，总理是当然的主席。部长会议在对重大问题形成决议时，往往遵循"协调一致"的原则，一旦形成决议，则由主管部长负责实施，并单独向议会负责。总理是政府中最具实权的人物，起着决定性作用，负责"政府总政策"。

奥地利战后的第一届联邦政府由人民党和社会党组成，一直持续六届，到 1966 年由人民党单独执政。1970 年国民议会选举，社会党获相对多数选票，跃居国民议会第一大党，单独组成少数政府，由克赖斯基出任总理。1971 年，社会党利用提前大选，在国民议会获绝对多数议席后，单独连续执政至 1983 年 4月。克赖斯基也成为奥地利执政最久的总理。

按照奥地利宪法规定，总理由总统任命，副总理和部长由总统根据总理的提名任命。被任命者必须具备当选国民议员的资格，但不必一定是国民议员。现届联邦政府成员大都是国民议员，总统任命时要考虑到，联邦政府按宪法要求必须得到国民议会的信任，否则立足不稳。实践中，在组织政府之前，总统先委托国民议会第一大党的领袖作筹组工作，此人便是未来总理的人选。当各方就部长人选达成一致后，便举行任命仪式，总统签署和颁发联邦政府成员的委任状和接受联邦政府宣誓就职须在同一天进行。委任状还要由新上任的总理副签。

随后，总统把联邦政府成员介绍给国民议会，每届联邦政府的任期与国民议会的任期相同。

联邦政府各部可设国务秘书（副部长级），一方面在公务上协助联邦政府各成员，另一方面充任其议会代表。国务秘书除接受其所属部首长的领导外，不接受其他机关的指令。国务秘书虽不是联邦政府成员，但任免程序与部长相同，也参加部长会议，但不享有表决权。

联邦政府成员政治上向国民议会负责，有义务随时亲自（或通过国务秘书）接受国民议会的质询。议会两院及其各委员可要求联邦政府成员参加会议。如果联邦政府或其个别成员违犯法律，国民议会可上告宪法法院要求审理，如果国民议会对联邦政府或其个别成员表示不信任（通过"不信任案"），总统则必须予以罢免。此外，总统也可随时根据总理的建议行使罢免权。

依照法律，联邦政府成员不得在法院、监察和审计机关里担任职务，也不得在私营经济企业中担任职务。

按宪法，总理暂时缺任时，由副总理代理，总理和副总理同时暂时缺任时，由总统委托一名部长代理。副总理只享有代总理职务的权力。部长暂时缺任时，可由另一名部长、或由该部或附属机构的高级官员代理。国务秘书不得代理部长职务。

2006年10月，奥地利进行了国民议会选举。选举结果为奥地利社会民主党（SPÖ）以1663986张选票、占总选票数的35.3%的成绩居于各党派之首，再次成为最受奥地利选民支持的党派。奥地利人民党（ÖVP）居于第二位，获得选票1616493张，占总选票数34.3%。

奥地利绿党（Die Grünen）居第三位，得票数为520130，奥地利自由党（FPÖ）获得519598张选票居第四位。2005年从自由党脱离出来首次参加国民议会选举的"未来奥地利联盟"获得选票的4.1%，首次获得议会的席位。在国民议会的183个席位中，社民党占据68席，人民党占据66席，绿党和自由党各占21席，"未来奥地利联盟"7个席位。由于社民党和人民党均无力单独执政及取得议会多数，两大党经过艰苦谈判，于2007年1月8日就组成大联合政府及执政纲领达成一致。

2007年1月11日，奥地利新政府正式成立，社民党主席阿尔弗雷德·古森鲍尔（Alfred Gusenbauer）出任总理。上届政府总理、人民党主席许塞尔没有在新政府中任职，而是接替莫尔特雷尔出任人民党议会党团主席。奥地利新内阁成员有副总理兼财政部长威廉·莫尔特雷尔（Wilhelm Molterer，人民党），外交部长乌苏拉·普拉斯尼克（Ursula Plasnik，女，人民党），经济、劳动部长马丁·巴尔腾施坦因（Martin Bartenstein，人民党），内政部长君特·普拉特（Günther Platter，女，人民党），交通、创新和技术部长维尔纳·菲曼（Werner Faymann，社民党），国防部长诺贝特·达拉伯斯（Norbert Darabos，社民党），司法部长玛丽亚·贝格尔（Maria Berger，女，社民党），农业、林业和环保部长约瑟夫·普吕尔（Josef Pröll，人民党），社会、青年和消费保护部长艾尔温·布辛格（Erwin Buchinger，社民党），教育、艺术和文化部长克劳蒂亚·施密德（Claudia Schmied，女，社民党），科学和研究部长约翰纳斯·哈恩（Johannes Hahn，人民党），卫生和妇女部长安德莉亚·克多尔斯基（Andrea Kdolsky，女，人民党）。

奥地利1945年至今政府首脑与内阁成员构成情况见表3-2。

表 3 - 2　奥地利 1945 年至今政府首脑与内阁成员构成情况

执政时间	总　　理	内阁成员政党结构
1945. 4. 27 ~ 1945. 12. 20	卡尔·雷纳	由人民党、社会党和共产党联合推选
1945. 12. 20 ~ 1949. 11. 8	利奥波德·费格尔（Leopold Figl, 人民党）	副总理:阿道夫·沙尔夫（Adolf Schärf, 社会党）； 人民党 7 名； 社会党 5 名（自 1947 年 11 月 24 日增至 6 名）； 共产党 1 名（1947 年 11 月 24 日）；两名国务秘书分别来自人民党和社会党
1949. 11. 8 ~ 1952. 10. 28	利奥波德·费格尔（Leopold Figl, 人民党）	副总理:阿道夫·沙尔夫（Adolf Schärf, 社会党）； 人民党 5 名； 社会党 4 名； 两名国务秘书分别来自人民党和社会党
1952. 10. 28 ~ 1953. 3. 2	利奥波德·费格尔（Leopold Figl, 人民党）	副总理:阿道夫·沙尔夫（Adolf Schärf, 社会党）； 人民党 5 名； 社会党 4 名； 两名国务秘书分别来自人民党和社会党
1953. 3. 2 ~ 1956. 6. 29	尤利乌斯·拉布（Julius Raab, 人民党）	副总理:阿道夫·沙尔夫（Adolf Schärf, 社会党）； 人民党 5 名； 社会党 4 名； 两名国务秘书分别来自人民党和社会党
1956. 6. 29 ~ 1959. 7. 16	尤利乌斯·拉布（Julius Raab, 人民党）	副总理:阿道夫·沙尔夫（Adolf Schärf, 社会党），自 1957 年 5 月 22 日被选为联邦总统,副总理由布鲁诺·彼德曼（Bruno Pittermann, 社会党）接任； 人民党 6 名； 社会党 4 名； 6 名国务秘书,人民党和社会党各 3 名

续表 3-2

执政时间	总 理	内阁成员政党结构
1959. 7. 16 ~ 1960. 11. 3	尤利乌斯·拉布 (Julius Raab, 人民党)	副总理:布鲁诺·彼德曼(Bruno Pittermann, 社会党); 人民党5名; 社会党5名; 4名国务秘书,人民党和社会党各2名
1960. 11. 3 ~ 1961. 4. 11	尤利乌斯·拉布 (Julius Raab, 人民党)	副总理:布鲁诺·彼德曼(Bruno Pittermann, 社会党); 人民党5名; 社会党5名; 4名国务秘书,人民党和社会党各2名
1961. 4. 11 ~ 1963. 3. 27	阿方斯·戈尔巴赫 (Alfons Gorbach, 人民党)	副总理:布鲁诺·彼德曼(Bruno Pittermann, 社会党); 人民党5名; 社会党5名; 4名国务秘书,人民党和社会党各2名
1963. 3. 27 ~ 1964. 4. 2	阿方斯·戈尔巴赫 (Alfons Gorbach, 人民党)	副总理:布鲁诺·彼德曼(Bruno Pittermann, 社会党); 人民党5名; 社会党5名; 4名国务秘书,人民党和社会党各2名
1964. 4. 2 ~ 1966. 4. 19	约瑟夫·克劳斯 (Josef Klaus, 人民党)	副总理:布鲁诺·彼德曼(Bruno Pittermann, 社会党); 人民党5名; 社会党5名; 6名国务秘书,人民党4名,社会党2名
1966. 4. 19 ~ 1970. 4. 21	约瑟夫·克劳斯 (Josef Klaus, 人民党)	副总理:弗里茨·伯克(Fritz Bock, 人民党),自1968年1月19日由赫尔曼·维特尔姆(Hermann Withalm, 人民党)接任; 其余内阁成员均来自人民党

续表 3－2

执政时间	总 理	内阁成员政党结构
1970.4.21 ~ 1971.11.4	布鲁诺·克赖斯基 （Bruno Kreisky，社会党）	副总理：鲁道夫·豪尔泽（Rudolf Häuser，社会党）； 其余内阁成员均来自社会党
1971.11.4 ~ 1975.10.28	布鲁诺·克赖斯基 （Bruno Kreisky，社会党）	副总理：鲁道夫·豪尔泽（Rudolf Häuser，社会党）； 其余内阁成员均来自社会党
1975.10.28 ~ 1979.6.5	布鲁诺·克赖斯基 （Bruno Kreisky，社会党）	副总理：鲁道夫·豪尔泽（Rudolf Häuser，社会党），自1976年10月1日由汉内斯·安德罗什（Hannes Androsch，社会党）接任； 其余内阁成员均来自社会党
1979.6.5 ~ 1983.5.24	布鲁诺·克赖斯基 （Bruno Kreisky，社会党）	副总理：汉内斯·安德罗什（Hannes Androsch，社会党），自1981年1月20日由弗雷德·西诺瓦茨（red Sinowatz，社会党）接任； 其余内阁成员均来自社会党
1983.5.24 ~ 1986.6.16	弗雷德·西诺瓦茨 （red Sinowatz，社会党）	副总理：诺贝特·施蒂格尔（Norbert Steger，自由党）； 社会党11名； 自由党3名； 8名国务秘书，社会党5名，自由党3名
1986.6.16 ~ 1987.1.21	弗兰茨·弗拉尼茨基 （Franz Vranitzky，社会党）	副总理：诺贝特·施蒂格尔（Norbert Steger，自由党）； 社会党12名； 自由党3名； 6名国务秘书，社会党3名，自由党3名
1987.1.21 ~ 1990.12.17	弗兰茨·弗拉尼茨基 （Franz Vranitzky，社会党）	副总理：阿罗伊斯·默克（Alois Mock，人民党），自1989年4月24日由约瑟夫·瑞格勒（Josef Riegler，人民党）接任； 社会党6名； 人民党6名； 无党派1名； 6名国务秘书，社会党3名，人民党3名

续表 3 - 2

执政时间	总　理	内阁成员政党结构
1990. 12. 17 ~ 1994. 11. 29	弗兰茨·弗拉尼茨基（Franz Vranitzky，社民党）	副总理:约瑟夫·瑞格勒（Josef Riegler，人民党），自1991年4月2日由埃尔哈德·布塞克（Erhard Busek，人民党）接任； 社民党7名； 人民党7名； 无党派1名； 4名国务秘书,社民党2名,人民党2名
1994. 11. 29 ~ 1996. 3. 12	弗兰茨·弗拉尼茨基（Franz Vranitzky，社民党）	副总理:埃尔哈德·布塞克（Erhard Busek，人民党），自1995年5月4日由沃尔夫冈·许塞尔（Wolfgang Schüssel，人民党）接任； 社民党8名； 人民党7名； 无党派1名； 5名国务秘书,社民党2名,人民党3名
1996. 3. 12 ~ 1997. 1. 28	弗兰茨·弗拉尼茨基（Franz Vranitzky，社民党）	副总理:沃尔夫冈·许塞尔（Wolfgang Schüssel，人民党）； 社民党7名； 人民党6名； 无党派1名； 2名国务秘书,社民党1名,人民党1名
1997. 1. 28 ~ 2000. 2. 4	维克托·克利马（Viktor Klima，社民党）	副总理:沃尔夫冈·许塞尔（Wolfgang Schüssel，人民党）； 社民党6名； 人民党6名； 无党派1名； 3名国务秘书,社民党2名,人民党1名
2000. 2. 4 ~ 2003. 2. 28	沃尔夫冈·许塞尔（Wolfgang Schüssel，人民党）	副总理:苏珊娜·瑞斯-帕瑟尔（女，Susanne Riess-Passer，自由党）； 人民党6名； 自由党5名； 无党派1名； 4名国务秘书,社民党2名,自由党2名

107

执政时间	总　　理	内阁成员政党结构
2003.2.28 ~ 2007.1.9	沃尔夫冈·许塞尔（Wolfgang Schüssel, 人民党）	副总理:赫伯特·豪伯特（Herbert Haupt, 自由党）,自 2004 年 10 月 21 日由胡伯特·格尔巴赫（2005 年 4 月 17 日加入联合未来党,之前为自由党）; 人民党 8 名; 联合未来党 3 名; 无党派 1 名; 6 名国务秘书,人民党 2 名,联合未来党 3 名,其中一名联合未来党成员于 2005 年 7 月 4 日成为无党派
2007.1.10 ~	阿尔弗雷德·古森鲍尔（Alfed Gusenbauer, 社民党）	副总理兼财政部长:威廉·莫尔特雷尔（Wilhelm Molterer,人民党）; 人民党 6 名; 社民党 5 名

第四节　政党与利益团体

一　政党

1. 社会民主党

奥地利社会民主党（SPÖ：Sozialdemokratische Partei Österreichs, 1991 年 6 月 15 日前名为 Sozialistische Partei Österreichs）,简称社民党,建于 1945 年。

奥地利社会民主党是一个有着上百年历史的党派,在欧洲各党派中声名显赫。其前身是建于 1888 年的奥地利社会民主工党。1970 ~ 1983 年在奥地利单独执政,1983 年以来先后与自由党和人民党组成联合政府。社民党现有党员 60 余万,主要成分为工人和职员,现任主席是奥地利前总理维克托·克利马。社民党是社会党国际成员，认为社会主义运动的根本价值是实现自由、平等、正义和团结。在对外政策上，强调奥地利作为工业强国应在欧洲联合进程中发挥重要作用；对内政策主张保证就业，提高工人的社会权利，全面实现福利国家的目标。

2. 人民党

奥地利人民党（ÖVP, Österreichische Volkspartei），建于1945年，是一个基督教民主党，前身是1887年建立的奥地利基督教社会党，根据"社会一体化和联邦主义"的原则而创建，由职工联盟、经济联盟、农民联盟、妇女运动、青年人民党以及退休人员联盟等组织所组成，主要成分为中小企业主、农场主及知识分子，党员人数近80万。人民党在"二战"后直到1970年的20多年里曾是奥地利的主要执政党，1987～2000年一直和社民党一起组成奥地利大联合政府。2000年2月起与自由党组成联合政府。现任主席是奥地利前总理沃尔夫冈·许塞尔。人民党主张在欧洲范围内建立一个自由、独立的奥地利，信奉民主、法治和自由的社会秩序，认为保证公民个人的人格尊严是该党的最高义务，致力于实现人民生活的富裕化。该党主张让公民更多地参与国家的决策过程，主张在不损害国民利益的前提下，进行有序的移民和为政治避难者提供帮助。经济上主张自由化，倡导生态社会市场经济。

3. 自由党

奥地利自由党（FPÖ, Freiheitliche Partei Österreichs），成立于1956年，其创始人是安东·埃恩哈勒。创建之初的自由党是一个较为偏右的"自由主义"政党。但由于它强调奥地利属于一个"大德语文化共同体"，反对社民党和人民党的"红黑联盟"，所以在成立之初就吸引了一些前纳粹党人，从而具有一定的"极右翼"色彩。在自由党内部，历来有左右之分：自由党左翼持有较为典型的"自由主义"意识形态，而右翼则具有更加强烈的民族主义色彩。1986 年，自由党右翼的代表人物海德尔当选为党主席，民族主义逐渐成为该党的主流意识形态。1993年，自由党内部矛盾激化，左翼自由党另立新党"自由论坛"（Das Liberale Forum），从而宣告了自由党的分裂。海德尔领导下的自由党是一个具有民族主义色彩的右翼政党；该党引人注意的主要原因是它在政策设计上具有明确的反移民倾向，同时海德尔个人几次在言语间"犯规"，有为纳粹翻案之嫌。如他曾宣称：纳粹党中"有很多人是堂堂正正的男子汉"、第三帝国的就业政策"卓有成效"等等。1989 年 3 月，海德尔曾出任克恩滕州的州长。1991 年 6 月，他在议会辩论中赞扬第三帝国的就业政策，被社民党及人民党联合弹劾，并因此成为奥地利战后第一位被罢免的州长。1999 年，自由党在议会选举中成为第二大党，与人民党联合执政，走向了奥地利政治的前台。世界各国也普遍对此表示关注，美国、以色列和欧盟成员国为此对奥地利采取了共同的政治抵制行动，海德尔于 2000 年 2 月底被迫辞去自由党主席职务，由副主席苏珊·帕塞尔接任。

4. 绿党

奥地利绿党（Grüne，Die Grünen）是 20 世纪 70 年代后期由反对利用核能及保护生态环境运动发展起来的政治组织，80年代初形成规模，1986 年 11 月首次参加大选，初战告捷，获4.8% 的选票，进入议会，从而成为第四大党。

奥地利绿党成立于 1982 年 11 月，原名奥地利绿色选择名单，1986 年 11 月改称绿色选择，1994 年后改用现名。它强调了直接民主、环境保护、妇女权利、35 小时工作制、与第三世界合作、反对核能与武器出口等新政治议题，具有典型的新政治党派特征。奥地利绿党的主要特点是存在两个全国性的生态政党：激进的奥地利绿党（Die Grünen）和保守的奥地利联合绿党（Vereinte Grünen Österreichs）。1986 年，两党联合参加了大选，取得了 4.8% 的选票、8 个议席的成绩，成为第四个议会党。进入议会后两党在政治取向上的分歧（时名绿色选择的奥地利绿党形成了中左立场、联合绿党形成了中间立场），以及在具体政策上的差异，使它们未能作为统一一力量参加 1990 年大选。1994 年议会大选中，奥地利绿党取得了 7.31% 选票、13 个议席的成立以来的最好成绩，不仅巩固了自己的第四议会政党地位，而且成为政府组合中红黄绿可能模式中的一极，大大增强了影响现实政治的力量。但在随后而来的 1995 年大选中，绿党选票大量流向社会民主党，结果只取得了 4.81%、9 个议席的成绩，再次表明了绿党作为现实政治力量的真实水平。由于奥地利政党结构和政治格局的演变，加上绿党自身成员素质与选民中形象的改善、组织结构不断成熟等因素，奥地利绿党虽难以短时间内有更大的政治突破，但作为政治力量影响的稳步上升是可以预期的。

5. 自由论坛

自由论坛（LIF, Die Liberalen，英文名称是 Liberales Forum）于 1993 年 2 月由 5 名原自由党议员发起成立，11 月成为全国性组织，1994 年大选进入国民议会。自由论坛的现任主席是海德·施密特（女）。

6. 奥地利未来联盟（或称联合未来党）

2005 年 4 月 4 日，与人民党联合执政的奥地利自由党发生分裂。自由党主席乌尔苏拉·豪布纳当天在维也纳宣布，她将与自由党其他一些联邦领导成员退出自由党，并组建新党"奥地利未来联盟"（BZÖ, Bündnis Zukunft Österreich），将由自由党前领导人海德尔担任党主席，她自己将继续担任政府社会保障、人口和消费者保护部长职务。

成立于 1955 年的奥地利自由党在 1993 年就曾经发生分裂。2000 年 2 月，由海德尔担任主席的自由党与人民党联合组阁。海德尔因多次发表肯定纳粹德国的极右言论，引起国内和国际社会的强烈反应，海德尔被迫辞去自由党主席的职务。2003 年 2 月，自由党与人民党再次组成联合政府。此次自由党的分裂是党内矛盾激化的结果。自由党 2000 年与人民党首次联合执政后，党内政策之争使其在此后的一系列选举中惨遭失败，选民支持率不断下降。2006 年奥地利大选后，奥地利未来联盟的得票率为 4.1%，占据了新一届议会 183 个席位中的 7 席。

7. 奥地利共产党

奥地利共产党（KPÖ，Kommunistische Partei Österreichs）于 1918 年成立，曾于"二战"后参加联合政府，后退出。该党实行集体领导，联邦理事会总书记为瓦尔特·拜尔。

二 利益团体

在奥地利具有中介性质的利益团体很发达，团体数量非常多，在世界上具有"社团国家"之称。在奥地利政治、经济生活中，社会团体代表本团体的利益要求，传达本团体的意向，沟通政府与民众的联系。奥地利的中介组织分为两个层次，共同为经济和社会发展服务。在宏观层次上，奥地利有大量的半官方或民间的社团组织发挥着经济生活的协调服务功能。主要的有商会、工会、农会和职工协会，它们是具有法定地位的非官方组织，沟通政府与企业职工之间的关系，协调并解决相互之间的利益冲突。奥地利利益集团有四个特点：一是法律地位明确，商会、职工协会、工会和农会四大中介组织都通过立法程序，为联邦宪法所承认。这种明确的法律地位，使利益集团能帮助政府管理经济和社会；有法律作保证，中介组织能够大胆反映自己所属利益集团的合理权益，经常、及时地为政府的政策走向提出建议和忠告。二是采取会员制和选举制，形成独立自主的领导模式，使组织有强大的活力，可以与政府建立稳定的"伙伴关系"。组织的选举依法进行，政府不介入，没有任何行政干预。三是组织的从业人员素质高，各中介机构都有自己的专家咨询组织，以保证中介组织提供的服务优质高效。同时，由于专家集团的卓越工作，使中介组织提出的要求或建议都有充分的理由和法律根据，不能不引起政府的重视，以至于政府每一项经济政策的出台，都要事先经过各中介组织的专家论证。四是奥地利政府与中介组织的关系非常融洽，由政府作为一方，商会、工会、职协和农会作为另一方，平等地组成"协调委员会"，政府总理任协调委员会主席。

1. 奥地利工会及工人联盟

奥地利属欧洲小国，但其工会在欧洲工会运动中具有较强的影响力。在国内政治、经济和社会生活中，奥地利工会也具有重要的影响。奥地利的工会组织产生于 19 世纪末的工人运动。"二战"后，奥社会党、人民党和共产党达成协议，共同组建了全国性的工会组织——奥地利总工会。

今天的奥地利总工会约有 150 万会员，职工入会率为 46%，这一比例在欧洲中部各国已属较高，但低于北欧各国。这一方面是由于奥地利工会没有对社会保险的直接管理权，吸引力相对低于北欧国家工会，另一方面奥地利国内绝大部分的企业规模较小。重建后的奥地利总工会联合了 14 个产业工会。

奥地利历史上曾把劳动者严格区分为工人和职员两大类，在法律上也分别制定了《工会法》和《职员法》，职员在各方面的权利均高于工人。因此，奥地利的一些产业工会也有职员和工人之分。

随着产业进步和经济发展，奥地利传统意义上的工人人数逐渐减少，工人和职员的差别不再明显。与此同时产业结构的发展变化也使一些传统产业成为夕阳产业，在这些产业工作的职员和工人人数不断减少。经济全球化和跨国公司的发展使更多企业成为跨产业、跨行业的集团公司。针对上述情况，奥地利总工会采取了一种折衷办法，积极促进一些产业工会之间进行更为密切的合作。

奥地利的工会运动有一个独特的现象，即在奥地利除工会外，还存在一个法定的工人代表机构——工人联盟。奥地利的工会从法律意义上讲属于协会性质，职工根据自身愿望选择是否加入工会组织，而工人联盟则是法定机构，除公务员以外，奥地利所有职工都是工人联盟的当然成员。工人联盟拥有审议政府有关政策、决议的法定权利，即政府按照法律规定，需要将准备颁布的政策、法令草案交给工人联盟审议，并根据后者的意见进行相应修改后方可正式颁布。而在集体谈判方面，劳方的代表是奥地利总工会及其产业工会，资方代表是具有法定资格的奥地利商会。工人联盟则主要通过对国家经济形势及产业状况进行专业分析，为处于谈判前线的工会提供咨询与支持。

奥地利的工人联盟与工会有着十分密切的关系，工人联盟本身就是由奥地利工会推动建立的。19世纪末，奥地利工人为了维护自身权益就已经建立了工会组织，同时还要求建立一个由全体劳动者参加的法定的工人代表机构，1920年，奥地利工人联盟诞生。工人联盟在企业中的工人代表、工人联盟的各级负责人往往同时就是奥地利总工会或产业工会的会员及领导人。在机构职能上，工会作为自发性的群众组织，拥有较强的战斗性，处于集体谈判及其他群众性活动的前线，工人联盟则偏重于形势分析和政策法规的审议；但是在为劳动者提供法律咨询、法律援助和职业及劳动法律培训等工作中，两个组织所做的工作又有许多共同之处。

奥地利工人联盟的经费主要来自联盟成员缴纳的会费，法律规定所有职工（公务员除外）工资收入的5％须作为会费由企业通过社会保险公司上交给工人联盟，此外工人联盟还通过自身拥有的一些培训设施及其他经营性设施获得少量的经济收益。除前面提到的经济分析、政策审议、职工及工人代表培训等工作外，工人联盟的另一项工作是向所有成员提供有关消费者权益保护方面的咨询与帮助。

奥地利工会还具有跨党派政治性团体的特点。奥地利社民党、人民党及共产党成员可以参加工会组织并保留自己的党员身份和政党信仰，在奥地利总工会及所属各产业工会成员中各党派都占有一定的比例。奥地利工会的领导人可以以党员身份参加议会选举和成为议员，奥地利五金工会主席及另外几名工会领导人均是奥地利国会议员，其中一人还是奥地利派驻欧洲议会的议员。现实生活中，奥地利工会与社会民主党的关系最为密切，工会领导人多为社会民主党人。

2. 奥地利职工协会

1893 年，奥地利成立了第一个全国性的组织"奥地利工会委员会"，是职工协会的前身。奥地利职工协会于 1920 年成立，1938 年被解散，战后重建。1954 年，奥地利议会通过并出台了奥地利职工协会法。

职工协会是在自愿的基础上组织的群众团体，是国家在法律上确定的职工利益代表机构。因为它同政府机构保持直接联系，并作为公法团体有权对法律的制定提出意见和建议，从而对国家立法和执法行为施加影响。职工协会法规定，凡在工业、手工业、商业、交通、服务业、IT 业、银行与保险和旅游业等部门工作的职员和工人都是职工协会的法定成员。

奥地利职工协会分为联邦和州两级，各州设有自己的职工协会；联邦一级设立职工协会总会，会员直接选举领导成员，各州的代表组成联邦职工协会理事会。

联邦职工协会总会由各州职工协会派代表组成，它没有单独的常设机构，其职能由维也纳职工协会代行，因此，维也纳职工协会事实上是总会的常设机构，该会主席也是总会的主席。联邦职工总会的主要职能是商讨处理超出州协会职权范围的共同事务，在充分征求州协会意见的基础上，对所有超出州协会职权范围的事务提出建议。

联邦职工协会总会的任务还有决定协会征收会费的数额，批准州协会的预算和决算，发布和修改劳务、工资和退休制度以及总会工作制度，为州协会制定和修改基本工作章程，批准修改州协会的工作日程，批准州协会办公厅主任的任免，发展同外国组织和团体的关系等。

州职工协会的主要职能是代表和维护职工的利益，就涉及职工生活、工作和政治权利等方面的事务同资方和政府进行交涉和谈判。协会设主席（1人）、副主席（2人），还有理事会，主要任务是协会日常工作和对外表态以及对协会资金的使用作出决议，监督下属机构工作和全体会议决议的实施。

州协会下设若干委员会，分别负责事业保险、劳动保护、企业经营、劳动法、职工教育、金融预算、妇女劳动保护、价格政策、贸易、税务、社会保险等事务；州职工协会还设立若干业务委员会，主要负责在业务和执业方面为职工谋取利益，例如负责举办职业深造训练班、展览会以及开展职业竞赛等。此外，职工协会还设立若干处，负责政策性事务。

联邦职工协会总会和各州职工协会的另一项重要职能是参与立法和执法活动。奥地利法律规定，凡是涉及职工利益的法律草案，在正式形成、出台之前，必须征求职工协会的意见。

联邦职工协会总会和各州职工协会在联邦社会部的监督之下工作。

3. 奥地利商会

奥地利商会（Wirtschaftskammer Österreich，WKÖ）成立于1848年，是奥地利全体独立企业家利益的代表。奥地利商会是影响较大的社会利益团体，全奥地利的工业、贸易、手工业、商业、交通、服务业、IT 业、银行与保险业和旅游业等行业的企业主均是其合法成员。

目前，奥地利商会的成员大约 30 万余人。奥地利商会分联邦商会和州商会。联邦商会和州商会的机构设置、职能和权力范围大致相同。联邦商会的任务是处理全国范围内的有关事务，协调各个州商会之间的利益。联邦商会有权作为咨询机构就劳动保护、劳资关系、企业要求、社会保险、劳工市场等方面事务，向政府部门和立法机构提出报告、鉴定和建议。此外，联邦商会还有权参与产品价格、工资和各种劳务价格的制定，也有权参与国家经济管理和参与制定经济和社会政策。

商会受联邦工商部审核监督，商会的预算和工作章程由联邦工商部批准。工商部有权取消商会的某些决定。

联邦商会分 15 个直属处和 6 个业务局。直属处主要负责政策性和法律性及商会内部的人事安排、纪律监督、后勤、财政等方面的事务；业务局则负责工业、商业、服务业、旅游业等具体业务。每一个业务局下设若干个行会或同行业联合会，如工业局分为矿业、石油、化工、冶金等同业联合会。联邦商会的主要机构设置为：主席（1 名）、副主席（2 名）、主席团、董事会、联邦商会代表大会、局长和局领导机构、局代表大会、局理事会和同业行会等。商会设立办公厅，以协助主席处理日常工作。商会办公厅主任由联邦商会任命并由联邦工商部批准，位高权重，与商会主席共同签批商会公文，并有权以咨询者身份参加主席团和董事会会议。州一级商会在很大程度上独立于联邦商会，在处理本州事务时，联邦商会无权对州商会下达指令，只有在处理州外围事务时，联邦商会才会有权领导州商会。州商会的机构设置与联邦商会大致相同，只是州商会的局下属同业行会成为同业小组。商会的领导机构任期 5 年，凡商会成员均有选举权，凡被取消就业资格、尚未成年或财产正受到法院破产或清产审理的成员没有选举权。

为促进奥地利经济界与国外的联系，推动企业对外贸易，奥地利联邦商会在与其正式建交的国家均设有商务代表处，即奥地利驻各国使馆的商务处，商会所派代表担任商务参赞。

4. 奥地利农业协会

奥地利农业协会创建于 1920 年，是受法律保护的代表农民利益的自治团体。它拥有独立职权范围和活动经费，不受政府和其他行政机构的控制和领导，与政府的农林部门是协作关系，并在一些重大政策问题上受农林部门的监督。

奥地利农业协会主要设在州一级，州农业协会设有农业政策、农业经营管理、农作物种植、蔬菜水果、林业、畜牧业、农产品销售、农业机械、农业建筑、合作社和信贷等部门，并在专区和村镇设有派出机构。在联邦一级，设有"农业协会主席大会"，由各州农业协会的主席组成，主要职能是协调各州农业协会间的工作。

奥地利法律规定，所有关系到农林业的法律草案、重要规章制度，在呈递立法机构前必须征求农业协会的意见。农业协会对有关法律、规章等草案的鉴定、对农业法的形成和农业生产、销售与出口均具有较大话语权。农业协会的职能还有维护农民利益、促进农业教育、从事农业科研工作、为农民提供顾问咨询等。

第四章

经 济

第一节　经济概况

一　经济体制

奥地利实行社会市场经济。市场经济和社会伙伴关系制度是奥地利发展经济的两个最重要因素。供求是调节经济的杠杆，但在一定限度内，国家可以通过规定物价、税收、预算等手段对投资、生产、分配、价格等方面进行宏观调控，保证经济稳定协调地发展。社会伙伴关系制度为奥地利经济提供了稳定的社会条件，这种制度主张政府、工人和资方之间就一切经济政策进行合作。奥地利的经济体制特点主要表现为三大方面。

第一，奥地利国有经济成分高，占整个国民经济的 45% 左右，在发达国家中是最高的，甚至超过了瑞典和法国这些一向被认为国有经济成分较高的国家。奥地利国有经济主要包括钢铁冶金、重型机器制造、石油、煤气、电力、化工、航空公司、银行、城市供暖、社会住房、公共交通、邮电通讯、铁路、高速公路、城市垃圾清理及加工等行业的企业。国有经济在奥地利国民经济中起着十分重要的宏观调控和影响作用，特别是在投资、提供就业岗位、促进经济流通和保证国民经济生活正常运转方面起着举足轻重的作用。

奥地利对于竞争性较强的钢铁、能源、工程、烟草、航空、电信等行业的企业，倾向于参股管理而非控股管理，并规定企业的目标是股东利益最大化；对于电力、机场等少数行业的垄断性较强的或承担社会职能的国有企业，目前仍然倾向于采取全资或控股的方式进行管理，要求企业同时有社会利益和股东利益双重目标。

奥地利自 20 世纪 90 年代以来对国有企业进行改革，改革的重要措施是出售国有股份。还债和提高效率、发展国内资本市场、支持上市国有企业"东进"是奥地利国有企业改革的主要动因。与此同时，国家仍坚持对某些重要的企业参股，重视强化公司治理。奥地利的少数国有企业由专业部委（交通部、经济部、农业部）行使股权管理，大多数国有企业由财政部行使股权管理。奥地利财政部设全资所有的工业股份公司（OIAG）进行国有企业股权管理。

工业股份公司最初的任务是将国有企业与政府剥离，促进企业的灵活性、确保企业战略和管理的连续性；实施强硬的预算限制政策；集中财政和其他公司服务。从 20 世纪 70 年代开始，奥地利进入经济衰退时期。80 年代中期，政府相应对工业股份公司和其拥有的公司进行调整。80 年代后期，奥地利经济出现转折，工业股份公司立即采取举债筹资收购政策。但在 90 年代早期，经济状况的再度恶化使得工业股份公司的债务剧增。为处理公共债务和恢复工业股份公司所投资的公司的活力，奥地利政府在 1993 年出台的一项法案改变了工业股份公司的管理制度。工业股份公司从多数控股减少至有否决权的少数股权，并用股票销售收益来支付债务。奥地利财政部要求工业股份公司每年提交年度报告，年度报告的内容须包括：工业股份公司基本情况、实行的政策、各持股的国有企业经营状况、所管理企业的合并财务报表等。工业股份公司要求所管理的国有企业提高透明度；对全资企业，特别强调选派管理董事会和管理层要透明，要向社会公开包括财务报表在内的基本经营信息。

第二，在奥地利，国家支持中小公司的使命是保证经济稳定发展。国家承担保证市场公平竞争的任务。奥地利特别重视保护小公司，通过制定一些专门条款来规定小公司和大公司间的相互关系。例如，政府首先集中力量为小型经营者创造有利的起步条件，如提供优惠贷款和补贴、提供市场行情和供求信息等。国家所有的这些措施的目标是帮助经营者选择最合适的经营领域、减少投资风险。奥地利政府这些措施所带来的价格、税收和社会支付结构的变动，对奥地利经济从通货膨胀向稳定增长的过渡起到了相当重要的作用。

第三，奥地利经济体制中另外一个特点就是优越的社会保险体制。奥地利的社会保险包括退休保险、医疗保险、失业保险和意外事故保险四个方面。这四项保险保证了每个公民生老病故都有所依托的基本权利，同时参保也是每位公民的法定义务。社会保险由国家主办，不以盈利为目的，亏损由国家从预算中拨资金补贴。近 20 多年来，由于奥地利人口老龄化程度逐渐加深，缴纳保险金的就业者日益减少，而享受社会保险的老年人增多，养老保险和医疗保险每年都大量亏损。1990 年，奥地利用于这两项保险的支出为 249. 63 亿欧元，到了 2003 年就已经达到 464. 31 亿欧元，增长了近一倍。

二 发展概况

第二次世界大战后，奥地利作为战败国被美、英、苏、法四国军队占领长达 10 年之久。直到 1955 年 10 月，才真正开始独立自主地发展和建设自己的经济。尽管奥地利比欧洲其他很多国家的经济建设起步晚了近 10 年,但是经过不到 20 年的时间,也就是在 1973 年就赶上并很快超过了欧洲共同体的平均水平。

在奥地利,除邮政、铁路、矿山以及森林等国有资产外,基本上都是私有经济。"二战"后,奥地利对银行、钢铁、石油、化工等大企业实行国有化,对促进经济的恢复和发展起过重大作用。但到 20 世纪 80 年代国有企业出现严重亏损,拖了经济发展的后腿。80 年代末 90 年初,奥地利对国有企业进行改革,实行私有化,改变了困难局面。80 年代以来,奥地利的产业结构调整完成了由第一产业、第二产业到第三产业的转变,第三产业在国内生产总值中的比重为 60%,属于高度发达的工业化国家。

"二战"后奥地利的经济发展大约可分为三个阶段:即战后经济恢复阶段、经济高速发展阶段和经济平稳发展阶段。第二次世界大战中,奥地利的经济受到重创,战争结束时工业体系完全瘫痪,国民经济处于崩溃的边缘。1945~1955 年间,奥地利政府利用马歇尔计划的资金重点投资能源、交通、农林、钢铁、旅游等部门。到 1949 年,工业生产已经恢复到战前水平。1955 年,《重建独立和民主的奥地利国家条约》缔结后,奥地利恢复了对油田和其他资源的控制权。

1995 年奥地利加入欧盟以后,国内发生巨大变化。国家对传统结构进行了彻底的改革。电信和能源(电和气)领域实现市场自由化;国有银行和国有钢铁、矿物油和烟草工业均陆续实现私有化;在工业、商业、建筑和金融等行业里,奥地利许多企业与跨国企业合并,使奥地利经济与国际市场接轨,吸引了国外企业来奥地利投资。2005 年 1 月 1 日起,奥地利企业所得税从原来的 34% 降为 25%,使奥地利成为投资落脚热点。

2004 年奥地利国内生产总值达 2370 亿欧元,人均达到 2.9

万欧元，在欧盟国家中继卢森堡、爱尔兰、丹麦之后位居第四，全球排名第 12 位。2004 年就业人数达到 320 万，创历史最高纪录，近年来失业人口基本稳定在 4% 左右。

奥地利的经济产业主要由服务业和高度发达的工业构成，服务业占 67.5%，第二产业只占 30.3%。

奥地利近些年国际竞争力不断提高，进出口贸易比重不断增加，出口产品销往全球 235 个国家和地区。主要出口产品是钢铁、机械、交通工具、化工制品，主要进口产品是能源、原料和消费品。2005 年出口达到 940 亿欧元，比上年增长 4.6%，进口达到 954.9 亿欧元，比上年增长 4.8%。奥地利加入欧盟以及 2004 年的欧盟东扩，奥地利受益最大，奥地利对中、东欧国家的出口额大幅增长，约占奥地利出口总量的 17%。作为一扇通向欧盟新成员国以及候选成员国的传统大门，奥地利已经成为该地区的 10 大投资国之一。奥地利作为外国投资的输入和输出国，其重要性也日益彰显。

奥地利大体可分为两大经济区：一是东阿尔卑斯山地经济区，包括福拉尔贝格、蒂罗尔、萨尔茨堡、施蒂利亚和克恩滕等五个联邦州，本区矿藏、森林及水力资源丰富，除福拉尔贝格的纺织工业具有重要地位外，钢铁、有色金属、重型机械等重工业在全国亦举足轻重，山区林业及高山草地畜牧业发达，旅游业也正不断壮大；二是平原及丘陵经济区，包括维也纳、上、下奥地利及布尔根兰州等共四个联邦州，该区土地肥沃，人口密集，经济以机械、化学、纺织、造纸等加工工业及种植业为主，是全国的政治、经济、文化中心地区。

20 世纪 80 年代末至 90 年代初是奥地利经济增长速度较快的时期，到 1993 年出现较大幅度下滑，到 2004 年才有所缓解。见表 4 - 1。

表 4 – 1　1988 ~ 2004 年主要国民经济指标统计

	国内生产总值 （GDP）（亿欧元）	增长率 （％）	人均国内生产总值 （GDP）（欧元）	增长率 （％）	国民总收入 （GNI）（亿欧元）	增长率 （％）
1988	1183. 82		15610		1176. 83	
1989	1264. 83	6. 8	16600	6. 3	1259. 29	7. 0
1990	1363. 26	7. 8	17760	7. 0	1358. 58	7. 9
1991	1465. 93	7. 5	18900	6. 4	1453. 90	7. 0
1992	1554. 75	6. 1	19830	4. 9	1544. 62	6. 2
1993	1602. 75	3. 1	20270	2. 2	1592. 75	3. 1
1994	1689. 43	5. 4	21290	5. 0	1676. 75	5. 3
1995	1755. 26	3. 9	22080	3. 7	1725. 12	2. 9
1996	1818. 72	3. 6	22850	3. 5	1800. 30	4. 4
1997	1851. 41	1. 8	23240	1. 7	1823. 86	1. 3
1998	1923. 84	3. 9	24120	3. 8	1893. 58	3. 8
1999	2000. 25	4. 0	25030	3. 8	1958. 00	3. 4
2000	2103. 92	5. 2	26260	4. 9	2063. 46	5. 4
2001	2158. 78	2. 6	26840	2. 2	2107. 06	2. 1
2002	2206. 88	2. 2	27300	1. 7	2179. 56	3. 4
2003	2269. 68	2. 8	27960	2. 4	2244. 67	3. 0
2004	2370. 39	4. 4	29000	3. 7	2341. 84	4. 3

　　奥地利的生产制造业依然是整个国民经济中最重要的部门。服务业、房地产业和商贸零售业也占据了较大比重，而且在这几年间成为发展较快、增幅较大的经济部门。2001 ~ 2004 年部门经济结构状况见表 4 - 2。

　　近几年来，世界经济增长日趋强劲。亚洲地区经济在中国的拉动下尤显活力，日本经济走出低谷，美国经济稳步增长，东欧国家仍然是经济增长较快的地区。世界经济的整体复苏和需求见旺使欧元区国家出口扩大，化解了欧元强势的消极影响，带动了

表 4 – 2　2001～2004 年奥地利部门经济结构状况

单位：亿欧元

	2001	2002	2003	2004
农牧林业	41.47	40.46	39.54	40.00
采矿业	8.30	8.41	8.23	8.83
生产制造业	392.26	394.69	395.79	423.92
能源业	42.50	46.97	53.41	51.79
建筑业	145.19	147.71	156.74	159.96
商贸零售业	256.00	258.84	262.22	276.30
旅馆住宿业	82.75	88.42	92.86	97.54
交通、通讯业	139.42	149.63	151.52	153.56
信贷、保险业	103.70	100.04	107.70	116.87
房地产业	327.10	339.47	353.10	361.73
公共事业与社会保障	118.21	118.84	122.04	123.92
服务业	286.00	293.42	299.70	311.46
总附加值	1942.90	1985.93	2042.85	2125.88
GDP	2158.78	2206.88	2269.68	2370.39

经济的发展。

　　2004～2005 年，奥地利经济发展总的来看呈增长趋势，但是受欧元区整体经济发展影响，奥地利经济增速不高，仅维持在欧元区国家的平均水平。由于奥地利对欧元区国家出口占其全部出口的比重超过 50%，其中仅对德国出口就占 32%，因此欧元区经济的相对缓慢增长对奥经济影响很大。作为奥地利重要贸易伙伴的德国，近年来因为经济增长乏力，增长速度低于欧元区国家的平均水平，从而牵制了奥地利经济形势的发展。

　　由于过去二、三年奥地利主要贸易伙伴国家经济持续发展，如奥地利在西欧的重要贸易伙伴德、法、意等国的经济增长，新入盟的东欧国家、美国和东亚地区的经济保持快速发展的势头，这些都有利于奥地利扩大出口。

在奥地利国内，由于受能源价格影响，商业经济增长较迟缓，奥私人消费者信心明显不足，消费指数有所下降。奥地利工业生产自 2003 年底以来仍保持复苏的态势，尤其在汽车、工业品和半成品方面增长较快，弥补了消费品生产领域的低迷（部分企业甚至减产），结构上出现了与德国极为相似的现象。奥地利建筑行业投资也发展良好，尤其在公路和铁路等交通领域的投资增长较快，因为此类投资的融资条件更加宽松。人们对住宅和住房的需求也开始逐渐提高，工业建筑投资随着设备投资的增加而增长。

第二节　农业

奥地利近 2/3 的国土位于阿尔卑斯山的东部地区，其余则位于多瑙河流域，西部为山区，东部为平原，全年气候温和、雨量充沛、土地肥沃、无旱雨季之分，发展农牧林业资源得天独厚，因此奥地利的农牧林业较为发达，其中农业以畜牧业为主，种植业次之。20 世纪 80 年代之前，奥地利部分粮食需要进口，自进入 20 世纪 90 年代后，由于使用新技术和高度农业机械化，粮食生产出现了突飞猛进的发展，自给有余。农林牧并重是奥地利农业发展的特点。

奥地利农牧林业的生产单位主要是农林业企业（Land-und Forstwirtschaftlicher Betrieb），是指在统一企业化领导下的、生产农牧林产品的科技经济统一体，主要包括农田、果园、牧场、林场等。截至 2005 年最新统计，奥地利国土面积约为 8.4 万平方公里，其中农林业用地约占 30.9%，森林占 43.3%，葡萄种植园占 0.6%。近 20 多年来，奥地利农林企业用地面积比重呈上升趋势。奥地利农林企业多为小型企业，2007 年，奥地利全国共有农林企业约 19 万个, 共占地 753.92 万公顷, 其中农牧业绿地为 323.86 万公顷 (包括 42% 的农业可耕地), 林业 330.95 万公顷, 其余的 99.1 万公顷为非生产性用地。平均每个农林企业的面积为 39 公顷, 比 1999 年多了 4 公顷。奥地利的农林企业基本实现农业机械化、产业化经营。

2004 年, 奥地利农业总产值 40 亿欧元, 约占国内生产总值的 1.7%, 其中种植业产值为 18.8 亿欧元, 畜牧业产值为 17.6 亿欧元, 剩余 9% 的农业产值则来自服务业 (见图 4-1), 其中以旅游业最为突出, 奥地利的 "观光型农业" 举世闻名。奥地利绝大部分农产品可以自给并出口, 油料、水果、蔬菜需要进口。2004 年奥地利农产品、食品出口 53.8 亿欧元, 进口 58.6 亿欧元, 分别占进出口总额的 6.0% 和 6.4%。

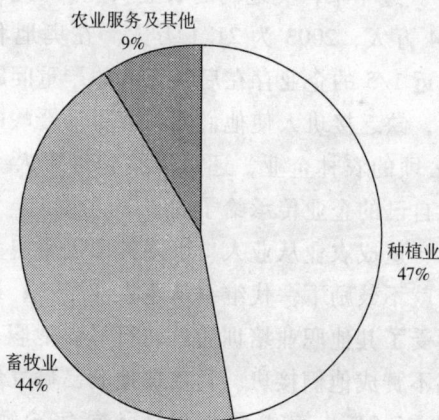

图 4-1 2004 年奥地利农业总产值

奥地利农业现代化程度很高, 生态农业迅速发展, 农业的教学、科研、良种繁育、生产服务、产后加工、销售服务体系完善, 立法健全, 政府的调控有力有效。奥地利全国有 15 家农业研究所和几百家农业咨询机构,它们使奥地利的农业技术位居世界前列。

在欧盟共同农业政策的大环境下,奥地利以保护和支持农业为政策取向,根据农业发展的不同阶段和变化,通过立法、经济和行政手段,采取不同的调控措施,以确保农业的稳定发展。当农产品供不应求时,欧盟实行保证价格刺激生产;在农产品出现过剩时,实行休耕限产,同时为保护农业企业主利益,对农产品出现价低卖难时,政府对多余的产品以干预价(保本微利的保护价)收购储存待机出口;为产销的总量平衡,较为普遍地实行生产配额制度,以及农场主向加工合作组织交售原料的合同制度。

奥地利政府十分重视农业地区的开发,将保护农业家庭企业、保护环境和继续发展农业的经济效益列为重点。

2004 年,奥地利农林业的从业人员为 18.8 万人,占总从业人数的 5.04%。近年来,奥地利的农业从业人员数量逐年下降,2002 年为 21.4 万人,2003 为 21.1 万人。在奥地利 21.75 万个农业企业中有近 1/5 的企业存在后继无人的严重问题。特别是对于一些小企业,缺乏接班人使他们面临着更加严峻的现实。种植面积超过 40 公顷的农林企业,还可以找到接班人。大约一多半的农民将会把自己的企业传承给子女。

调查显示,造成农业从业人口下降的原因来自多方面,一是有些农户本身就不鼓励下一代继续从事农业生产;还有些年轻的准继承人在接受了其他职业培训后就转行另谋他职;再有,年轻人的生活伴侣不赞成他们接班。目前奥地利已确立继承人的农业企业占总数的 45.3%,有继承人但还不能完全确定的企业有 36.2%,没有继承人的企业有 18.5%。

一 种植业

尽管奥地利从事农业的劳动力逐年减少,但是农产品产量却逐年增加。可耕地面积的大部分分布在地势平坦的东部地区。奥地利的主要粮食作物有小麦、黑麦、谷物、大麦、燕麦、玉米、土豆、甜菜、油葵、苜蓿、南瓜子等。玉米是奥地利的主要农作物，南瓜子油是有名的特产，在欧盟及日本颇受欢迎。阿尔卑斯山北部前沿地带和多瑙河两岸是奥地利的粮仓。2003～2004 年度，奥地利的粮食总产量为 426.38 万吨，国内对粮食需求量为 453.66 万吨，每年人均消耗粮食 84 公斤；粮食出口量 91.24 万吨，进口总量为 114.52 万吨，自给自足率为 94%。奥地利主要粮食出口物是小麦（43.33 万吨）、玉米（30.54 万吨）和大麦（8.61 万吨）等；主要进口粮食种类是玉米、小麦、大麦等。

奥地利水果生产最集中的是下奥地利州和施蒂利亚州。奥地利主要水果品种有苹果、梨、樱桃、胡桃、桃、李子、杏和草莓等，年产量大约为 80 万吨。2003～2004 年度，奥地利的葡萄酒总产量为 2.53 亿升，出口 0.76 亿升，进口 0.61 亿升，人均消耗 27.8 升，自给自足率为 100%。

2004 年，奥地利蔬菜总产量为 55.31 万吨。近 10 年来，奥地利的生态农业迅速发展，从事生态农业的人数几乎翻了一番。在欧盟和本国政府的大力扶持下，奥地利某些地区从事生态农业的人数达到全部农业生产人数的 44%，目前约有 2 万多家生态农业企业。奥地利政府规定，根据经营品种的不同，每公顷生态农田可连续 5 年每年获得 3500～11000 欧元的补贴。因为奥地利拥有良好的生态环境，城乡绿化程度在世界上领先，水质和空气质量都十分有利于无公害蔬菜的种植。蔬菜栽培时一般都把绿肥作为有机肥，即使是购买的有机肥，也会用树叶、树皮或其他绿肥加工处理成干灰状的肥料。在奥地利，无公害蔬菜生产的技术规程已趋于完善。从无公害蔬菜种子的选择到无公害蔬菜的种植地域选址都有着严格的标准。

奥地利蔬菜产量的近一半来自于下奥地利州。2006 年，下

奥地利州的蔬菜产量约占全国总产量的 47%。其次为上奥地利
州（13%）、施蒂利亚州（11%）、布尔根兰州（10%）、维也纳
（10%）、蒂罗尔州（6%）、萨尔茨堡州（1%）、福拉尔贝格州
（1%）和克恩滕州（1%）。见图 4 - 2。

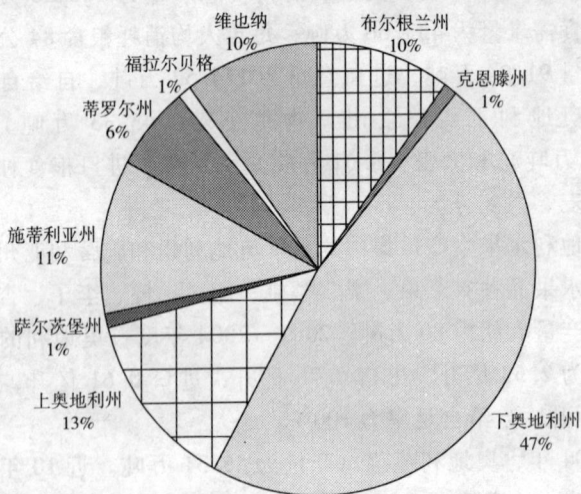

图 4 - 2　2006 年奥地利各联邦州蔬菜产量所占比例示意图

二　林业

奥地利是"森林之国"，森林占国土面积的 43.3%，按
森林占国土面积比例计算，在欧洲仅次于芬兰，居第
二位。奥地利木材蓄积量约 10 亿立方米，而且森林面积每年还
以大约 7000 公顷的速度增加。每年新增木材约 2700 万～3100
万立方米。可见，奥地利的森林资源得到了很好的保护、开发和
利用。2004 年奥地利林业经济产值为 12 亿欧元（包括林业服务
业及相关产业），比 2003 年降低约 2%。奥地利木材工业近几年

来发展很快，根据 2005 年奥地利木材工业专业行会的报告，2004 年奥地利木材工业总产值达 59.6 亿欧元，同比增长 10%，创历史纪录，7 年间产值增长约 41%。目前，奥地利约有 1744 家企业从事于该行业，大多为中小型私人企业。长期以来，木材工业一直为奥地利民众提供着重要且稳定的就业岗位，2004 年拥有从业人员 29420 人。

奥地利制定的森林法对育苗、植树造林、采伐以及更新等方面都有详细规定。森林法规定，已有的森林覆盖率不能减少，采伐后必须及时更新，若无正当理由采伐后三年内未更新者要受到法律制裁。奥地利森林大都属于私有，但私有林也必须按照国家法规进行采伐和更新，违者受罚。奥地利 2003 和 2004 年采伐树木分别为 1706 万立方米和 1648 万立方米。除去用于满足国家和个人需求外，绝大部分用于出口。

半个多世纪以来，奥地利的森林采伐量几乎逐年递增。见图 4 - 3。

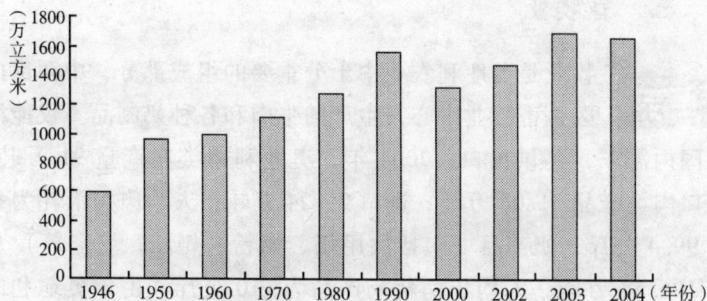

图 4 - 3 1946 ~ 2004 年奥地利森林采伐量示意图

木材是奥地利重要的原材料之一。除了满足国内木材加工及造纸的需要，奥地利的木材绝大部分用来出口。奥地利木材的重要出口国是意大利、德国、日本、斯洛文尼亚、瑞士、沙特、克罗地亚、英国和利比亚，仅向上述国家出口木材的数量就占了奥地利木材采伐量的 50%。

奥地利自 20 世纪 90 年代至今，每年的木材出口量呈上升趋势，已由 1990 年的 400 万立方米上升为 2004 年的近 800 万立方米。见图 4-4。

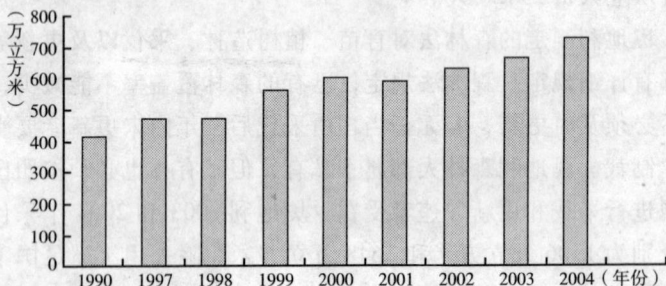

图 4-4　1990~2004 年奥地利木材出口量示意图

三　畜牧业

畜牧业是奥地利农业中十分重要的组成部分，中西部山区是畜牧业中心，生产的牛肉和各种奶制品不仅能满足国内需求，还供出口。2004 年，奥地利肉类净产量 91 万吨，出口肉类产品 31.08 万吨，进口 21.24 万吨，人均肉类消耗为每年 99.4 公斤；奶产品（包括饮用奶、奶粉、奶油、奶酪等）总量 106.54 万吨，人均年消耗奶产品为 110 公斤。由于奥地利的畜产品自给有余，因此常因为肉类产品出口问题而受到限制，与欧盟国家发生贸易摩擦。

畜牧业以养猪、牛为主，经营方式采用家庭农庄的粗放经营、规模化饲养和社会化、专业化服务。奥地利牧业发展有以下特点。

第一，奥地利的畜牧业结构较为合理。奥地利草地资源丰富，政府侧重引导农户发展草地畜牧业，使其节粮型高效牧业日益发展，牧业结构日趋合理。

第二，高产出的生产力。从整体水平来看，奥地利畜牧业生产水平相当高。如生猪的出栏率达200％；每头存栏牛平均产肉为94.32公斤。

第三，加工业发达，增值高。畜牧业产品全部经过加工才进入市场，其中约有2/3畜产品是经过深加工、精加工后进入市场的，初级产品与加工产品的比值约为1/3。

第四，家庭农场式经营特点突出。坚持家庭农场式经营是其中突出的一条成功经验，让农民自主经营，自主决策，效益显著。政府决策尊重农民意愿，民间各项社会化服务都由农民自由选择。

第五，完善的社会化、专业化服务体系。现代牧业是面向市场的高度商品化牧业，奥地利一贯重视发展各种农民组织和合作组织，引导农民由分散走向联合经营，进一步开拓市场，维护自身的合法权益。其专业化服务体系完善，农场主可根据自己的需求要求专业服务体系为他们提供技术咨询和服务，并支付一定的费用，也可向专业技术协会交纳费用成为会员，享受技术服务；并可直接向政府有关组织和专利所有者购买技术的使用权，从而得到专业化的服务，以最小的成本获取最大的收益。

第三节　工业与建筑业

奥地利是工业发达的国家，主要工业部门有钢铁、金属制造和加工业，机械制造业，化学工业，食品工业，汽车和汽车配件加工业，水电设备，造纸以及国际市场上特殊需求的电子产品制造业。根据2003年的统计数字显示，奥地利的

现有工业企业共计 28939 家，职工人数为 63 万人。奥地利许多大企业被外国资本控股，本国占统治地位的是中小企业，85% 左右的奥地利企业雇员少于 100 人。2004 年，奥地利的工业总产值为 642.38 亿欧元。

奥地利地处阿尔卑斯山，除了丰富的水资源外，矿产资源主要有石墨和镁，此外还有褐煤、铁、石油和天然气等，其原料和能源开采业有悠久历史，也很发达。奥地利是世界第 8 大电力输出国，在欧盟中使用可再生能源的比率最高，同时是无核电国家。

上奥地利州和施蒂利亚州是奥地利的重工业所在地，其他各州主要以轻工业和服务、旅游业为主。见表 4-3。

表 4-3　主要工业州及其主要工业生产行业

主要工业州	该州主要工业、产业
上奥地利州	钢铁工业、化学工业、机械制造业
萨尔茨堡州	电气、造纸业、批发贸易、运输服务和旅游业
福拉尔贝格州	纺织和服装业
克恩滕州	木材工业和造纸业、旅游业
施蒂利亚州	钢铁工业和加工业
蒂罗尔州	旅游业和玻璃工业

一　钢铁工业

奥地利钢铁工业历史悠久，钢铁冶炼技术先进（如氧气顶吹炼制法、电炉渣再熔法、连续浇铸法、熔融还原炼钢法）。早在西欧产业革命以前就有了炼铁业。奥地利钢铁工业发展较早的主要原因是铁矿石储量多，沿东、南、西国境线均分布大小不一的矿山。奥地利是吹氧炼钢法的发明者和最先使用者。1952 年，世界第一座氧气顶吹转炉在奥地利投入使用，实现了炼钢技术的一大突破。目前，转炉炼钢已占据主导地位，

1998 年世界转炉钢比例已达 60% 左右。此外，奥地利采用连铸工艺也较早，发展速度很快，现连铸比达 96.4%。

自 20 世纪 70 年代以来，为摆脱经济不景气的困难，奥地利钢铁工业遭受结构调整，将钢铁企业进一步合并，如将几家特殊钢厂联合成奥地利联合特种钢公司。奥地利联合钢铁公司与阿尔宾纳矿冶公司于 1973 年合并成奥钢联，成为奥地利最大的国营钢铁公司。通过削减钢产量，大量裁员和政府拨款等措施，奥钢联逐渐摆脱亏损的局面，于 1988 年扭亏为盈。奥地利钢铁工业有以下几个主要特点。

首先，特殊钢和优质钢在奥地利钢铁工业中占有重要地位。由于亚洲和其他新兴地区钢产量增速较快，因此奥地利不打算再增加产量。自 20 世纪 80 年代以来，奥地利的钢产量一直稳定在 450 万 ~650 万吨的水平，但其优质钢和特殊钢产量呈上升趋势。奥地利特殊钢生产已有 100 多年的历史，品种达几百种之多，在世界合金钢和特殊钢生产中占有重要地位，有极好的声誉和强有力的竞争实力。

其次，奥地利钢铁工业和机械制造业相互渗透。由于钢铁市场萎缩，生产机器设备的利润比钢铁高，钢铁厂兼营机械制造的越来越多，生产的范围越来越广。奥地利联合钢铁公司具有很强的机械制造能力，不但制造冶金设备，还制造煤矿、电力、石油化工、建材、轻工和原子能等工业的各种成套设备及单机。这种钢铁工业和机械制造相结合的形式好处很多。一方面，方便钢铁工业自身的发展采用新工艺、新设备，或通过自己的机械制造厂提供设备；另一方面，机械制造工业所需要的各种钢铁产品，可直接从自己的钢铁厂获得。双方紧密配合，增强了市场竞争能力。

再次，奥地利钢铁制造业十分注重建立完善的质量保证系统，积极加强国际合作和开发先进技术，增加投资致力于环境保护等。

自 20 世纪 80 年代来，奥地利钢产量日渐提高。1998 ~ 2001 年钢产量分别为 530.4 万、520.8 万、572.4 万和 589.2 万吨；2002 年至今，钢年产量已突破 600 万吨，2002 ~ 2004 年分别为 620.4 万、633.6 万和 648.0 万吨。1980 年产生铁 348.5 万吨、钢 462.4 万吨。联合钢铁公司钢产量约占全国钢产量的 94%，以所属的林茨厂及位于格拉茨西北的多纳维茨厂规模最大，两厂于 1952 年首创的纯氧吹炼法已在全国普及，此法所产钢占全国钢产量 85%。

二　电子工业

电子工业是奥地利的主要工业部门，2003 年的产值为 46.3 亿欧元。截至 2003 年奥地利有 566 家电子企业，从业人员为 2.74 万人，主要产品有微型芯片、控制设备、检测设备、通讯设备和成套电站设备。在电子元件生产方面，奥地利技术先进。奥地利微电子系统国际股份公司（Austria Micro System AG）世界闻名。西门子奥地利公司也是奥地利最重要的电子企业，其通讯和信息技术世界领先。

三　机械制造业

奥地利的机械制造业主要生产工业机械成套设备，如水力发电机、采煤机、木材加工机械和钻探设备等。大部分供出口。机械工业占工业产值的 25% 以上，生产的矿山机械、机车车辆、汽车及拖拉机、家用电器等在欧洲有一定地位。机械工业主要集中在维也纳、林茨和格拉茨。

汽车工业是奥地利机械制造业的又一重要部门，主要以生产载重汽车、越野车、拖拉机、牵引车、装甲运输车、各种农用机械及散件等为主。斯太尔－戴姆勒－普赫股份公司是奥地利最大的车辆制造企业，它制造的越野车性能好、速度快、灵活安全，既适合军事作战需要，也用于民用，它生产的发动机省油、轻便、耐磨，在世界市场上很有竞争力。

四 化学工业

奥地利化学工业原料丰富，如木材、石油、天然气和煤焦油等，为化工的发展提供了有利条件。化学工业是奥地利第二大工业部门，目前大约有近千家企业，2000 年的总产值超过 102 亿欧元，其中 70% 的产品用于出口。奥地利的主要化工产品有石油化工产品、氮肥和纤维素。石油化工是奥地利化工生产的重点，主要中心在林茨及其西南周边地区。林茨化工股份公司和兰精化学纤维股份公司是奥地利最大的两家化学康采恩。兰精公司是化纤生产的中心，规模属欧洲前列，产品多远销国外。林茨化工股份公司主要生产初级氮化肥、药剂、石油化学的辅助材料及聚丙烯等。

五 纺织与服装业

奥地利纺织业发达，棉毛、亚麻纺织技术都很先进，其纺织业主要分布在三个地区：福拉尔贝格州以棉花加工业为主，生产针织品等；蒂罗尔州以羊毛加工为主，生产著名的粗呢毛料；维也纳以生产精纺毛线和时装著称。

奥地利纺织工业属劳力密集型产业，近年来奥地利纺织业对投资大多采保守态度，2002 年整体产业之投资总额约达 1 亿欧元，与 2001 年水准相当，其主要投资用于厂房翻新及汰换老旧之机器设备。2002 年奥地利纺织行业上半年整体产业营业额为15.7 亿欧元，较 2001 年同期增长 3.5%。在各行业中，奥地利纺织业是表现较为出色的产业，而自 2002 年下半年起，受国际经济环境震荡的负面影响逐渐浮现，2002 年纺织业总营业额为29.9 亿欧元，较 2001 年增长 0.5%。

奥地利纺织业主要以出口为导向,产品约 80% 外销,德国是奥地利最大出口市场,占纺织品出口比重的 26%,其次为意大利占 8.8%,法国占 7.8%。另对其他准欧盟会员国纺织品出口比重亦高达 15.4%。

奥地利在 1995 年加入欧盟前即与一些欧盟东扩准会员国如匈牙利、斯洛伐克、捷克等国签订关税优惠、投资优惠等协议。加之奥地利与这些国家邻接,交通方便,厂商熟悉当地市场,许多奥地利纺织业者已将部分生产线转移至上述国家,甚至整厂迁移,留在国内的纺织业以技术密集或附加价值较高之产业为主,如室内装饰纺织品(包括窗帘、寝具、覆盖家具椅垫等布料、床垫布料等)、高科技纺织品(汽车及航天产业用、营建业所需纺织品、工业用罩衫等)及布料美化加工业(如印刷、染整、涂漆)等。

六 食品工业

奥地利食品和饮料工业包括啤酒酿造业、制糖业、奶酪业和烟草业等。啤酒酿造业始于 18 世纪末。2003 年啤酒产量为 8.98 亿升。奥地利制糖业很发达,1750 年第一家制糖厂诞生;19 世纪初开始用甜菜制糖;到 19 世纪 30 年代,甜菜种植业大大发展,甜菜制糖厂纷纷建立;19 世纪末,甜菜糖是奥地利的重要出口品之一。在两次世界大战中,由于啤酒酿造和制糖的原料主要来自农业,而农业受战争破坏小,战后恢复发展比较快。奥地利制糖业主要集中在下奥地利州东部和布尔根兰农业区,尤其是维也纳依靠当地丰富的糖业发展起甜食工业,维也纳的甜食糕点很有名气。奥地利烟草工业主要靠从东南欧、美国和近东地区进口烟叶进行加工生产,香烟是其重要的出口品之一。奥地利的奶酪业主要在博登湖地区。这些地区牧草茂盛、养牛业发达。

七 建筑业

建 筑业是奥地利国民经济的一大支柱。早在中世纪时期，奥地利的建筑业就已经十分发达，当时是因为大量修建教堂和城堡。20 世纪 60~70 年代是奥地利建筑业的繁荣时期。1973 年石油危机之后，奥地利建筑业进入不景气时期，建筑业产值和就业人数都不断下降。直到 20 世纪 90 年代以来，建筑业形势才有所好转。1989~1996 年间，奥地利建筑业发展迅速，年平均增长率为 7.78%。2000~2004 年，奥地利建筑业产值分别为 148.8 亿欧元、145.2 亿欧元、147.7 亿欧元、156.7 亿欧元和 160 亿欧元，分别占 GDP 的 7.07%、6.73%、6.69%、6.90% 和 6.75%。2003 年，奥地利共有建筑企业和工厂 23549 家，从业人员 25.21 万人。奥地利建筑企业大都规模较小，按照人员规模统计，1~9 人规模的企业有 17709 家，占总数的 75% 强；50 人以上的建筑企业为 668 家；超过 250 人的大型建筑企业仅 61 家。

八 能源工业

1. 水力发电

奥 地利地处阿尔卑斯山，水利资源丰沛。奥地利放弃使用核能，能源供应依靠煤炭、石油、天然气、水力和电力。因为奥地利水力资源丰富，所以奥地利十分重视水力发电。水电站多达 1300 余座，电力工业十分发达，每年净出口电数十亿度，是世界第 8 大电力输出国，在欧盟中使用可再生能源的比率最高。奥地利在建设小型、低水位差水电站方面拥有先进的技术和丰富经验。奥水电站主要分布在多瑙河流域和西部山区，其特点是规模小、造价便宜。2003 年，奥地利的工业制造、加工业和家庭用电量均比上年有明显增长，电量消费增长了 3.2%，约 19.69 亿千瓦时，全年用电总量为 626.23 亿千瓦时。2003 年奥地利国内生产电力供应构成比例为水力发电 53.7%，热力发电 39.8%，其他方式占 6.5%。尽管 2003 年比 2002 年用电量增长了 3.2%，但是电力生产却比 2002 年下降了 4.1%。

2. 煤炭石油与天然气

奥地利矿产资源主要有石墨和镁，此外还有褐煤、铁、石油和天然气等，其原料和能源开采业有悠久历史，也很发达。采矿业是奥地利的传统工业，主要开采铁矿、褐煤、钨、石膏、菱镁、大理石、滑石、高岭土、石英。奥的煤储量少，大部分为褐煤。

奥地利的褐煤矿主要分布在施蒂利亚州和上奥地利州，施蒂利亚州的褐煤产量还要远远高于上奥地利州，特别是 1970 ~ 1995 年间，施蒂利亚州的褐煤产量最高时是上奥地利州的近 10 倍之多。自 20 世纪末至今，奥地利的国内褐煤产量基本全部来自施蒂利亚州。

自 1970 年起，奥地利自己的煤产量逐年下降，从 1970 年的年产量近 400 万吨下降至 2002 年的不足 200 万吨。同时，奥地利煤进口量基本保持在 500 万吨左右。见图 4 - 5。

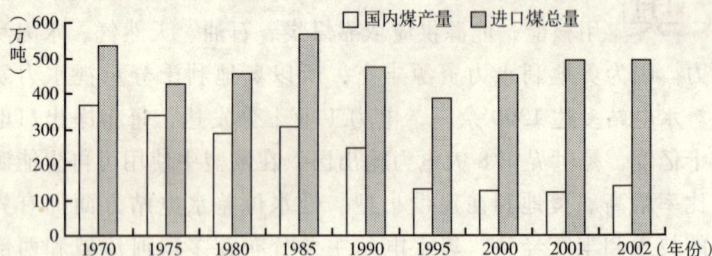

图 4 - 5　1970 ~ 2002 年奥地利国内煤产量与进口情况图示

1970 年以来，奥地利大力发展石油工业，煤产量明显下降，主要依靠进口来满足国内对煤的需求。奥地利的石油和天然气田分布在维也纳附近及萨尔茨堡东北。

奥地利的原油主要依赖进口，自 20 世纪 90 年代至 2002 年，奥地利每年石油进口量为 800 万吨左右，而本国的原油产量仅占进口量的 17% 左右。见图 4－6。

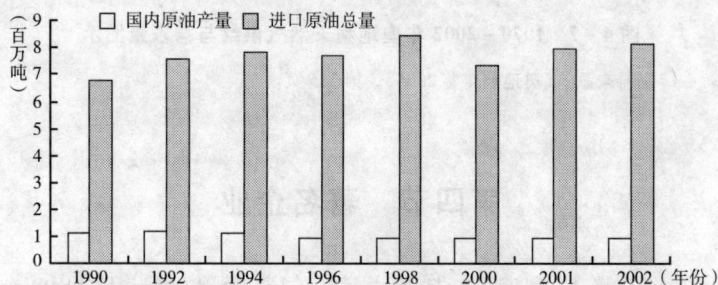

图 4－6 1990～2002 年奥地利原油进口与国内产量图示

资料来源：《奥地利年鉴 2004》，第 336 页。

天然气作为环保的清洁能源，在奥地利的使用范围非常广泛，基本上属于该国最主要的能源供给，例如在电力、燃气、供暖、工业、化工、冶炼和家庭消耗等方面，都扮演着十分重要的角色。自 1970 年至今，奥地利的天然气开采量一直比较平稳，基本保持在年开采量 180 万立方米的水平。但是随着国内对天然气能源需求的逐渐增加，奥地利天然气能源的使用愈来愈依靠进口。1970 年，奥地利的国内天然气开采量为 189.7 万立方米，进口天然气 91.8 万立方米，2002 年，奥地利国内天然气开采量为 188 万立方米，进口天然气 655.3 万立方米，国内对天然气的总消耗量为 773.3 万立方米，其中进口天然气总量占总消耗量的 85%。见图 4－7。

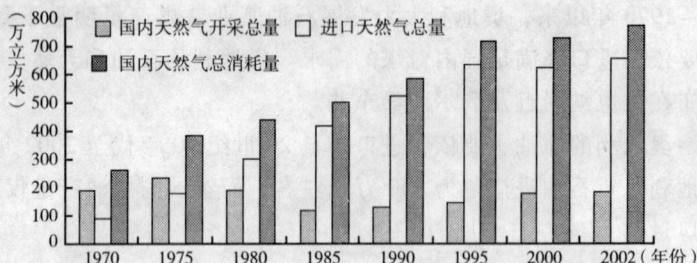

图4-7　1970~2002年奥地利天然气供给与需求量图示

资料来源：《奥地利年鉴2004》，第335页。

第四节　著名企业

一　奥地利联合钢铁公司（Voest-Alpine Industriea-nlagenbau AG）

奥地利联合钢铁公司，简称奥钢联，建于20世纪40年代，总部在林茨，至今已有60多年历史。奥钢联最初是一个由政府管理的国有企业，其任务主要是满足国家需要。由于经济危机的出现，奥地利议会于1993年通过了国家主要工业部门民营化的法律，奥钢联是被选定为民营化的企业之一。1994~1996年，奥钢联进行了重新组建，由最大的奥钢联钢铁公司（VASTAHL）以及伯勒尔-乌德雷尔姆（Bohler-Uddeholm）公司组成控股公司。通过企业民营化，国家可以收回以前为弥补国有企业所提供的大量资金。奥钢联集团公司目前是奥地利最大的工业企业之一，按钢铁生产和用途下属四家分公司：钢铁冶炼分公司（Division Steel）、铁轨系统分公司（Division Railway Systems）、汽车用钢分公司（Division Motion）、管材分公司（Division Profilform）。

在 2002～2003 财政年度，集团公司员工总数为 22737 人（不包括学徒工），其中海外公司员工为 8789 人。公司总部员工 50 人，管理层 6 人，分别为总经理、财务总监、四个分公司经理。集团公司 2002～2003 财政年度销售额为 43.919 亿欧元，利息、税项、折旧及摊销前赢利为 5.161 亿欧元，净利润为 7800 万欧元。2003 年 3 月 31 日公司股票市值 9 亿多欧元。公司股东及持股结构为：奥机构投资者 32%、公司员工 10.3%、奥小投资者 7%、奥工业控股公司 15%、北美投资者 16%、欧洲投资者 19.7%。

其中，钢铁冶炼分公司（Division Steel）2002～2003 财政年度销售额 21.885 亿欧元，占整个集团的 49% 强。该公司 64% 的钢铁产量用于出口，主要海外市场按国家划分为：德国（占总产量的 22%）、意大利（占总产量的 15%）、其他欧盟国家及其他欧洲国家。主要客户按行业划分为：汽车制造业（26%）、钢铁机械建筑业（19%）、房屋建筑业（18%）、家用电器业（11%）等。该分公司下属 7 家经营型子公司。铁轨系统分公司（Division Railway Systems）产品市场分布在欧盟（67%）、中欧（13%）、北美（10%）等，公司产品分类为铁路产品，包括铁轨、道岔等（67%）、线材（15%）、无缝钢管（9%）等。汽车用钢分公司（Division Motion）2002～2003 财政年度销售 7.578 亿欧元，占整个集团的 17%，公司员工 4062 人，公司产品市场分布在德国（50%）、英国（13%）、美国（11%）法国（7%）等。管材分公司（Division Profilform）2002～2003 财政年度销售额为 4.50 亿欧元，占整个集团的 10%，产品 88% 出口海外，公司员工 2162 人。公司产品按行业划分为建筑业（20%）、钢铁机械建筑业（15%）、房屋建筑业（15%）、汽车制造业（15%）等。公司产品主要市场分布在德国（23%）、英国（22%）、其他欧盟国家（25%）以及其他欧洲国家（9%）。

二　斯太尔·戴姆勒·普赫股份公司（Steyr Daimler Puch）

斯太尔·戴姆勒·普赫股份公司是世界著名的大型制造业集团，总部位于上奥地利州的施泰尔市。早在 14 世纪开始，该市就已经是有名的金属加工中心。17 世纪中期，那里每年都为国王的军队生产出数千把步枪、气枪和手枪。该公司最初由约瑟夫·维恩德尔（Josef Werndl）于 1864 年创立，最初是一个武器生产厂（Josef und Franz Werndl & Comp. Waffenfabrik und Sägemühle in Oberletten）。1894 年该厂开始生产自行车，1915 年开始生产汽车。1934 年公司更名为斯太尔·戴姆勒·普赫。

没多久又组成了"奥地利轻武器制造公司"（Austrian Arms Manufacturing Company），后来又改为"斯太尔股份有限公司"（Steyr Werke AG）和今天的集团子公司"斯太尔－曼利"（Steyr Mannlicher，AT），有时也被译为"斯太尔－曼利彻尔"。

三　奥地利微电子国际股份公司（Austria Micro System AG）

奥地利微电子国际股份公司是全球领先的高性能模拟集成电路（IC）设计及制造商，主要开发和生产业界领先的半导体产品，如定制和标准模拟半导体产品，包括定制的专用集成电路（ASIC）和高性能标准产品解决方案。奥地利微电子拥有通信、工业和医疗、汽车及全面代工服务四个业务部门，专注于电源管理、传感器和传感器接口、便携式音频及汽车电子等业务领域。奥地利微电子拥有超过 25 年的模拟产品设计和系统方案开发经验。凭借低功耗和高精度方面的专长，奥地利微电子为全球的通信、工业、医疗技术和汽车市场提供了高度集成的优质产品，例如电源管理、MP3 播放器、MEMS 麦克风、糖尿病血糖测量仪、ESP 等汽车安全系统、固态电表、传感器接口等。

奥地利微电子的集成电路在全球的运用几乎覆盖各个领域：手机、MP3 播放器、GPS 接收器，以及其他各种手持设备，此外还有胰岛素笔、血糖测量仪、心脏起搏器、CT 扫描仪和数字 X 光等诊疗影像设备、汽车钥匙引擎控制器、无钥匙引擎启动系统、车内安全系统、电表等与人们日常生活息息相关的产品。奥地利微电子拥有高度集成的模拟和混合信号处理技术，包括 CMOS、HV-CMOS、SiGe（silicon germanium）和嵌入式内存。

奥地利微电子一直处于业界领先地位。奥地利微电子在欧洲、美洲、非洲及亚洲拥有 1000 多名员工。公司生产的模拟和混合信号产品的设计和工艺开发水平始终走在世界的最前列。奥地利微电子在奥地利、意大利、德国、法国、芬兰、瑞典、英国、瑞士、美国、南非、日本、新加坡、中国内地、中国香港、中国台湾、印度、菲律宾和韩国等国家和地区都设有制造、产品设计或销售机构。

四 普拉塞·陶依尔公司（Plasser & Theurer）

普拉塞·陶依尔公司成立于 1953 年，是当今全球最著名的铁路工程机械制造商之一；是专门从事对铁路线路、道岔和接触网的新建、大修与养护作业的机械和车辆的研究、开发、制造和销售的专业厂家。其产品适用于各种轨距的铁路、高速铁路、重载铁路、工业和矿山铁路以及城市地铁和轻轨铁路等。公司总部设在维也纳，制造总厂以及科研中心和服务中心则设在奥地利的林茨市。公司在全球的 16 个国家和地区或设有分厂或按许可证合作生产普拉塞·陶依尔的铁路工程设备。目前公司全球范围员工人数有 3000 人左右，奥境内从事生产、销售和管理的工作人员有 1300 人。

普拉塞·陶依尔公司的产品技术先进、质量可靠，对铁路运输的安全运行起到了重要保障作用。目前，普拉塞·陶依尔公司产品的 95% 供应出口，占全奥地利出口份额的 0.6%。德国、美国、英国、日本、法国、澳大利亚、意大利、波兰、巴西等铁路大国都是该公司的用户。迄今为止普拉塞·陶依尔公司已经向全世界 103 个国家和地区供应了 12500 多台大、中型铁路机械设备。

1983 年中国铁道部从普拉塞·陶依尔公司实验性购入 4 个型号的机器设备，随后不断增加订货。1988 年底，普拉塞·陶依尔公司同中国云南昆明机械厂（KMF）签订了技术转让合同，之后普拉塞·陶依尔公司的产品开始大量供应中国的铁路部门，用于铁路的建设和养护。截至目前，向中国供应机械设备总数超过了 300 台，其中只有 68 台为纯进口设备，其余设备均是由中国昆明机械厂按许可证合同生产的。

五　兰精股份公司（Lenzing AG）

奥地利兰精股份公司（Lenzing）是世界生产纤维素纤维的世界领军企业，拥有 65 年的纤维生产历史和先进的生产技术，是世界上最大的粘胶（Viscose）纤维、木代尔（Modal）纤维和绿塞尔（Lyocell）纤维生产商，始建于 1938 年，其总部坐落于上奥地利州的兰精市（Lenzing）。目前，兰精公司将加强产品品种的进一步多元化，在减少粘胶原白纤维产量的同时，增加特殊品种如木代尔纤维（Modal）和绿塞尔纤维的生产份额。目前，特种纤维的生产份额已超过 55%，在今后的几年里兰精公司将继续提高特种纤维的生产份额。

兰精集团的纤维产量约占全球市场份额的 20%。生产设施分布在欧洲、美国和远东三个重要的纺织市场。2005年，兰精集团拥有雇员4860人，总产量为45.38万吨纤维，出口占总量的80%；总销售额为9.4亿欧元。

兰精集团在上海设立的全资子公司——兰精纤维成立于2003年12月，用于加强以前由奥地利兰精公司直接从事的销售工作。兰精公司与我国南京化纤股份有限公司（Nanjing Chemical Fibre Co. Ltd.）在南京合资建造了年产能力6万吨的粘胶纤维生产厂，并于2006年第四季度投产运营。

第五节 财政与金融

一 财政与税收

过去几年里，国际上相对奥地利不利的框架条件对奥地利的经济发展产生了负面影响。近年来，奥地利政府逐步放弃了赤字财政政策，是财政状况最好的欧盟国家之一。2002年，奥地利的通货膨胀率为1.7%，继续属于欧盟价格最稳定的国家之一，其中通讯领域的自由化，季节性商品和通过在电力和煤气领域开放市场而实现的降低税率共同决定了比较低的物价上涨率，近年来首次出现了占国民生产总值0.4%的效率结算盈余，约3亿欧元。2003年，同样取得占国民生产总值约0.4%的盈余。2002年，国家负债占国民生产总值的67.3%。在奥地利稳定计划框架内，预计到2007年，国家的负债率应该降到占国民生产总值的60%以下。

1990~2001年的10余年间，奥地利社会支出额呈逐年上升趋势，从1990年的361.2亿增至2001年的603.9亿欧元；国家每年的社会保障支出占GDP的比例始终徘徊于28%左右；其具体情况请参见图4-8。

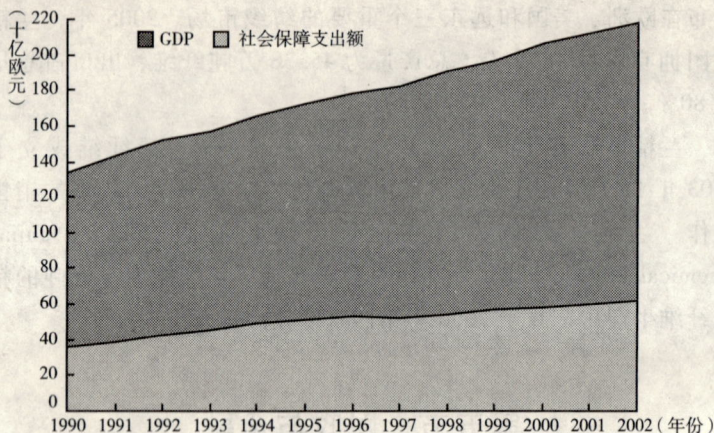

图 4 – 8　1990 ~ 2001 年奥地利 GDP 值与社会保障支出额图示

　　2003 年，奥地利预算支出约 614 亿欧元，收入 574 亿欧元，行政开支缩减约 39 亿欧元，占国民生产总值的 1.8%。近年来，奥地利联邦预算持续维持着以内外经济稳定为目的的奥地利经济政策的根本原则。例如，在 2003 年的预算中，主要经费消减是通过业已开始实施的结构改革，首先是管理领域的结构改革来实现。在人员问题上，全面实施消减经费措施；在教育领域，要通过减少课时来实现节支。2003 年奥地利养老金保险改革不仅要达到减少预算负担的目的，而且首先要为奥地利的老年保险体制在财力上长久和持续的可负担性提供根本保证。通过这个改革，奥地利提前退休制度被取消，延长从业年限在经济上的刺激加强。

　　奥地利国家财政收入的主要来源是税收。奥地利政府每年最迟在下一个财政年度开始前 10 个星期向国民议会提出新一年财政年度预算报告。奥地利属于欧洲税收负担较高的国家。奥地利的税收主要有工资税、个人所得税、公司所得税、商业税、进口

税、增值税等。2002 年，欧盟 25 国总体税收负担（包括税收和
社会福利支出）占 GDP 的比重为 40.4%，相对于 2001 年下降了
0.7 个百分点。欧盟国家的税负占 GDP 的比重 1995 年为
40.5%，1999 年上升到 41.8%，此后逐年递减。2000 年以后，
多数成员国实行以降低企业所得税和其他社会赋税为主要内容的
税改，进一步加快了这一比重的减少。欧盟 25 个成员国各自的
税收标准相差很大，税收负担最高的国家是瑞典 50.6%、丹麦
48.9%、比利时 46.6% 和芬兰 45.9%；最低的国家有爱尔兰
28.6%、立陶宛 28.8%、拉脱维亚和马耳他为 31.3%。10 个新
入欧盟国家的平均税收负担要低于老成员国的平均水平
（40.5%），分别在 28.8% ~ 39.8% 之间。

奥地利的税收比重为 44.4% 明显高于欧盟国家的平均标准，
属于高税收国家之列，但相对于 2001 年已经降低了 0.9 个百分
点。奥地利政府也在努力把税收标准降至欧盟的平均水平。2003
年，奥地利的年税收负担占 GDP 的比重为 43.2%，2004 年降至
42.8%，政府的目标是到 2010 年降至 GDP 的 40%。

二 银行及货币政策

截至 2004 年底，奥共有 883 家银行、4359 家分支机构。
经过重组合并，目前有 5 家全国性的大商业银行，依
次为奥地利银行、第一银行、巴瓦克（劳动经济）银行、合作银
行和大众银行；10 家地产抵押银行、130 多家信贷所和 8 家商业
银行，其中最大的两家是信贷联合银行和奥地利州银行。奥地利
的主要银行有股份制银行（Aktienbanken und Bankiers）、储蓄银行
（Sparkassensektor）、州地产抵押银行（Landeshypothekenbanken）、
赖佛森银行（Raiffeisensektor）、人民银行（Volksbankensektor）、
建筑储蓄银行（Bausparkassen）、特种银行（Sonderbanken）和
外资银行驻奥地利分行（Zweigstellen ausländischer Banken）以及

奥地利信贷联合银行（Bank Austria Creditanstalta）等。赖佛豪森银行为全国最大的农业信贷合作社。奥地利的中央银行是奥地利国家银行（Österreichische Nationalbank），其首要任务是调控奥地利的货币流通，负责国际清算、国家金融政策、发布货币和外汇管理等功能。

奥地利中央银行享有很高的独立性，国家银行法确立了其独立制定和实施货币政策的法律地位。联邦政府没有权利采取任何措施去妨碍中央银行独立地制定和实施货币政策。在国家银行法中制定了许多特别条款，防止中央、州和地方政府对于中央银行的干预。例如，在没有提供相应的黄金和外汇资产抵押的情况下，不论是奥地利联邦政府，还是州政府或地方政府，都不能直接或间接地从中央银行获得资金，保证中央银行在资金运用上的独立性，切断中央银行资金与财政的直接联系，防止利用中央银行资金弥补财政赤字。

奥地利中央银行在货币信贷政策方面享有很高的可信度，稳定企业对奥地利先令的预期，保证了中央银行能够有效地采取盯住德国马克的汇率政策。从技术上讲，保证这一政策实施的手段是由中央银行确定奥地利先令的汇率，这是中央银行独立掌握的一项政策工具。

奥地利目前的汇率政策由欧洲中央银行和欧盟理事会统一决策。在加入欧元区前，奥地利实行的是有管理的浮动汇率制，中央银行通过在外汇市场上买卖外汇，使汇率稳定在一定的水平上。维也纳证券交易所每天公布接近市场汇率水平的汇率，这一汇率水平实际上是由中央银行确定的，由交易所对外公布。中央银行根据商业银行外汇交易指令数量的多少和自身的交易量来确定公布的汇率，并随时根据市场需要买卖外汇，以消除市场汇率的暂时波动。

奥地利中央银行对商业银行的法定准备金要求使商业银行对

中央银行资金产生很大的需求，这就使中央银行便于在国内货币市场上通过短期利率来调控货币供求，并影响汇率，因而，中央银行并不把货币供应量作为调控的中介目标。

奥地利中央银行运用的货币政策工具主要有：通过贴现对商业银行进行再融资、存款准备金以及利率等。奥地利中央银行向商业银行系统注入或收回基础货币的常规方式为再融资。再融资的方式主要有三种形式：外汇票据再贴现、证券抵押贷款（伦巴第贷款）和证券回购。

奥地利中央银行货币政策的另一重要工具是对商业银行的法定准备金管理。央行对最低法定存款准备金率的调整持谨慎的态度，一般很少变动，除非是在此项调整必不可少的情况下，经与欧盟协调后，再作适当的调整。法定存款准备金重要性体现在央行的日常管理中，首先是央行把商业银行的最低存款准备金数量作为重要监测指标，商业银行在央行的账户中最低存款准备金的月平均余额是市场流动性的重要指标。其次是央行对最低存款准备金率实行严格的管理，每月以 4 天的存款余额，即上个月的23、30 日和本月的 7、15 日的余额核定最低准备金。第三是对不同期限的存款规定缴纳不同比例的存款准备金。

1992 年以来，奥地利中央银行加强了利率在货币政策工具中的作用，综合运用各种利率对货币市场供求进行调控。在央行利率中处于中心地位的是再贴现率，是其他利率形成的基准。其他利率包括伦巴第贷款利率、隔夜拆借利率、回购市场利率和央行存款利率，其中最高的伦巴第贷款利率，最低的是央行存款利率，属于央行制定的利率，隔夜拆借利率和回购市场利率则在这两者之间根据市场供求上下波动。

奥地利负责监管商业银行的政府部门是奥地利联邦政府财政部，奥地利国家银行负责协助财政部对商业银行实行监管，这是奥地利商业银行监管体制的一个重要特点。在银行法中，对于商业银行从设立到日常经营的监管，都作了严格而明确的规定，并授权财政部和中央银行依法对商业银行实行监管。

在奥地利，银行法赋予财政部一系列手段来对商业银行实行全面的监管，包括银行设立的审核批准、财务报表的审查、现场稽核、行政处罚等。财政部下设一个司专门负责对金融业的监管，其下再设银行监管处，以专门负责对商业银行业的监管。在银行监管处内又分为4个小组，一是负责监管股份制银行、外国银行和州抵押银行；二是监管储蓄银行、住房信贷协会、城市合作银行和农村合作银行；三是负责国际关系；四是负责法律事务。财政部对商业银行的监管得到法律和组织上的保障。奥地利中央银行也承担一定的监管责任，最主要的监管职能是对各商业银行提供的各种报表和报告进行分析，检查商业银行对法律法规的执行情况，随时向财政部报告商业银行出现的问题。1994年成立了一个4人（2人来自财政部，2人来自中央银行）专家委员会，负责对央行提出的分析意见进行讨论，并向财政部提出咨询意见，有权建议对哪家银行进行现场稽核，由央行的稽核部门具体执行，所需费用由受稽核的商业银行支付。

奥地利银行法对于奥地利银行的资本充足率和稳健经营制定有详细的规定，以保证银行的安全运营，保护存款户的利益。1993年颁布的新银行法规定了资本充足率的最低标准8%，并把资产的风险权数分为四级：0%，20%，50%和100%，按资产的账面价值进行加总。0%权数的资产包括：现金、联邦政府、州政府和地方政府债务、OECD中央政府债务、其他信用机构以联邦政府债券抵押的借款、以该银行发行的存单抵押的借款、无风险的信托资产等。20%权数的资产包括：OECD国家银行的借款、非OECD国家的银行不超过1年的借款、OECD国家地方政府的债务、国际金融组织的债务等。50%权数的资产包括：抵押贷款和抵押债券、金融租赁资产。其他所有资产则为 100% 风险权数的资产。银行法规定对于银行稳健经营监管的主要内容之一是对大额信贷的监管。所谓大额信贷是指超过银行自有资金 15% 的贷款。对于某个客户的单笔贷款超过自有资金的 15%，要经过银行监事会的批准，并要向财政部和中央银行报告。银行对某个客户的信贷总额不能超过银行自有资金的 40%，所有大额信贷的总量不能超过银行自有资金的 800%。

银行法对于银行稳健经营的另外一项主要规定是对银行资产流动性的要求。银行法中规定银行资产必须保持一定的流动性，一级流动性资产必须达到 10%，二级流动性资产必须达到 25%。

银行法规定，商业银行要定期向财政部和中央银行报送有关的业务和财务报表和报告，这是监管部门对商业银行实行非现场监管的重要途径，以此全面掌握商业银行的业务经营状况。中央银行全面汇总并分析商业银行的各种报表与报告，成为对商业银行进行有效监管的重要基础，奥地利国家银行也确实重视这项基础工作，并不因为监管商业银行是财政部的责任而放松此项工作的力度。

根据国家银行法，要求商业银行报送的报表与报告主要有以下内容：每月的资产负债表、季度损益表、经审计师审计的年度报告、每月的大额信贷报告、半年的信贷结构报告、年度的客户数量报告、每月的主要贷款（超过 500 万奥地利先令）情况报告等。

中央银行对商业银行报送的报表与报告进行分析的方法之一是对某一家银行的业务情况，如贷款量、外汇业务量等与同一类型的其他 5 家银行的平均值进行比较，作为在法律所规定的最基本标准之外评价银行经营状况的一项指标。这种办法实际上是对商业银行的经营提出了更高的衡量标准，有利于央行和财政部及早发现和解决问题。

三　金融市场与监管

奥地利的主要金融机构有国家银行，即中央银行，成立于1923年，总行设在维也纳；1938年德国法西斯吞并奥地利后，该行归德国所有；1945年重新建立，是一家股份制银行。国家银行最重要的任务是维护奥地利货币的稳定，不经营一般商业银行业务。奥地利银行是国家目前最大的银行集团，拥有1650亿欧元总资产。2000年外贸金融业务达50亿欧元，同比增长15%，再次确立了其在国家出口及国际贸易、金融领域的领导地位，主要业务包括短中长期融资、当地货币金融、银行担保及国际支付等。2000年奥地利银行被评为中东欧地区最佳项目融资机构。信贷联合银行是奥地利一家大银行，经营银行的一切业务，总行设在维也纳，建于1855年。当时是奥地利一家工业和商业信贷银行。

2000年，奥地利活期利率为4.1%，3个月为4.3%。1998年，金融业就业人数为11万，占就业总人数的3.6%。1998年，金融业（包括保险业），上缴国家利税占GDP的7.5%。

1990年代，奥地利保险业迅速发展，保险金额从1990年的890亿先令（合72亿美元）增加到1997年的1360亿先令，每年递增6.2%。保险公司的资产总额从1990年的3000亿先令增加到1998年的6000亿先令。奥有12家外国保险机构，85%的商业保险机构设在首都维也纳。

奥地利政府2005年税改政策为企业营造更为宽松的金融和财政环境，吸引国内外企业在奥投资，同时刺激国内消费的增加，促进国民经济加快发展。目前已有众多德国企业开始或计划向奥转移。税改也提高奥企业的竞争力，应对欧盟东扩后来自东欧临近国家的竞争压力。对就业市场来说，税改无异于一剂"强心针"。

维也纳证券交易所是奥地利最老的金融机构之一，成立于1771年，19世纪它已成为奥匈帝国财力中心，同时也是中东欧和巴尔干半岛经济的晴雨表。1998年，维也纳证券交易所的行情价值总和约占1998年GDP的15.2%。1998年正式登记注册的证券公司有96家。维也纳股票交易所最初由玛利亚·特蕾西亚女皇于1771年设立，当时的主要目的是为了发行战争债券。1997年交易所私有化后改组为股份公司，一半以上的股东是银行业和保险业公司。维也纳股票交易所现有员工70人，140家挂牌上市交易企业，这些企业主要集中在传统工业领域。所有上市企业市值总和为390亿欧元，目前交易所每天的交易额为6000万欧元。维也纳交易所现在所有的交易都实现了电子化，主要采用3种电子交易软件系统：德国XETRA系统（现金交易）、瑞典Omex系统（金融衍生品交易）、法国BROKERNET系统（网上小额交易）。

第六节 交通与通讯

奥地利地处欧洲中部，是欧洲重要的交通枢纽，水陆空交通发达，公路和铁路网密布全国、纵横交错。奥地利优越的地理位置和发达的水陆交通运输为它的经济发展奠定了良好的基础。

一 交通

1. 航空

奥地利航空集团由奥地利航空公司、维也纳航空公和私营蒂罗尔航空公司组成，航空网络覆盖亚洲、美洲、欧洲和非洲，大多数定期航班都可飞抵位于维也纳东南20公里的维也纳国际机场。奥地利与57家国外航空公司有业务联系，拥有 33 条国际航线，全国共有 6 个商业机场，分别是维也纳国际机场、格拉茨国际机场、因斯布鲁克国际机场、克拉根福国际机场、林茨国际机场和萨尔茨堡国际机场。2004 年，奥地利上述 6 个商业国际机场全年共有 30.3 万架次飞机起降，年客运总量为 1885.67 万人次（不含中转旅客），比 2003 年增长了 15.37%，货运总量达 14.8 万吨（不含中转货物），比上年增长 25.42%。维也纳国际机场是奥地利最大的空港，2004 年飞机共起降 22.46 万架次，占奥地利全国的 74% 左右。维也纳国际机场可提供来自 54 家航空公司、遍布世界 135 个城市的航线。机场设有 10 个休息室、贵宾室及会议室，3 个车库和 5 个停车场，可停放 1 万多辆汽车，17 家餐厅、咖啡厅和酒吧，72 家商店，一个小礼拜堂，现代化的医疗门诊部和疫苗接种中心，50 家货运代理、汽车租赁公司和旅行社等。为了保持领先地位，维也纳国际机场于 1998 年 4 月开始实施改造扩建计划。预计到 2015 年，维也纳机场的设施和服务将得到很大提高。

2. 铁路

奥地利国家铁路在第一次世界大战前就已收归国有，隶属奥地利联邦铁路局管理。2003 年 1 月 1 日起奥地利联邦铁路集团新改组的组织机构正式生效：奥地利联邦铁路控股公司下设 5 个公司，即服务职能、客运、货运、基础设施运营和基础设施建设。2004 年，奥地利铁路总长约 5675 公里，其中电气化铁路 3545 公里，铁路运营量为客运 1.88 亿人次，货运总量 0.86 亿吨。奥地利有两条铁路主干线：一条从维也纳向西直达德国；另一条从维也纳向南至意大利。

3. 公路

公路运输是奥地利最主要的运输方式，公路运输网密布全国。奥地利公路运输隶属于奥地利联邦铁路局（ÖBB）。2004 年，奥地利公路客运线路 208 条，总长约 11 万公里，客运量

9125 万人次。2004 年，奥地利全年公路货运量为 2.83 亿吨，占全部运输总量（4.42 亿吨）的 64.12%，其中境内公路货运量为 2.42 亿吨。2004 年，奥地利全国公路运输机动车总量为 506.45 万辆，其中私人汽车 410.91 万辆、公共汽车 0.94 万辆、载重汽车 33.3 万辆，摩托车 61.3 万辆。在奥地利，每两人拥有一辆私人轿车，每 24.4 人拥有一辆载重汽车。奥地利人偏爱德国车，私人轿车品牌以大众汽车（Volkswagen）最受欢迎，大约占私人汽车数量的 20.4%，其次是欧贝尔（Opel）9.85%、福特（Ford）7.41%、雷诺（Renault）5.74%、奥迪（Audi）5.57%、马自达（Mazda）5.26%、梅塞德斯·奔驰（Mercedes Benz）5.00% 等。

4. 河运与管道

奥地利内河航运也十分发达，全国可供航运的水路总长度为 838 公里，其中多瑙河流经奥地利部分 350 公里可全年通航。多瑙河是奥地利内河航运的主干道。多瑙河自奥继续向下游约 2000 公里即进入黑海，向上游经与莱茵河联网的内河水路约 1800 公里可抵达鹿特丹和阿姆斯特丹等西欧重要港口城市。多瑙河是东欧水陆运输的必经之道，随着欧盟东扩的进程，其连接东西欧经济发展的纽带作用会更加突出。沿岸各国政府都十分重视它的开发建设，可以预计多瑙河势必日益发展成为一条流经多国、配套服务、设施齐全的内河航线。

奥地利有远洋商船 21 艘，共 65995 个集装箱，主要河运港口是林茨港、克雷姆斯港、维也纳港和恩斯港。2002 年共有客船 331 艘，年客运总量 342.5 万人次，货船 142 艘，1998 年货运量 1023.6 万吨。维也纳港是多瑙河流经奥地利的一个内河港，也是西欧国家最大的内河港口，有 5000 个标准箱的堆放场，可以进行集装箱的转运、修理和租赁。2002 年维也纳港共转口集装箱（标准箱）133377 个，其中水陆联运转口 132323 个，水路转口 1054 个。维也纳港还是多瑙河流域一个重要的汽车贸易集散地。在港口保税区有可停放 7500 辆轿车的露天停车场，还有可停放 2500 辆轿车的库房，总计可停放轿车 10000 辆。港区还有汽车修理和汽车交货前检测等服务项目。2002 年维也纳港区总计转口进口轿车 77869 辆。维也纳港由"维也纳港口公司"独家经营，是一家多种经营的股份有限公司，麾下有四家子公司：维也纳港股份有限公司、蓝色多瑙河游轮公司、维也纳科技园区股份有限公司、维也纳港区以及库区物业管理股份有限公司（100% 控股）。其中，蓝色多瑙河游轮公司主要经营多瑙河上维也纳至瓦豪航段的游轮观光，经济效益十分可观。

奥地利的管道运输主要用于运送石油、天然气等能源材料。2004 年，奥地利通过管道运输共输送原油及石油产品 3.46 万吨、天然气 3.01 万吨。

二　通讯

自 1998 年初通讯在奥地利实行自由化以来，奥地利通讯公司（TA）基于来自新的通讯公司方面快速增长的竞争不得不进行大幅度改组（2003 年，有 65 家通讯公司活跃在奥地利市场上）。2002 年底，奥地利有 650 万移动电话用户（SIM 卡拥有者）。作为奥地利通讯公司——移动通讯（占市场份额 44%）的竞争者，活跃在市场上的有 3 家手机网络公司：T 移动通讯公司（30%）、联通公司（20%）和环球通讯（6.25%），其中环球通讯是 2000 年初上市的。根据 1999 年经济合作与发展组织发布的一份国家报告中统计，由于奥地利实行了通讯自由化，对国民经济重要费用节省开支为 5 亿欧元。到 2005 年，所有正式手续都要通过互联网办理。没有个人联网的人，可以在行政区政府大楼和财政局或者地区管理部门找到这样的设备办理。公民信息体系（HELP）首先联通了约 1000 个行政区，到 2003 年，大部分行政区都被包括进去。在邮政业方面，也广泛地实施了适应市场的改革和现代化。此外，奥地利邮政有限公司也积极参加了各种以发展新的邮政服务，改进邮政服务质量以及协调战略发展过程为目标的国际计划。

第七节 对外经济

一 对外贸易与投资

奥地利地处中欧，优越的地理位置使她一直成为东西方贸易的桥梁。奥地利对外贸易在经济中占重要地位。2002 年，奥地利的进口总额为 771 亿欧元，出口总额为 774 亿欧元。其中出口总额占本国全年 GDP 的 35.50%。奥地利与 150 多个国家和地区保持贸易关系，主要贸易伙伴是欧盟各国、瑞士和美国，特别是和德国有着特殊的贸易关系。2000～2002 年，奥地利最大的进口贸易伙伴国家排在前 10 位的是德国、意大利、美国、法国、匈牙利、荷兰、瑞士、捷克、英国和日本；最大的出口贸易伙伴国家是德国、意大利、瑞士、美国、英国、法国、匈牙利、捷克、西班牙和荷兰。德国是奥地利最大的对外贸易伙伴国，占据了奥地利每年几近一半的进出口贸易额，例如 2002 年，奥地利进口总额为 771 亿欧元，其中 311 亿欧元来自德国。

奥地利对外贸易分为食品、原材料、半成品、成品和其他等五类。奥地利的出口商品以钢材、机械、交通工具、化工制品、纸张、木材、纺织品为主；进口商品以石油、天然气、煤、铁矿砂、小汽车为主。近年来，奥地利加强了对东欧国家的投资，并重视和亚非国家发展贸易关系。

近年来，奥地利出口经济继续保持增长趋势，出口经济已经成为奥地利经济增长的最主要动力和强大支柱。出口经济的增长对工业领域连年的失业增长也有十分重要的抑制作用。虽然奥地利对德国、东、南欧邻国以及北美的出口不断增长，但来自对方的进口也同时保持增长趋势，贸易逆差形势未得到扭转。近年来只在 2002 年出现过一次顺差。

在农业进出口方面，自 2004 年实现欧盟第三次扩大以来，由于关税取消，奥地利农产品出口增加，但同时从中东欧国家的进口也明显上升，从总体看，进出口保持均衡。然而奥地利农民在奶制品、蔬菜、糖及粮食和肉类方面，面临着越来越大的来自东欧进口产品的竞争压力。2004 年欧盟东扩后，奥地利从捷克进口的奶制品增加了约 4 倍，肉类的进口量增加了 6 倍，从波兰进口的肉类增加了 3 倍，斯洛伐克对奥地利的粮食出口也增加了 1 倍，同时来自捷克供屠宰的牲畜也在不断增加。

东欧农产品进口量激增的直接原因是价格差。波兰的肉类价格仅为奥地利的 1/3，牛奶的价格要便宜一半。欧盟东扩后农产品的价格给整个欧盟带来了压力，奥地利由于其所处的地理位置而首当其冲，例如，来自斯洛伐克和匈牙利的新鲜蔬菜转瞬就可以被维也纳的市场消化掉了。有农业专家抱怨来自东欧的糖和粮食充斥市场，奶制品的大量进口也形成了严重冲击。不过随着东欧农产品价格的上涨，会抑制奥地利农产品进口的增长势头。因为奥地利农业的发展方向在于农产品的深加工，这也是奥地利农业成功的经验。对于关键的行业应采取措施保护本地品牌，例如马希费尔德蔬菜 "Marchfeld-Gemüse" 品牌战略就是一个成功应对廉价进口蔬菜竞争的典型范例。由于奥地利人十分注重生活质量，因此奶制品加工企业的高级奶酪和酸奶仍具有市场潜力。反之，原料性农产品（如黑麦）生产方面的竞争将会愈来愈激烈。

匈牙利因为地缘优势而成为奥地利农产品的最大进口国，其次是捷克、波兰和斯洛伐克。奥地利的农产品出口主要面向东欧国家斯洛文尼亚、捷克和匈牙利。见图 4-9、图 4-10。

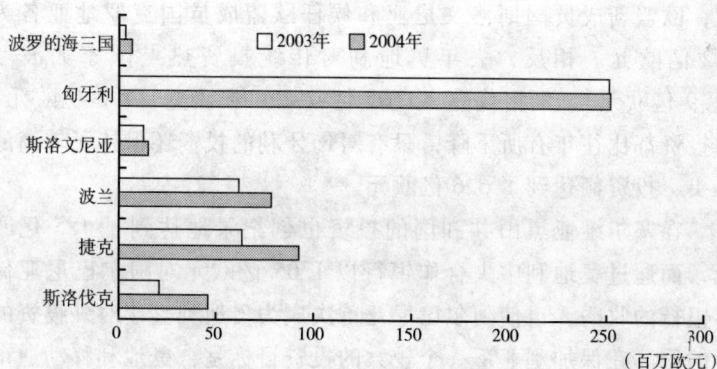

图 4 – 9 2003 ~ 2004 年奥地利与东欧国家农产品贸易进口情况图示

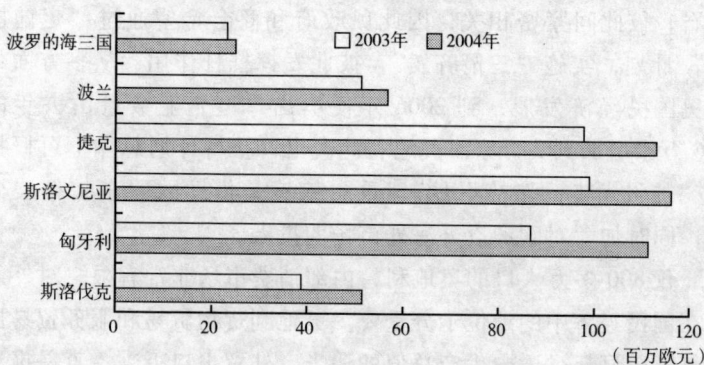

图 4 – 10 2003 ~ 2004 年奥地利与东欧国家农产品贸易出口情况图示

　　欧盟东扩后，新加入欧盟的东欧国家加大了对农业投资，其生产力迅速提高。2004 年，奥地利企业的对外投资额达到了 58 亿欧元，接近 2000 年曾达到的最高水平，其中超过一半的资金投向了南部欧洲国家。

　　奥地利央行 2006 年的报告指出，目前奥地利正在中、东欧地区拓展其经济地位。对罗马尼亚的投资为 17 亿欧元，排在首位，欧盟新成员国斯洛文尼亚和候任欧盟成员国克罗地亚各为2.2亿欧元。相反，去年奥地利对传统投资热点国家如波兰（1.9亿欧元）、斯洛伐克（1.05亿欧元）和捷克（1.5亿欧元）的投资都比往年有所下降，只有对匈牙利的投资还保持了较高的势头，投资额达到了6.6亿欧元。

在塞尔维亚黑山共和国的投资也创纪录地达到了1.5亿欧元，而通过奥地利中央合作银行以1.05亿欧元对阿尔巴尼亚储蓄银行的收购，也使阿尔巴尼亚首次成为奥地利直接对外投资的目的国。在保加利亚下一个较大的投资目标是，奥地利移动通讯将收购保加利亚移动通讯的股权。

商品出口、服务输出和对外直接投资构成奥地利对外经济的基石，彼此间紧密相关，因此奥政府和商会希望通过"走向国际"计划，实施"三箭齐发"，彼此发挥杠杆作用，从多方面带动奥国民经济发展，到2006年使奥出口型企业数量由去年的1.6万家增加到3万家。奥地利此次出口扶持计划总体上可概括为"加强优势，弥补不足"，重点依然是借助欧盟东扩拓展商机，同时加大对欧洲以外海外市场的投入。

仅800多万人口的奥地利，内部消费市场非常有限，对外经济在国民经济中的地位十分重要。奥地利货物贸易和服务贸易出口总额明显超过国内生产总值的一半，外贸出口近来一直是推动国民经济发展的主要动力。据统计，去年奥地利服务出口位居世界第13位，占世界市场的份额超过2%，总值超过370亿欧元，接近其商品出口总额的一半。服务贸易出口每增加1000欧元，就可带动7000欧元的货物贸易出口。而货物贸易出口每增长一个百分点，就可为奥新增1万个就业岗位。奥地利发展外贸经济的好处，由此可见一斑。

基于外贸经济发展近年来取得的良好成绩对国民经济增长起到的支柱性作用，奥地利政府希望巩固和发展这一良好势头，以确保对外经济的可持续发展。在世界经济较低迷和强势欧元的背景下，2003 年 1 ~ 12 月，奥货物出口额比上年同期增长 1.4%，达到 785 亿欧元，以此带动国内生产总值增长 0.7%。2002 年奥地利对外直接投资为 60 亿欧元，比上年增长了 71%，投资额在历年统计数据中居第二位，而当年的全世界投资总额下降了 25%。奥地利政府认为，在国际竞争日益激烈的情况下，对外经济通过扩展国际空间有利于增强本国经济的活力和竞争力，增加经济增长的机会。

另一方面，奥地利对外经济中仍有一些先天不足和结构上的弱点，需要政府加以扶持和调整。奥地利企业多为中小型企业，经济实力无法与大国的大型集团公司相比，企业经营较保守和慎重，开发和投资国外市场、特别是欧洲以外市场的信心和能力不足，因此政府和商会在资金和信息上的扶持尤为重要。

由于奥企业的产品出口市场集中于少数几个国家（特别是邻近的周边国家），货物出口方面尤其对德国、意大利、瑞士、美国、英国、法国依赖性较强。因此奥近年来努力减少对德国的贸易依存度，同时努力加大对东欧国家和海外市场的拓展力度，改善其出口市场的地缘性局限。

欧盟东扩恰好有利于弥补奥企业的不足，加上历史、文化和地缘上的渊源，特别是人文上的优势，奥政府和企业更加看重东欧国家市场。与此同时，东南亚（特别是中国）、南美（以墨西哥为代表）和中东地区（沙特、伊朗等）也是奥发展海外市场的重点，使其外贸不单纯依赖于欧洲和美国。服务贸易出口方面奥希望在保持旅游业优势的同时，积极发展其他行业的服务出口，目的同样是推动外贸出口的多元化，降低外贸风险。因此奥政府和商会推行"走向国际"计划符合其外贸发展需要。

奥政府和商会将在两年内为"走向国际"计划提供 1 亿欧元的资金扶持，每年 5000 万欧元，联邦经济部和联邦商会各出资一半。大部分资金由联邦商会内的对外经济司（Außenwirtschaft Österreich，AWO）具体负责使用，另有 1/3 联邦资金通过国家旅游局（Österreichische Werbung）和各联邦州的经济促进公司为企业提供服务。

奥联邦商会在"走向国际"框架内采取的措施大致可以分成三个方面：市场开发与进入、外贸知识技能与人力资源（即外贸人才培养）和企业间商业联系的建立，每项具体措施都有专人负责组织和联系，并向外界公布。

二 对外援助与外国资本

1. 对外援助与投资

奥地利把对外援助看做是其外交政策的一个重要组成部分，重视对第三世界的发展援助，发展援助的重点项目是农业水利、卫生、能源、基础设施、职业培训、科学合作和提供奖学金等。2000 年奥地利对第三世界国家的发展援助为 4.59 亿欧元，约占国内生产总值 0.23%。奥地利发展援助的重点地区是非洲和亚洲地区最穷的一些国家。援助项目以农业、农村发展、教育卫生等为主。援助的国家包括莫桑比克、突尼斯、塞内加尔、坦桑尼亚、布隆迪、肯尼亚、马里、赞比亚、乌干达、尼泊尔等。

为鼓励企业到东欧国家投资，奥地利于 1991 年成立"东西方基金"，由政府担保风险。1999 年奥在国外投资额 350 亿先令，2000 年为 450 亿先令，占奥地利国内生产总值的 1.6%。截至 2000 年底，奥在国外投资总额达 2780 亿先令，占奥地利国内生产总值的 9.8%。

2. 外资政策

奥地利欢迎外国投资，在政策和管理方面，奥对外国来奥直接投资基本上没有限制，而制定了一系列优惠和促进措施。奥联邦经济部是外国在奥投资的主要管理部门，除此之外，奥联邦政府还在各级机构中设置了相应的部门为外国投资者提供免费咨询及服务。联邦政府、州政府及城镇政府对外国投资者在奥购置厂房、进行开发、兴建办公楼舍、添置生产设施及实施科研开发计划等方面的投资行为予以优待。奥对能实行下列目标的投资项目提供优惠政策：①有助于提高劳动生产率和改善待开发地区的经济结构；②能创造高水准的工作岗位；③有利于应用工业研究和发展；④引进先进生产方式；⑤生产易推销出口的新产品；⑥对环保、节能储藏领域的投资以及无形财产投资。重点鼓励投资的领域为远程通讯、通讯技术、信息技术、工业及原材料技术、标准检测工艺、生物工程、医疗卫生和培训、科研开发等。奥地利对投资的优惠政策具体表现为，向投资者提供低息贷款，提供补贴和担保；另外，在奥联邦税法中对外国投资者在减免税方面有着更详尽、更具体的规定。

奥地利没有相关专门为鼓励外商投资的法令，所有成立公司、营业许可的申请与核发、生产或交易行为、雇用员工、缴税等相关环节，外资公司与奥本国企业享受同等待遇。但是良好的投资环境和很低的风险使奥地利成为世界上理想的投资国之一。

世界主要国家投资环境/无风险指数的排名情况见图 4 - 11。

为吸引外商来奥地利投资，奥国设有一个专门机构——奥地利商务署（Austrian Business Agency，简称 ABA）为外商提供各项咨询服务与行政支持。除此之外，外资企业或国内企业在享受欧盟或奥地利国内各项有关企业奖励资助的措施（如奖励研发、鼓励青年创业等）上并没有差别，奥地利也没有专门制定有关针对外商的特殊奖励措施。不少欧盟国家为吸引外资，特别为外资企业提供各项赋税减免、资金补助、员工津贴或对办公室、厂房给予租金补助奖励等做法，奥地利却对外商和本国企业一视同仁。如果外资企业是一个较大规模的跨国集团公司，并且该公司在奥地利投资项目可以为当地创造众多就业机会并有效提升当地

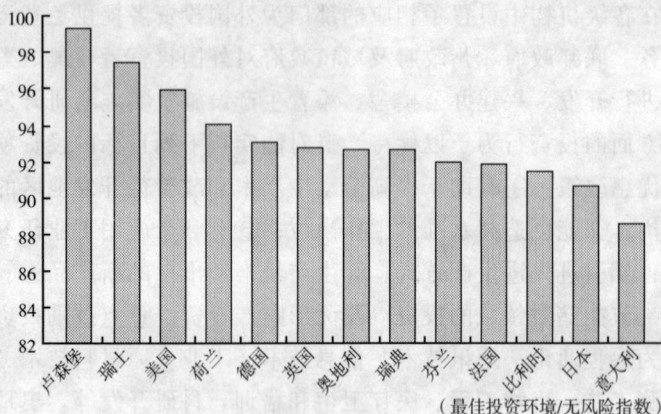

（最佳投资环境/无风险指数）

图 4 – 11　世界部分主要国家投资环境/无风险指数排名图示

资料来源：《欧洲货币》2002 年第 3 期。

经济利益，州政府一般均会根据其权限许可，配合给予部分奖励，例如公共设施之特别开发、长期低息贷款、研发支出免税或延长工时标准，以及其他相关行政支持等。这些做法只能当作个案处理，并无一定的标准，通常须依靠投资方自行与州政府谈判争取，而且最好在投资行为发生前把一切谈妥，并取得书面承诺。奥地利与其他欧盟国家对于外资原则上并无法定投资限制，但一般应注意以下事项：如环保方面须避免污染环境，产品安全性方面不得从事武器制造，公共卫生方面须符合相关食品卫生法规等。

　　与此同时，奥地利安全的社会治安状况保证了来奥地利的投资者无论是其人身安全还是财产安全都将受到严格保护，由此也吸引了大量的国际投资。在 2002 年《世界竞争力年报》关于世界各国对外资在本国投资受保护指数的排名中，奥地利以 9.65 分排在第一位（最高分为 10 分），比第二位的芬兰高了将近 0.5 分，而其邻国意大利和法国仅以 4.93 和 4.16 的分数排在第 37 和 39 位。见图 4 – 12。

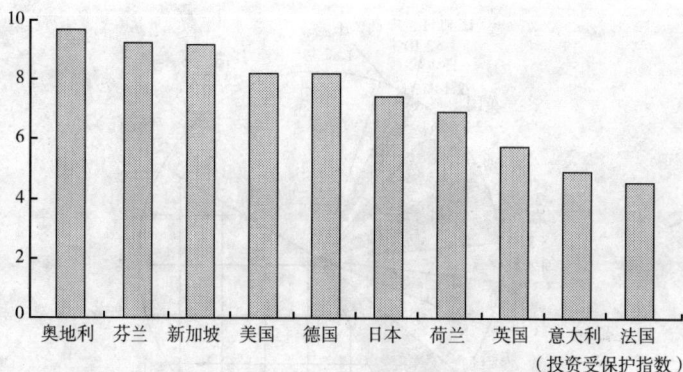

图 4 - 12   世界部分主要国家外资受保护指数排名图示

资料来源：《2002 年世界竞争力年报》。

三　中奥经贸关系

在过去的 10 年里，中国社会经济发生了深刻变化，中国与邻国的关系以及中欧、中奥关系都有了新的发展。近年来，中国与奥地利的贸易伙伴关系在不断加深，而中奥贸易额也已从 10 年前的 13 亿美元增加到 2006 年的 30 多亿欧元。奥地利尽管是个小国家，但在欧盟 25 个成员国中，在中国的投资已经排在第 8 位。目前，中国也已经超过日本而成为奥地利在亚洲最大的发展贸易伙伴和奥地利在欧洲以外仅次于美国的第二大贸易伙伴。预计到 2007 年奥地利对中国的出口额将会增长到 15 亿欧元，可见，奥中经贸合作还有巨大的发展潜力。奥地利主要从中国进口机电产品、纺织品、粮油食品、畜产品、工艺品、有色金属、娱乐用品等。奥地利对中国出口产品主要是机械、技术装备、五矿产品、化工和轻工产品等，其中出口增长最快的领域包括铁路机车、轨道器材和信号设备等。见图 4 - 13、图 4 - 14。

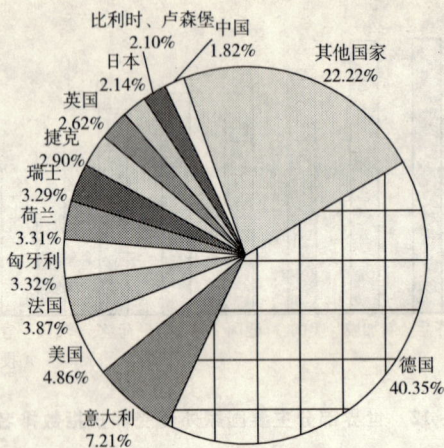

图 4 - 13　2002 年奥地利主要进口贸易伙伴国进口额
占总进口额的比例图示

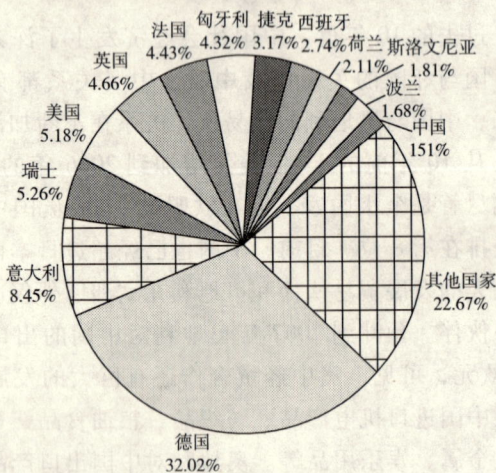

图 4 - 14　2002 年奥地利主要出口贸易伙伴国出口额
占总出口额的比例图示

从上世纪 90 年代开始，奥地利企业对中国的投资增长较快，目前大约有 240 家奥地利企业在中国有投资并开展业务。据奥联邦商会的估计，在今后的几年里在华投资和开展业务的奥地利企业会超过 500 家。截至 2006 年 3 月，中国共批准从奥地利技术引进合同 813 个，合同金额共计 27.9 亿美元。

与欧美许多企业一样，出于生产成本的考虑，奥地利许多企业不仅希望利用中国良好的投资环境建立和扩大在中国的生产基地，也需要从中国大量进口原材料、电子产品和纺织品等。截至 2006 年初，中国共批准奥商投资项目 674 个，协议金额 13.1 亿美元，实际利用奥资金额 5.6 亿美元。其中，奥商在中国投资规模最大的项目为奥特斯股份公司在上海成立的独资企业，一期工程投资规模为 1.45 亿欧元，主要生产印制电路板。奥商在中国的投资地区主要是沿海发达地区，其中最多的省份是江苏省和广东省，分别占总投资的 20% 和 15%。但最近几年，中西部的陕西、四川、云南等省市也进入了奥商的投资领域。奥地利联邦商会认为，奥地利经济界的巨大商机存在于中国的地区发展战略中，如"振兴东北老工业基地"和"西部大开发"战略。

奥地利地处中欧，天然的地理位置优势对中国企业界应该具有很大的吸引力，特别是欧盟东扩以后，奥地利地缘优势进一步凸显，成为欧盟大市场的中心。中国企业到奥地利投资，仿效奥地利首都维也纳地区 1000 多家外国企业的做法，在奥地利建立自己的根据地，以此开发整个中东欧市场。目前，中奥两国政府有关部门正在协商采取措施，为中国企业进入奥地利市场创造条件。

中国与奥地利的经济存在较强的互补性，两国经贸合作还有很广阔的空间。奥地利在一些高科技领域即使是在欧盟国家中都极具竞争力，特别是冶金、机械制造、轨道车辆、水力发电和环保技术等产业优势明显，这些正是中国目前所需。同时，中国对奥技术含量高的产品有很强需求，奥地利是中国引进技术的主要来源国之一。

关于两国经贸关系发展的前景，奥地利经济界认为，加入世贸组织后，中国经济自由化得到了推动，中国国内市场的不断开放将吸引越来越多的奥地利企业家的目光。奥地利联邦商会对中国经济发展和潜在的投资机会给予了很高的预期，对与中国开展经济合作表现出了浓厚兴趣。奥地利联邦商会希望，到2007年，奥地利对中国出口能够达到15亿欧元。

尽管当前中国与奥地利的经济伙伴与贸易合作关系一直处于蓬勃发展阶段，但是其中也暴露出不少问题，例如奥地利的国内部分行业对来自中国的竞争所表现的担忧和阻碍态度对中奥经贸关系就产生了一定的消极影响。

随着中国的纺织品出口配额2005年被取消，奥地利纺织业为此忧心忡忡，担心中国纺织品低廉的价格会给他们的产品带来冲击。奥地利纺织工业协会表示，"中国的纺织品对全世界来讲都将是个问题，毫无疑问会在未来给奥纺织业造成压力"。该协会认为，中国纺织企业近70%属于国有企业，如果中国在纺织业改制不利，他们将要求欧盟对中国纺织品进口继续设限2～3年。尽管如此，延长对中国产品设限的时间也只是权宜之计，不能从根本上改变奥地利纺织界的生产现状和困难。此外，来自印度、巴基斯坦等其他亚洲国家的竞争也在不断增强。整个欧洲的纺织业预计将有40%的生产能力受损。

奥地利纺织工业协会的一项行业调查显示，奥地利业内200家企业中有一半的企业认为将会遇到问题，而产品技术含量高的另一半企业持乐观态度，理由是中国目前还无法生产他们的产品。

鉴于以上情况，中国国内各行业在加强国际竞争力的同时，应加大对外宣传的力度，增信释疑，让外国同行业企业客观地了解中国，并从中国经济的发展中受益，加强国际合作，努力营造双赢的局面，适时防止国际上对中国出口产品采取新一轮限制措施。与此同时，中国应尽快争取欧盟给予中国完全市场经济地位，以免欧洲纺织和服装行业今后以此为由限制中国产品出口。

第八节　国民生活

一　物价与消费

奥地利属于典型小国富民国家，人民生活水平高，福利制度优越，人民购买力一直处于世界前几位。以2002年为例，奥地利年人均购买力水平为3.01万欧元，居世界第4位。1995年1月，奥地利成为欧盟成员国，经济加速融入欧洲市场。迄今，奥地利依旧是经济上最富有、物价最稳定的欧盟成员国之一。

自2002年1月1日启动欧元至今，奥地利的物价总体上涨了约7.1%。物价上涨的原因主要归结为欧元的启用以及住房和能源价格的上涨。在启动欧元前5年的时间里，奥地利物价的总体涨幅曾达到6.6%。如果扣除能源和燃料因素，启动欧元前5年奥地利平均通胀率为6.0%，欧元启动后5年的通胀率平均值则为5.9%。

按照欧洲统计局的数据显示，2006年欧洲国家通胀率的平均值仍保持在上一年2.2%的水平。其中芬兰的通胀率最低，平均值只有1.3%；通胀率最高的国家是西班牙，平均值达到了3.6%。奥地利目前在欧元区国家中属价格最稳定的国家之列。

奥地利联邦统计局最新公布的数据显示，2006年奥地利通胀率明显有所下降，从上年的2.3%降为1.5%。2006年导致奥地利物价上涨的主要因素是住房、水及能源价格的上涨。导致居民生活支出增长的主要原因是能源价格的上涨。如果扣除能源和燃料价格因素，2006年奥地利全年的通胀率仅为1.0%。

奥地利的能源价格涨幅显著，例如取暖用油（涨幅达12.5%）和动力燃料的价格上浮较多。移动通讯的价格呈明显下降趋势，总体降幅达到6%，其中手机价格下降了31%，通话费用下降了10%。其次休闲、文化娱乐电子产品的价格也呈下降趋势，总体降幅为2.2%。其中照相机、DVD机、电脑、平板电视机以及旅游套餐消费的价格降幅最大，均接近30%。

奥地利主要物价变化情况见表4-4。

表4-4　2006年奥地利主要物价变化情况

单位：%

商品/服务	物价涨幅	商品/服务	物价涨幅
私有房屋管理费	+15.8	私有房屋价格	-14.8
取暖用油	+12.5	城市间航空交通费	-13.5
柴　油	+6.9	移动通讯/基础费	-10.8
高标号汽油	+5.9	移动通讯通话费	-9.9
租住房屋管理费	+4.2	汽车保险费	-9.8

二　就业与工资

奥地利属于欧盟失业率最低的国家之一。尽管近年来经济增长受到发展状况的限制，但奥地利的就业形势之好始终处于欧洲的前列，而且其失业率稳定地保持相对较低水平。2002年，奥地利的非独立就业人数约为315.52万人，独立就业人数为40多万，失业人数为23.24万人。2002年奥地利平均失业率是4.3%，明显低于欧盟7.7%的平均水平，只有荷兰（2.7%）和卢森堡（2.8%）在奥地利之下。而在青年失业方面，奥地利以 6.9% 的低失业率仅次于荷兰，处于第二位（欧盟平均失业率为 14.9%）。奥地利的反常就业形式，如短时就业人数越来越多。2002 年，有 21.2 万人属于这样的雇佣关系，其中女性占 71.5%。这些就业形式首先集中在贸易，旅游以及地产、和与企业相关的服务领域。

2005 年，奥地利的就业情况依旧较为乐观，就业比重同比增长 0.8%，达到 68.8%，该比例是指就业人口在 15 ~ 64 岁劳动力人口中的比重。2005 年欧盟 25 国的平均就业率为 63.8%，奥地利排第 6 位。2005 年奥地利妇女就业比例同比增长 1.3%，达到 62%，已远超过里斯本计划中至 2010 年 60% 的目标。老年人（55 ~ 64 岁）的就业形势呈现了较好的增长，同比增长 3% 达到了 31.8%（其中男性就业率增加 2.4%，达到 41.3%；女性增加 3.6%，达到 22.9%）。

按照上述统计数字来看，尽管就业率增势明显，但与其他欧盟国家比较，奥地利仍属下游水平。而且根据最新民意测验显示，最令奥地利民众担忧的依然是失业问题。因此，奥地利政府近年来继续推行退休保险制度的改革，如正在进行的提前退休制度、与之相关的提高实际退休年龄以及已经付诸实施的劳动力市场改革措施等。

奥地利联邦政府的就业市场政策战略立足于把劳动力的需与求合理与持续地协调起来。劳动市场服务局（AMS）的工作重点始终是面向青年人和年龄较大的人，并进一步实施扩大女性就业的重点计划，以此与国家的就业行动计划（NAP）相适应。在支持劳动市场框架内，政府在 2002 年资助了大约 21.92 万女性，占所有资助人数的 56.4%，其中在培训资助方面，女性人数最高占到总人数的 57%。政府在加强对年龄较大人群（45 岁以上）的资助主要表现在两个方面，一是采取预防措施，堵住失业的路子，维护就业活动；二是让这个群体直接融于就业之

中。为了减少长期失业人数，劳动市场服务局制定了针对个人的负责计划，以确保劳动市场政策措施及时和有的放矢地得到实施。借助以项目为导向的一体化措施，如公共福利就业项目、社会经济企业和公共福利劳动力转让等，帮助长期失业者获得就业机会或者得到再就业培训。

自 1975 年起，奥地利实行五天工作周八小时工作日，职工每年可享受 30～36 个工作日的假期，夜班职工或重体力劳动者可多享受一星期假。此外，每个职工每年可有一周带薪照顾家人的时间；职工因病不能上班，工资照发；职工休假，领双份工资，过圣诞节，领双份工资。就业妇女可享受产前 8 个星期和产后 8 个星期的产假，早产或多胞胎妇女产假可延长至 12 个星期。初生儿的父母可以享受一整年的"哺育婴儿假"，工资由失业保险金中支付。

奥地利劳工法令比较齐全，从雇用签约开始至休假、产假、教育假、升迁规定，到契约关系终止，均受到法律的严密监督，此外社会保险制度保障也很周全。虽然各行业因工作性质不同，劳动条件与工资水平无法整齐划一，但都必须依照目前奥国劳工法有关"雇员工资标准"的规定办理。例如，法定最低工资每月 570 欧元、经理级月薪 2200～2600 欧元、秘书人员 1200～1400 欧元、技术人员 1800～2100 欧元。此外，奥地利一般一年发 14 个月的工资，一个月为"休假奖金"，每年 6 月发；一个月为"圣诞节奖金"，每年 11 月发。

三　住房

奥地利人拥有优越的居住条件。2001 年，奥地利共有建筑物/楼房 204.67 万幢，其中用于居住的有 174.45 万幢，全国有约 340 多万套住房，平均每 2.4 人有一套住房，每套住宅平均使用面积为 95 平方米。88.6% 的奥地利人都能够居住在配有中央供暖、浴室、卫生间以及厨房的公寓里。

1978 年起规定新建住宅平均每套不得少于 100 平方米,没有厨房和厕所设施的房间是不允许出售的。在维也纳的城中心区有很多老房子,这些老房子内部已经重新装饰修缮过了,有集中供暖,供热水,供煤气,也可使用电炉,同时这些房子的外表还保持着中世纪的面貌,式样典雅,每一幢都不一样。由于人们喜欢住这种老房子而不愿住城区以外的新住宅,所以这种房子的房租或售价特别高。靠近维也纳森林边沿的 17、18 区是维也纳的富人区,这里多是独门独院的花园洋房,环境十分幽雅。现在许多维也纳人都在郊区或更远的地方买别墅,也有人自己动手盖别墅。

在奥地利,租房或购房可从各种杂志和报纸上获取有关房屋买卖、租赁的信息,也可委托专门的经纪公司代理。这类经纪公司的服务范围包括代理房屋购买、出售和交换房产和地产,以及租赁住房和商用房,同时也为购房和租房者介绍贷款和保险业务。在收费方面,房屋经纪公司通常在一笔生意介绍成功后才能向委托人收取一定的费用,除非双方在事前有特殊约定,而且这种约定必须在委托合同中书面注明。据不完全统计,奥地利目前从事房地产经纪工作的从业人员有 5000 余人。奥地利的《经纪人法》里有专门的章节从法律上给予该行业相应规范,同时奥地利房地产托管人协会作为房地产经纪人和物业管理的行业协会,也对规范房屋经纪行业起到规范作用,如制定统一规则、内容合理的房屋经纪合同范本,供会员公司参考使用以及向顾客提供有关房屋经纪行业的业务和法律信息咨询等。因此,在奥地利人们买卖房产,租赁房屋,去求助于经纪公司的现象比较普遍。

除了购买、租赁住房外,奥地利的公益住房计划也是国家为满足民众住房需求的重要措施。该计划最初源于"一战"结束后被分裂的奥地利面临食物短缺、住房紧张以及通货膨胀等一系列社会问题。1919~1934 年社会民主党执政期间,政府出资建造了很多楼群,如维也纳市政府一共建造公益住房 6.4 万套。所有住房全部都是套间，平均面积在 50 平方米左右，装备有自来水、厕所、厨房、淋浴。公益住房中最典型的是维也纳的卡尔·马克思大院。这座大院长达一公里，总建筑面积 15.6 万平方米，包括 1382 套房屋，可以容纳 4000 名左右的居民。大院里还有许多公共设施，比如洗衣店、幼儿园、公共澡堂、图书馆、牙医诊所等等。一般家庭只需要拿出 6% ~ 8% 的收入来交纳房租，就可以拥有一套住房。如今的马克思大院虽然已经成为维也纳的文物保护区和热门景点之一，但是奥地利政府的公益住房计划仍然在继续。如今的公益住房租金约为每平方米 5 欧元，相对于过去有所增加，而且入住条件也更加严格了，比如租房者要事先向政府有关部门提出申请，提供收入状况和家庭规模报告等，收入较高的则得不到批准。按照传统，租房者主要是公务员、教师以及警察等，同时，维也纳的公益住房也对外开放，只要条件符合，什么人都可以申请居住。

四　医疗卫生

奥地利联邦政府设有卫生部，下设 2 个直属机构，分别负责食品监督检验及药品监督检验。各州设有卫生局及相应下属机构，具体负责制定区域卫生规划、实施卫生行政管理。维也纳州政府第 15 局为卫生局，近年为加强食品安全管理，又专门成立了第 59 局，专门负责食品卫生监督执法。奥地利在 1947 年开始实施基本社会医疗保险，参保率达到 99.5%。1980 年代末开始实行单病种收费。高效运作的卫生行政管理体系将公共卫生监督体系、医疗卫生服务体系和医疗保险体系有机地整合起来，为国民提供了良好的卫生保健服务，使该国平均期望寿命达到 77.9 岁。

1. 食品卫生监督

奥地利食品卫生监督检验局于 2002 年成立，是欧盟食品监督局在奥地利的合作伙伴，负责食品安全监督检验工作。他们对食品卫生安全采用风险分析的方法，由食品卫生监督检验局对风险进行评估，提出风险建议，再由联邦政府卫生部部长发布并提出相应措施。欧盟国家普遍建立了食品安全预警系统，各成员国将本国存在的食品安全风险向欧盟委员会申报，再由欧盟委员会向各成员国通报情况。食品安全预警分为 3 个级别，由欧盟委员会根据危害程度和范围决定。维也纳州食品监督执法局在维也纳市的 23 个行政区中，每区设立一个办公室。食品监督官员在进行现场监督时，携带手提电脑、数码相机、红外线温度计等，对被监督单位根据食品安全风险情况决定监督频次，对群体聚餐活动也会及时进行卫生监督。在食品检验方面，除联邦政府的公立食品检验机构外，还有私立的、具有中介性质的检验机构，负责对外进行食品检验，出具检验报告，开展技术咨询等。

2. 职业卫生管理

职业病在奥地利是一个法律的概念，而非医学概念。职业病是指由职务行为引发的疾病，职业病目录并非一成不变，而是随经济社会发展情况进行动态调整。在上世纪 50 年代，奥地利工业处于快速发展阶段，随之而来的是职业危害十分突出，有 500 多人患肺矽病而丧失劳动能力，付出了惨重的代价。职业病的防治、理赔工作成为奥地利公共卫生管理事业的重点。如今，奥地利已经具备了一套完善的职业卫生管理体系。奥地利的职业卫生工作涉及预防、治疗、康复和理赔 4 个方面。对产生职业危害企业的监督检查由联邦政府劳工部门和社会保障部门共同负责。职业病鉴定工作由社会保险部门组织，鉴定委员会由职业卫生专家、医师及劳工部门官员组成。职业病理赔一般经过举报、受理、鉴定、认可等程序，对于丧失或部分丧失劳动能力（劳动能力丧失 20% 以上）的由保险公司进行赔偿。

3. 医疗体系管理

在奥地利，一个医疗机构设置之前，必须由地方卫生局首先对机构设置进行严格地组织论证，论证内容包括医院规模、位置、内部科室设置等，同时还要对医护人员资格进行认证，对医院建筑工程设计及竣工进行预防性卫生监督等等，以确保医疗机构设置与设计合理。由于奥地利医院内感染控制极为重视，联邦立法也对医院内感染有专门的法律措施和责任。各州卫生局负责本州医院内的感染监督，每个医院必须设置医院感染控制组，具体负责医院感染管理，并向州卫生局报告工作。

急救体系是医疗体系中的重要环节。奥地利的医疗急救指挥中心由政府管理，其职员为公务员。以维也纳为例，维也纳的急救指挥中心属维也纳市政府管理，下设 13 个救护站，配有 34 辆救护车。车内配备完善的急救设施，每天外出救护 600 余次。一般要求医疗急救在接警后 2 分钟内出动，10 分钟内到达维也纳的任何地点。

除了严格、完善食品卫生监管、职业病防治和医疗体系管理外，奥地利还拥有先进的卫生理念的普及与健康教育规范。其目的是改变群体不良行为，使人们放弃不良生活习惯，接受新的健康观念。这一健康教育管理模式包括市场分析、制订计划、实施计划和效果评估 4 个方面，分四个步骤进行，即传授知识和理念、改变行为、使行为改变成为一种习惯并进而成为社会价值观。

五　社会保障与福利

奥地利是福利国家，社会稳定、各种社会保障制度健全，人民生活无忧无虑。奥地利社会保障项目主要包括养老保险（含伤残、遗属）、医疗保险、失业保险、工伤保险、家属津贴以及社会福利与社会关照等。奥地利社会保障制度的开支主要来源于国家税收、企业缴纳和雇员缴纳的保险金。此外，许多由宗教机构、政党或非政府组织经营的机构和组织提供包括幼儿园、残疾人之家、特殊教育机构、老年公寓、家庭护理机构等。许多大公司还为自己的雇员开设社会服务机构。

从 19 世纪末到 20 世纪初，是奥地利社会保障制度的初创时期。1887 年制定的《工伤保险法》是奥地利历史上第一部重要的社会保障法。紧接着 1888 年制定了《疾病保险法》，1906 年和1920 年制定了《薪水雇员（即按年定收入）养老保险法》和《失业保险法》等法律，由此建立起较为完善的社会保障制度体系。

1920~1945 年，奥地利在以往制定的《儿童劳动法》、《工人健康保险法》的基础上，先后制定了《政府雇员健康保险和失业保险法》、《老年人和残疾人保险法》、《联邦健康补贴法》、《职业病法》、《农业工人疾病和事故保险法》、《工人残疾和遗属保险法》和《工资收入者养老保险法》等法律。"二战"后，奥地利政府为了促进社会保障事业发展，进一步修订了社会保障法律，制定了《雇工养老保险法》和《雇员疾病保险法》。以后，陆续制定了《联邦医院法》、《工商贸易自雇（私营）者养老保险法》、《生育保险法》、《工资劳动者的奖金补助法》、《独立劳动者疾病保险法》和《失业保险法》（修订）等法律①。

1980 年代后期，由于养老保险和意外保险预算连年赤字，出现社会保险收不抵支的问题，所以引起了奥地利政府高层的重视。奥地利政府认识到了长期保持较高社会保险税税率并不是长久之计，并准备在适当的时候进行社会保险体制改革。1989 年奥地利政府着手进行了税制改革，但却未触动社会保险税。1991年开始在养老保险中引进自我保险，并于 1993 年对养老保险进行重大改革，实行弹性养老金制度。同时，为了规范奥地利各州政府建立的社会救助管理机构，方便无收入者获得救助，1998年奥议会通过法案，并与各州签订协议，基本统一了全国救助护

---

① 邵芬、刘启聪、肖琳：《奥地利社会保障法制建设及其对我国的启示》，《学术探索》2002 年第 6 期。

理办法，确定了护理等级和护理计算办法。

奥地利社会福利与保障体系的最大特点是国家立法与社会自主管理相结合。奥地利从 1887 年制定《工伤保险法》起，不仅继续出台新的社会保障法规，而且对一些不合时宜的法规、条文进行修订，形成了比较完善的社会保障法律制度体系。这不仅规范了政府机关依法行政，而且明确了各类社会保险机构的职能和分工，有利于其实行民主管理。奥地利的退休、医疗和事故保险的管理，都采取完全独立的、社会自治办法，不受政府直接干预。目前，奥联邦有一个总的医疗保险机构，各地有 28 个分支机构。此外，奥地利各保险服务机构设立代表大会、监事会、董事会，按法定比例，由代表不同利益集团的劳资双方派出或选举代表，重大决策由劳资双方决定。

此外，奥地利的社会保障不是由国家全部包揽，而是由国家、企业和个人共同分担。国家主要承担一些基金的经营管理费用并对一些特别保险项目进行补贴。在国家分担的部分中，地方政府的积极性得到充分发挥。在企业与个人分担的费用中，一般采取雇主与雇员按比例分担的方式。

奥地利社会福利与保障体系的管理体制十分简化。经过一系列改革，奥地利政府把社会保险机构由原来的 35 个合并为 28 个，将原来的劳动部、卫生部和社会部合并成一个部门，设部长一名，内设 8 个下属司局机构，同时明确各部门职责，这样既减少了相关部门的责权不明晰现象，又保证了联邦政府的社会保障行为的一致性。奥地利完备的社会保障体系的建立，都是以立法为先导。国家有关社会保障体系的立法中将社会保障的对象、范围，社会保障基金的筹集和管理，社会保障机构的设置，公民享受社会保障的程序，侵害公民社会保障权利行为的处罚等做出具体的规定。在相关法律完备的同时，也增强了公民的社会保障意识，从而有助于国家社会保障制度的完善。

2001 年奥地利社会保障支出及支出分类情况见图 4 – 15、图 4 – 16。

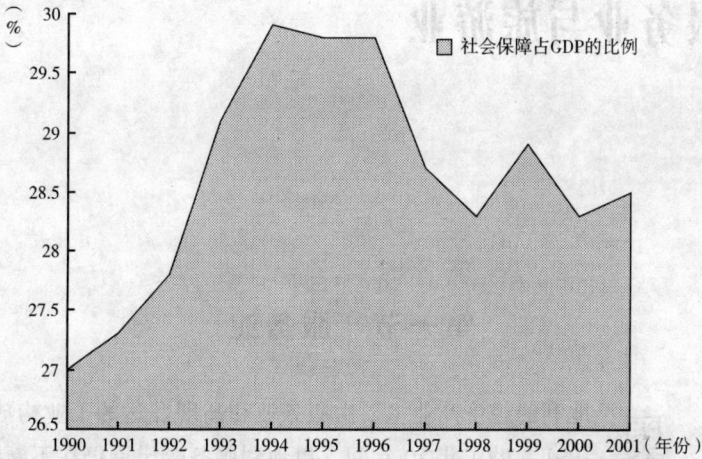

图 4 – 15 1990 ~ 2001 年奥地利社会保障支出占 GDP 的比例图示

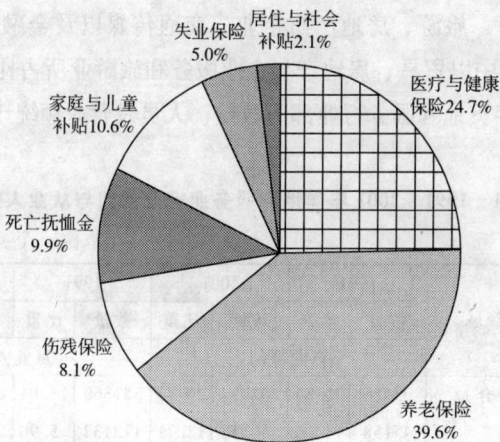

图 4 – 16 2001 年奥地利社会保障支出分类比例图示

第五章
服务业与旅游业

第一节　服务业

奥地利的经济产业主要由服务业和高度发达的工业构成，1991～2001 年 10 年间，奥地利服务业比重仍在不断扩大，其具体变化情况请参见表 5－1。2002 年，奥地利服务业所占份额已达到 67.5%。奥地利拥有密集的服务网络，服务业领域主要分为贸易、旅游、房地产与企业、交通传媒以及金融服务业等五大部分。其中以贸易、房地产与企业服务和旅游业所占比重最大。

2003 年奥地利服务行业部门数量、人员及营业额统计见表 5－2。

表 5－1　1991～2001 年奥地利服务业行业部门与从业人数变化

单位：个，人，%

服务行业领域	1991		2001		1991		2001	
	数量	比重	数量	比重	数量	比重	数量	比重
	行业部门				从业人数			
贸易（咨询、中介）	95426	30.35	102097	25.77	551860	18.81	616176	18.01
旅游接待业	45158	14.36	50355	12.71	173132	5.90	224483	6.56
交通、传媒	13409	4.26	16534	4.16	183829	6.26	214651	6.27
大众服务（如旅行社）	3993	1.27	4872	1.23	38594	1.32	43349	1.27

续表 5 – 1

服务行业领域	1991		2001		1991		2001	
	数量	比重	数量	比重	数量	比重	数量	比重
	行业部门				从业人数			
保险、信贷	9127	2.91	13264	3.35	111699	3.81	123726	3.62
房地产(租赁)	4536	1.45	8966	2.26	20693	0.70	41178	1.20
数据库	2193	0.70	10969	2.77	12935	0.44	46880	1.37
研发领域	282	0.09	729	0.18	4954	0.17	8329	0.24
企业服务机构	24198	7.70	45363	11.45	132285	4.51	237103	6.93
公共管理与社会保障(危机处理)	7878	2.51	8916	2.25	186572	6.36	225914	6.60
课程培训	11520	3.66	14980	3.78	169264	5.77	223624	6.54
医疗、医保	17209	5.47	27531	6.95	198195	6.76	283627	8.29
专业协会、组织机构	4558	1.45	4923	1.24	25019	0.85	34169	1.00
文化、体育、休闲	8287	2.64	12260	3.09	34058	1.16	53697	1.57
其他服务性行业	10610	3.37	13543	3.42	44382	1.51	54320	1.59
合　　计	258384	82.18	335275	84.61	1887471	64.34	2431226	71.07

表 5 – 2　2003 年奥地利服务行业部门数量、人员及营业额统计

单位：个，人，千欧元

行业分类	部门数量	从业人员数量	人力开销	营业额	经济产出	总产值	总收益
贸　易	77653	591850	15855148	157092916	47419210	23299572	2571832
旅游业	43096	221813	3730308	11491084	11321994	5632743	980464
交通、通讯与传媒	14821	249922	9026661	35938404	21891679	14718712	4901180
信贷、保险、金融业	5797	115381	6630823	46899361	23467453	12785496	1556883
房地产、企业服务业	71606	344797	10214475	39888696	31838731	20216658	11648790
合　　计	212973	1523763	45457415	291310461	135939067	76653181	21659149

第二节　旅游业

一　概况

奥地利号称"中欧花园"和"音乐的国度"，是世界上著名的旅游国家。无论是从国际旅游者接待量还是旅游外汇收入来说，它一直是世界 10 大国际旅游目的地之一。2002 年旅游业的总收入达 208 亿欧元，占其国内生产总值的6%，旅游业对国内生产总值的总贡献（直接的和间接的影响加在一起）就达 9.7%。如果再加上休闲娱乐业，这一比例就高达16%。奥地利旅游业每年的人均外汇收入为 1600 美元左右，这一数字在发达国家中也名列前茅。奥地利许多其他经济部门也因此大受其益，尤其是饭店业、娱乐与休闲、餐饮以及交通行业等。旅游业是提供就业机会最多的行业之一，饭店、餐饮以及其他旅游机构的直接和间接的从业人员大约有 50 万人，相当于总就业人口的 14%。2004 年，奥地利全国接待游客过夜数量为1.17 亿，共接待游客 2847 万人次，其中外国游客 1937 万人次，过夜数量为 8592 万，占总旅游人次和过夜数量的 68.06% 和73.28%。

奥地利旅游业发达首先得益于独特的旅游资源。除了美丽的自然风光和历史悠久的名胜古迹外，还有各种户外运动，如登山、雪上运动，维也纳和萨尔茨堡的国际音乐节和丰富的音乐、艺术表演，频繁的国际会议和活动等，无一不吸引着大量的游客来访，使得奥地利的旅游业一年四季都是"旅游旺季"。

其次，奥地利位于欧洲的中部，交通非常发达。维也纳国际机场是欧洲重要的航空港之一，其他主要城市如萨尔茨堡、林茨、格拉茨、克拉根福、茵斯布鲁克等都有国际机场，与世界各国主要机场有航班连接。奥地利的铁路是欧洲铁路系统的一部分，火车班次间隔相当短，来去方便。公路交通非常便利，除了高速公路外，欧洲快速公路和联邦公路四通八达。多瑙河游船每年在 5 月中旬和 9 月之间开通帕绍（Passau）至林茨（Linz）、格莱恩（Grein）至维也纳的旅游航线。多瑙河连接维也纳与布达佩斯两个首都城市，成为两个首都城市之间的一种非常实用的运输方式。从维也纳顺流航行到布达佩斯需要 5 小时，从布达佩斯逆流航行到维也纳需要 6 小时 20 分钟，成为重要的旅游通道。

再次，奥地利的旅游基础设施完备。奥地利的住宿条件非常优裕，而且类型多样，全国共有住宿设施 72500 家，110 万个床位，从豪华的大饭店到家庭旅馆应有尽有，适合各种市场的需求，但以小型特色的住宿设施为主。奥地利是重要的滑雪目的地，全境共有 800 多个滑雪场，其中有 8 个全年开放的滑雪区，共有滑雪道 2.2 万公里，有为之服务的 1270 个雪地小屋和山上餐馆。同时还有 5 万公里有明显标记的徒步旅行小路、1 万公里有标记的自行车赛道、95 个高尔夫球场、1250 个露天游泳池和湖畔游泳区、4840 个网球场，以及 69 个自然保护区等，这些区域和设施非常适合对户外活动感兴趣的群体和个人。

二　旅游业管理体制及特点

同国家悠久的历史一样，奥地利旅游业的发展历史同样也是源远流长，是欧洲旅游业发展最早的国家之一。早在 19 世纪后期，奥地利就已经是世界各地旅游者所喜爱的旅游目的地，而且从那时候起，奥地利就开始利用一些大家喜闻乐见的主题，诸如健康、城市、文化娱乐、展览等活动的开展促进旅游活动。直至 19 世纪末，旅游业是由单纯的民间联合组织进行自发的规范和管理，虽然有一定的规模，但是政府并没有实质性地参与。随着社会经济的不断发展和奥地利各地旅游活动的不断扩大，1908 年，在帝国铁道部下面附设了帝国旅游办公室（Imperial Office of Tourism），制定相关的旅游政策。1920 年 10 月 1 日的联邦宪法条款规定，联邦各州负责制定、颁布与实施有关旅游的法规，各州的旅游协会改为州旅游局。1923 年，联邦政府委托联邦贸易与运输部负责全国的旅游发展，同时尊重各州在旅游相关方面的权限。1934 年 5 月 1 日的联邦宪法规定，由联邦政府负责制定全国范围内的旅游促销相关的法规并实施。1934 年 10 月 9 日的联邦法规为国家级旅游组织的设置奠定了基础，根据这一法规，原来的旅游署被奥地利旅游局（Austrian Tourist Board）所取代，作为"联邦商业与运输部的促销机构"，同时负责奥地利国内外的所有旅游促销活动。第二次世界大战的发生使奥地利的经济遭到重创，旅游业也未能幸免，奥地利旅游局及其在众多城市的办事处于 1938 和 1939 年相继关闭，旅游活动因战争而停止。"二战"后的 1946 ~ 1950 年间，联邦政府的商业与重建部负责联邦级的旅游事项，并设置了奥地利旅游业重建署（Agency for Reconstruction of the Austrian Tourist Industry），重新启动旅游促销事宜。这个机构是非赢利性机构，但给予法律地位，总部设在首都维也纳，下设宣传部和组织部，并在苏黎世、纽约、伦敦、布鲁塞尔以及哥本哈根成立了办事处。1950 年 2 月 1 日，奥地利旅游业重建署又正式更名为"奥地利旅游促进局"（Austrian Tourist Promotion Office）。1955 年 1 月 1 日成立了一个名为奥地利国家旅游局（Austrian National Tourist Office）的机构，这实际上不再是政府机构而是个协会组织，成员包括联邦政府、9 个州政府和联邦商会，贸易与重建部代理部长任这个旅游局的局长。到 1955 年，该机构在阿姆斯特丹、柏林、开罗、法兰克福、约翰内斯堡等地成立了 15 个办事处，另外还在世界其他各地设立了 31 个名誉代表处。

2001 年奥地利政府对奥地利国家旅游局机构进行了重大的

改革，将原来联邦和地方各州联合组建的促销机构变成了纯属联邦的机构，地方各州从这个机构中撤出，它们根据自己的意愿向这个组织购买相关的服务，而该国家旅游局也不再免费向各州提供服务，而是成为一种商业上的合作伙伴或者竞争对手。

根据奥地利联邦宪法，旅游业和其他行业一样，由 9 个联邦州独立立法管理。同时，各州还要部分地负责制定与环境相关的法律法规、地区性的规划、发布建设条例以及基础设施控制和融资等事宜。但是，旅游又是受多种因素影响的行业，其相关政策对国家旅游业的发展也至关重要，因此，联邦政府也必须有相应的机构负责旅游，制定总体政策和战略。于是就形成了联邦政府、地方政府行政管理和相关政策制定的独特框架。在 2002 年底奥地利联邦经济事务与劳动部下设旅游与历史遗址司（Department of Tourism and Historical Sites）作为全国旅游的主管部门，设立这个机构的主要宗旨是确定奥地利旅游政策的战略性方针；保障国内外旅游相关信息的畅通；为所有旅游从业人员和国家或国际机构提供一个平台；配置财政工具，支持旅游业的发展；作为成员，在奥地利国家旅游局中代表联邦政府利益。

奥地利联邦政府其他相关部门负责与旅游相关的对外事务，其中包括签订有关旅游的国际合作条约或加入国际组织的协议，以及制定涉及全国性的专门法律法规，例如护照法、居民登记法、商业与经济事务法；铁路交通（在奥地利，从法律的角度讲，缆车和空中升降椅均与铁路同等对待）法；航运和空运法、劳动法、雇员保护法和公共卫生法等。

就地方政府而言，奥地利各州都有自己管理旅游事务的独立机构。地方政府的旅游相关法律，主要是州财政法，规定公共财政资金的收取，例如住宿设施过夜税、旅游税等，同时，也独立负责对旅游的财政支持。也就是说，各个州依法独立制定自己的旅游政策，这包括设立旅游机构、融资、投资和项目资助等，并根据州法管理宿营地、活动住房、私营住宿设施和山地导游与滑雪学校等事务。不过，鉴于州是自治性很强的区域，各州的旅游管理和服务的模式各不相同，有的是直接管理，有的是采取在地方设立办事处的方式管理，还有的采取出售服务的方式联系各个下属地区。

除了政府机构外，奥地利还拥有一些非政府旅游组织。

奥地利国家旅游局（Österreich Werbung） 是服务于整个奥地利旅游业的全国性的促销组织，为非赢利组织，不是政府机构，其宗旨就是宣传和强化奥地利作为旅游目的地的形象。它的预算 75% 来自联邦政府，25% 来自奥地利联邦商会。该组织可以通过从事商业性活动来赢得更多的经费，用于整个国家的旅游促销。另外，这个组织还得到一个由所有联邦州主要的旅游经营商和代表组成的旅游促销顾问机构的资金支持。

奥地利联邦经济商会 奥地利联邦经济商会是个企业家组织，其成员包括奥地利所有类型的企业。奥地利联邦经济商会内设有联邦旅游和休闲业部，专门负责与旅游相关的工作。

奥地利旅馆主协会 这是个代表奥地利著名饭店利益的自愿性机构，其宗旨是保持奥地利饭店的产品和服务质量，保持与其他利益集团的联系，提高全社会对饭店利益的认知，并负责从事这一领域的培训和继续教育活动的开展。

奥地利旅行代理商和批发商协会 该协会是奥地利旅行代理商和批发商的自愿性组织，包括入境旅游、出境旅游、旅游经营商和预定机构等，代表旅游代理行业的利益，与其他行业和政府进行协调，也致力于行业的自律。

其他相关组织还有奥地利饭店与旅游银行、奥地利经济研究所、奥地利统计局、奥地利应用旅游科学学会和奥地利斯巴协会等。

除联邦级旅游组织面对全国之外，各地方还有地方级的旅游组织，服务于当地。其中分为三个层次：当地级、区域级和州级旅游组织。当地级旅游组织为最基层，主要局限于一个城市或镇。区域级旅游组织是在一个州内建立的旅游促销组织，因为高效的旅游促销活动需要供给方的广泛合作。这些区域性的旅游组织的主要任务是确立形象、市场调查、节事活动和特殊假日方式营销和培育合作机制等。州级旅游组织是依照各自的州法而设立的。这些组织的名称和设置各不相同，但它们的主要关注点都是策划和实施营销概念，从全州出发考虑旅游者的需求。它们的活动主要是市场营销、开发和培育一种有利于旅游发展的精神，致力于创造一个跨部门的全州的大品牌。

综上所述，奥地利之所以拥有发达的旅游服务业，除了本身的自然与历史禀赋外，也与其完善的旅游管理体系密不可分。政府的管理职能主要体现在旅游政策的制定上，同时还注重建立必要的支持和激励机制，改善旅游业发展中的薄弱环节，使这些以中小企业为特点的旅游企业得以健康的发展，形成综合竞争力。此外，奥地利将竞争机制引入旅游业，地方政府可以独立自主地选择服务机构，而旅游局也可以充分利用自己的优势为服务对象提供量体裁衣的服务，这样做，大大促进了服务质量和效率的提高，也开辟了新的资金渠道，增加了用于促销的资金。

奥地利旅游业的另一大特色就是旅游设施与信息的完善。作为联邦政府的主要旅游促销机构，面对国内外市场，奥地利国家旅游局建立了内容丰富、信息量大的网站——www. austria. info，向世界展示奥地利的全新窗口。在世界各地，欲访问奥地利的人都可以从网上找到他们在奥地利度假所需的各种信息，从天气预报到饭店预定，从交通工具到节事活动，应有尽有，而且信息天天在更新。除了使用德文和英文的国际网站外，还有 17 个特殊市场网站，用 12 种不同的语言来满足不同国家的目标市场的需要和兴趣。据统计，每天约有上万人查看这个网站。除旅游实用信息之外，在网上还可以找到有关奥地利最新的市场统计数据和关于旅游发展趋势分析的报告。对已经到达奥地利的旅游者来说，在旅游过程中，也能时时处处非常方便地获取到所需要的旅游信息。上至各级政府和旅游管理部门，下到各个景区、景点都为游人提供了获取信息的方便。首都维也纳更是如此。在市区，以字母"i"为标志的旅游信息中心遍及各个景点、火车站和购物中心，在那里，人们可以阅取有关的旅游宣传品，也可以直接向工作人员咨询。除了这种有人工服务的信息中心以外，在街头、路边还竖立着电子旅游信息台，这些设施是由市政厅提供和维护的。使用者只需根据显示器上的说明用手指触摸点击，便可以得到用自己所选择的语言（德、英、法语等语种）显示的相关信息。

奥地利人还十分善于充分利用具有民族特色的文化开发主题旅游项目。奥地利以其独特的历史与文化享誉世界，各州、市的旅游部门充分利用这些文化的优势，开发出多种多样的主题旅游项目，吸引来自世界各地的游客。电影《茜茜公主》在世界许多国家几乎是家喻户晓，维也纳推出的"茜茜之旅"半日游几乎成了所有到维也纳的外国游人必参加的游览项目。一部1965年首映的《音乐之声》使萨尔斯堡闻名遐迩，因为这部获得十项奥斯卡奖提名的好莱坞著名影片的外景就是在萨尔茨堡市及其近郊拍摄的，而剧本是以发生在萨尔茨堡特拉普男爵一家的真实故事为基础创作的。因此，萨尔茨堡的"音乐之声"之旅更是经久不衰，天天吸引着大批游客。在4个小时的时间里，导游带领游客们参观当年的拍摄场景，领略萨尔茨堡近郊美丽的湖光山色，同时听到娓娓讲述的特拉普和玛丽亚之间的爱情故事，再次聆听"音乐之声"中动听的歌声，真是一种享受。音乐和艺术是奥地利的重点旅游项目。如萨尔茨堡是世界著名的音乐天才莫扎特的故乡，有着悠久的艺术传统。每年各类的文化活动不下

4000 次。一年一度 7～8 月举行的盛大的艺术节使这个城市成为名副其实的世界舞台。

第三节　主要旅游城市和旅游资源

一　著名旅游城市

1. 维也纳

在奥地利，不少联邦区域内部的历史文化和政治中心成为各州首府，如格拉茨、因斯布鲁克和萨尔茨堡等，它们都曾经是国家的首都，对奥地利国家的形成起过巨大作用。奥地利现在的首都维也纳更是世界闻名，它地处连接从波罗的海到地中海地区的多瑙河河畔，拥有得天独厚的地理位置。由于对东欧的开放，这个多瑙河大都市也成为奥地利、乃至欧洲最重要的政治、经济和文化中心之一。

早在 2000 年前，罗马人就在当今维也纳内城的中部建了一座边防城市，取名为文多波纳（Vindobona）。公元 1137 年，巴奔堡王朝定都于此，维也纳逐渐成为著名的文化与政治中心。13 世纪初，哈布斯堡王朝建立，开始了此后持续 6 个多世纪的哈布斯堡家族的统治，同时也开始了对维也纳这座城市漫长的建设过程。

1740 年，在女王玛丽亚·特蕾西亚的支持和鼓励下，维也纳市的艺术，特别是在音乐领域的艺术氛围逐渐浓重。在以后的岁月中，世界上最著名的音乐家都曾在维也纳发展他们的艺术事业，维也纳逐渐成为闻名遐迩的音乐之都。弗兰茨·约瑟夫皇帝在位期间，维也纳进行了大规模的重新规划和建设，将老内城墙改建为壮观的内环路，马路由一系列宽阔的林荫大道组成，环绕着整个内城。两侧的公园、花园间坐落着庄严雄伟的建筑物。城内豪华的歌剧院、剧院、音乐厅、博物馆鳞次栉比。在内环路以外的城市不断地延伸，构成其余 22 个区，各区内有许多公园、农庄和葡萄园。维也纳在"二战"期间遭到巨大破坏，并在战后被划分成 4 个区，只有内城被置于美、俄、英、法四国的联合管辖之下。直到 1955 年奥地利获得独立，维也纳才随着国家经济的复苏而恢复昔日繁华的容颜。维也纳拥有老城和美泉宫两个世界文化遗产，其主要人文和自然景观有如下一些。

维也纳老城与内城　维也纳老城集中了大部分历史古迹，是世界文化遗产，标志性建筑物是有 800 余年历史的圣斯特凡大教堂。维也纳第一座咖啡馆还坐落在老城区，维也纳的咖啡馆文化兴于此处，而众多伟大艺术家的创作灵感也有很多产生于这里。在老城周围的维也纳内城是整个城市公共建筑最集中的地方，矗立着美术博物馆、自然历史博物馆、法院、议会、市政厅、国家剧院、维也纳大学和教堂。整个建筑群几乎涵盖、融合了整个欧洲不同历史时期的建筑风格。

美泉宫（Schloβ Schönbrunn）　被联合国教科文组织列为世界文化遗产的美泉宫是哈布斯堡王朝的夏宫，属于洛可可式建筑风格，于 1775 年落成。宫殿坐落在一座小山丘上，周围花园环抱。美泉宫共有 1441 个房间，其中 40 间已经对公众开放。在宫殿花园中还有皇室御车陈列馆、热带植物温室和早在 1752 年就对公众开放的世界上最古老的动物园；此外，美泉宫还拥有法国古典风格的园林、新古典主义的柱廊、海神喷泉和无数雕像以及别具一格的山顶观景台。

在宫殿内部有著名的早餐厅，是用玛丽亚·特蕾西亚女皇和她众多女儿的织品装饰的；镜子大厅，年轻的莫扎特在这里举行了第一次皇家独奏音乐会；中国厅，用中国式油漆护墙板装饰得富丽堂皇，这座大厅是玛丽亚·特蕾西亚女皇最钟爱的地方，她还在这里召开过秘密会议。此外，宫殿里的舞厅和餐厅也豪华得令人眼花缭乱。这里既是奥地利哈布斯堡王朝最鼎盛时期的标志，同时最后一批哈布斯堡王族也是在这里退出历史舞台的。

　　霍夫堡宫（Hofburg）　霍夫堡宫是哈布斯堡王室的皇宫，它占地很大，反映了哈布斯堡王室盛世时的奢华和辉煌。宫殿分两部分——旧宫和新宫。旧宫是哈布斯堡王族的住处，新皇宫一直未完工，只建了东南角。新宫中最重要的观光景点之一是帝王卧室，陈列着弗兰茨·约瑟夫皇帝很简朴的行军铁床和伊丽莎白王后的木质体操用具。

　　哈布斯堡王族的大量珍品大部分都收藏在霍夫堡宫，如"神圣罗马帝国"的各种勋章和纯金王冠，这顶镶嵌着绿宝石、蓝宝石和红宝石的王冠是公元 962 年在罗马为奥托大帝加冕时第一次使用的。陈列品里还有德国国王的宝剑和"圣矛"，"圣矛"的历史至少可追溯到公元 7 世纪，据说曾被用来刺穿十字架上基督的身体。宫廷收藏的瓷器、银器和金器俱是价值连城的中国、日本、法国和德国的餐具。这些珍宝很多都是哈布斯堡家族 6 个多世纪来积聚起来的婚礼、生日和庆典的礼物。

　　霍夫堡宫中最具奥地利特色的珍品是新皇宫内国家图书馆收集的古乐器。在那里可以看到 360 件具有重大历史价值的乐器，特别是文艺复兴时代的乐器。17 世纪以前用于演奏的所有乐器几乎全部摆放在这里，甚至包括海顿用过的拨弦古钢琴，贝多芬 1803 年弹奏过的钢琴，以及舒曼和勃拉姆斯用过的制造于 1839 年的钢琴。

　　圣斯特凡大教堂（St. Stephansdom）　圣斯特凡大教堂耸立于维也纳老城区的中心，中世纪以来一直是城市的焦点，也是维也纳的标志性建筑物。公元 1260 年，奥特卡二世（Ottokar II）公爵建造了一个个罗马风格的方殿式教堂，即斯特凡大教堂的前身。后来在 1304 ~ 1405 年间，又为它添加了一个哥特式圣坛和一个晚期哥特式的中殿。其中最引人注目的就是由建筑师安东·

皮尔格拉姆（Anton Pilgram）1515 年设计的具有晚期哥特式风格的布道坛。

维也纳国家歌剧院（Wiener Staatsoper） 维也纳国家歌剧院作为"音乐之都"维也纳的象征，巍然屹立在城市中心。国家歌剧院的设计和建造是在 1861～1869 年之间完成的。1869 年 5 月 25 日，国家歌剧院首场演出了莫扎特的歌剧《唐璜》，从此揭开了辉煌的序幕。"二战"时，歌剧院曾遭严重破坏，现存的歌剧院，是经过战后 10 年整修才恢复原貌的。从外观上看，维也纳歌剧院有着古罗马宏伟建筑的风貌：外墙红白相间，屋顶上竖立着许多音乐女神的雕像；在大理石建成的前厅和侧厅里，绘满了精美的壁画，莫扎特、贝多芬、舒曼、海顿、巴赫等伟大音乐家的肖像画和现代一些著名演员的照片都悬挂其中；剧场有 1600 多个舒适的座位和 600 余个站席，四周是 6 层之多的包厢；天花板上密密麻麻的小灯如点点星光，巨大的射灯又如小太阳般照得整个剧院通明透亮。维也纳国家歌剧院是全世界公认的顶级歌剧院。全世界最著名的作曲家、指挥家、演奏家、歌唱家和舞蹈家，都以能够为在维也纳国家歌剧院演出而感到荣幸。除了一年一度世界最大的舞会外，每年这里要举行至少 300 场以上的歌舞晚会和演出，节目每晚不同，而且规模宏大。在每年 300 多场的演出中，包括了古典歌剧中的所有剧目。无论是歌剧还是芭蕾舞，歌剧院的节目没有一天是重复的。

音乐之友协会（Musikverein）与"金色大厅"（Goldener Saal） 音乐之友协会是奥地利中产阶级自发创建的自己的音乐活动和聚会场所。该建筑始建于 1867 年，1869 年对公众开放。1870 年 1 月 6 日，音乐厅的金色大演奏厅举行首场演出。1872～1875 年间著名音乐家勃拉姆斯曾负责组织音乐厅的演奏会。自 1939 年开始，维也纳爱乐乐团（Wiener Philharmoniker）每年 1 月 1 日在此举行维也纳新年音乐会，后因战争一度中断，1959

年又重新恢复。音乐之友协会内还有收藏馆，分为两部分：一间是展览室，定期举行藏品展览；一间是档案室，收藏着大量历代手写、木刻、铅印的音乐书籍、乐谱和音乐大师的乐稿、书信和其他手迹。屋子中间是一长排桌子，供研究者查阅资料之用。音乐之友协会拥有会员 7000 多人，据说是世界上历史最久、人数最多的音乐组织。

除去上述主要景观，维也纳著名的风景还有建在原城墙外护城河旧址上的城市公园（Stadtspark）、收藏奥地利中世纪和巴洛克艺术珍品的白乐宫（Belvedere）、埋葬着许多大音乐家的维也纳中央公墓（Zentralfriedhof）和馆藏丰富的阿尔贝蒂纳博物馆（Albertina）。

维也纳除了拥有丰富的文化遗产外，还是继纽约和日内瓦之后联合国机构的又一个常设驻地。在维也纳设立的第一个国际组织是国际原子能机构，此外还有联合国维也纳办事处、社会发展和人道主义事务中心麻醉药品司、国际麻醉品管制局秘书处、联合国管制滥用麻醉药品基金会、联合国国际贸易法委员会、联合国邮政管理处、联合国环境署原子辐射影响科学委员会秘书处、联合国近东巴勒斯坦难民救济和工程处以及联合国难民事务高级专员驻奥地利外地办事处。另外两个不属于联合国体系的国际组织也设在维也纳及其近郊：即石油输出国组织（欧佩克）设在维也纳；国际应用系统分析研究所设在下奥地利的拉克森堡，离维也纳市中心约 15 公里。

2. 萨尔茨堡

萨尔茨堡是萨尔茨堡州的同名首府。这个城市之所以得名为萨尔茨堡，是因为自古以来这里一直是奥地利重要的盐产地（德语中"盐"一词为 Salz），而且从古罗马时代起，萨尔茨堡就是欧洲重要的盐货贸易中心。在一千多年的时间里，萨尔茨堡一直是独立的教会国家。在萨尔茨堡境内，大主教既是宗教最高权力的象征，又是国家最高的政治统治者。直到 1816 年，萨尔茨堡归属于奥匈帝国，才成为奥地利的一部分。德国著名学者、大教育家亚历山大·冯·洪堡誉称萨尔茨堡是"地球上三个最美丽的地区之一"。

萨尔茨堡坐落在三座青山脚下（大威尼斯山、上柯尼希山和沙夫贝格山），萨尔察赫河蜿蜒穿过城市的中心。优美的自然环境和宏伟的巴洛克式古老建筑遗产使萨尔茨堡具有特别的魅力，城内随处是美丽的花园与公园、宽阔的广场、狭窄而历史悠久的街道、教堂、寺院以及宏伟的大厦和宫殿。

16 世纪的国王兼大主教沃尔夫·迪特里希·冯·莱特瑙（Wolf Dietrich von Raitenau，1559~1617 年）当政期间下令拆除城中包括罗马式大教堂在内的所有中世纪古老小镇的建筑，并以巴洛克式建筑风格重新规划他的首都，其初期的建筑包括主教官邸、新宫殿，以及米拉贝尔宫（Schloβ Mirabell）等。来自巴黎的劳德容伯爵（Graf Lodron，1568~1653 年）主持修建了新大教堂（1628 年）和大学（1623 年）。如今，萨尔茨堡老城区已被联合国教科文组织列入世界文化遗产。

萨尔茨堡市的标志便是萨尔茨城堡（Hohensalzburg），它是曾经主宰这一城市的政治和宗教权力的象征。关于这座古城堡最早的文献记载是 1077 年，在以后的 600 年中逐步扩建成目前这样宏伟的规模，其主要建筑工作始于 16 世纪，是中欧现存的规模最大的中世纪古堡。多少世纪以来，主教们先把它作为住宅，后来又把它当作抵挡外来入侵者和本国臣民造反的固若金汤的防御工事堡垒。城堡从前的王室居室现在已成为城堡博物馆，其中陈列着各式武器、行会徽章和国王大主教沃尔夫·迪特里希·冯·莱特瑙的遗物。

离萨尔茨古堡不远处是建于公元 700 年左右的诺恩贝格修道院（the Abbey of Nonnberg）。真正使这座修道院扬名四海的原因就是当年风靡一时的电影《音乐之声》，片中那位美丽而又多才多艺的家庭教师玛丽亚就来自这里。而且，该影片中玛丽亚的生活原型也恰好住在这座修道院。每逢弥撒，这里就会传来修女们吟唱的美妙动听的赞美诗。

粮食胡同（Getreidegasse），又叫"繁忙的街道"，是萨尔茨堡城里最有名的街道。因为这条胡同的 9 号就是 18 世纪最著名的音乐家莫扎特（Wolfgang Amadeus Mozart，1756～1791 年）诞生的地方，现在这里已成为莫扎特故居博物馆（Mozarts Geburtshaus），供游人参观。1773 年之前。莫扎特全家一直住在这栋房子的第三层。现在，莫扎特故居室内布置依旧，莫扎特的第一把小提琴和钢琴、他们全家的信件、笔记本和其他物品都陈列在这里。博物馆的一、二两层则分别陈列着莫扎特歌剧的乐谱和各种舞台实况缩微模型等。

萨尔茨堡城内及周边的著名景观还有米拉贝尔宫（Schloβ Mirabell）、大教堂（Dom）、主教官邸（Residenz）、海尔布伦戏水宫（Wasserspiele und Schloβ Hellbrunn）、木偶剧院（Marionetten Theater）、哈莱茵盐矿（Salzbergwerk Hallein）、萨尔茨卡默古特风景区（Salzkammergut）、维尔芬冰雪世界（Eisriesenwelt）、克里姆勒瀑布（Krimml）以及冬季体育运动中心——（湖畔）策尔与卡普龙山地（Kaprun）。

3. 林茨

林茨是奥地利第三大城市、上奥地利州的首府，位于特劳恩河汇入多瑙河的地方，公元 7 世纪为多瑙河河港，13 世纪设市，15 世纪以集市驰名，并建多瑙河大桥，成为波罗的海沿岸至意大利商路的要冲。1832 年，林茨开通了一列去捷克斯洛伐克的马拉列车，这是欧洲大陆上第一条铁路线。如今的林茨交通更为发达，拥有四通八达的铁路、公路、河港和空中交通线路。

1672 年，林茨建成全国第一家工厂——林茨毛纺厂；19 世纪前半叶通铁路、建船厂；1938 年建成全国最大的联合钢铁公司和林茨化工公司，成为全国重工业和化学工业中心。这些工业曾经使林茨城市环境受到很严重的污染，但随着环保措施的实施，林茨又恢复了以往洁净、美丽的面貌，甚至被认为比维也纳和格拉茨还整洁。

除了发达的工业外，作为奥地利著名的旅游城市，林茨历史悠久的老城区内矗立着市政厅、圣马丁教堂等古建筑，其歌剧院与维也纳和萨尔茨堡相比也毫不逊色。林茨的象征之一是主广场中心处 20 米高的圣三位一体巴洛克柱，它用萨尔茨堡白色大理石建造，1723 年建成。此圆柱表达了本州各阶层、市议会和市民这世俗三位一体对被从战争（1704 年）、火灾（1712 年）和瘟疫（1713 年）三大威胁中解救出来的感恩之情。

4. 因斯布鲁克

屹立在阿尔卑斯山脚下的因斯布鲁克是蒂罗尔州的首府，其独一无二的环境使它在世界上都享有盛誉。几百年来，因斯布鲁克一直是重要的十字路口，该城市名字含义就是"因河上的桥"。因斯布鲁克城市初步形成于 1180 年，1239 年成为自治市，同时还是德国与意大利之间南北公路上的关键一站，也是将奥地利东部与瑞士相连的东西向轴线上的要冲，1420 ~ 1665 年间是哈布斯堡家族的居住地。今天，因斯布鲁克是邻国之间公路和铁路交通的转运站。

茵斯布鲁克至今仍然保持着中世纪城市的容貌，在狭窄的小街上，哥特风格的楼房鳞次栉比，巴洛克式的大门和文艺复兴式的连拱廊展现出古城的风貌。在老城的东部和北部，是因斯布鲁克新城区。这座小山城曾经于 1964 年和 1976 年两次举办冬季奥运会，载入了体育盛会的史册。如今，因斯布鲁克是一座大学城，也是主教所在地。她的工业非常发达，并且经常举办展览会。因为北面被山脉遮挡，所以气候宜人，是国际旅游的胜地。

主要景点有"黄金屋顶"（Goldenes Dach）、施华洛世奇水晶世界、圣雅各布大教堂（Dom zu St. Jakob）、安娜柱（Annasäule）、凯旋门（Triumphpforte）、霍夫堡皇宫（Hofburg）等。

5. 格拉茨

格拉茨是施蒂利亚州的首府，也是奥地利第二大城市。格拉茨这个名字源自斯拉夫语 gradec，意思是"小城堡"。格拉茨距离匈牙利仅 70 公里，距离斯洛文尼亚边境 40 公里，城市气候温和，一年有 318 天阳光普照，夏季平均气温是 19℃。早在公元 9 世纪，格拉茨便是一重要战略要地，扼守着通往维也纳的重要门户，是哈布斯堡统治者的皇城。17 世纪，哈布斯堡王室迁都维也纳之后，格拉茨从全盛走向衰落。20 世纪以来，格拉茨成为全国大工业中心，主要工业部门有冶金、汽车、机械、仪器、车辆制造、造纸、木材加工、酿酒等，附近盛产谷物、水果，市郊有斯蒂里亚大水电站。市区东南部为交通中心，有多条铁路和高速公路交汇。

格拉茨是文艺复兴城市中保护最完善的古城之一，穆尔河南北纵贯市区，市中心在河东岸。城中受到意大利风格影响的建筑，洋溢着南欧风情。但作为州首府，它继续在发展。今天，格拉茨的旧城区保持得相当完好，狭窄的步行街连接着几个最好的景点，还有典型的巴洛克风格的建筑、宫殿和著名的钟塔，这是城中山顶上一座古代要塞的残址。格拉茨也是个活跃的文化中心，有两所大学，是一个花园和公园城。旅游者特别喜欢的项目之一是乘坐缆车从河边登上"城堡山"，以仔细观赏钟塔并鸟瞰城市全景。参加在格拉茨近郊的艾根贝格宫（Schloss Eggenberg）举行的夏日烛光音乐会也是令人难以忘怀的经历。

二 世界文化遗产

奥地利国家虽小，但是迄今为止已经有八处被联合国教科文组织列为世界文化遗产（具体分布见图 5 - 1）。

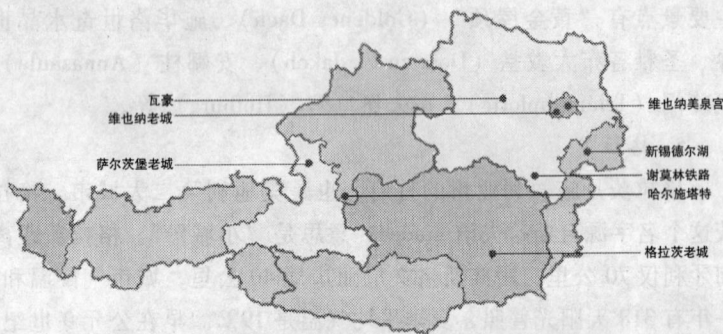

图 5 - 1 奥地利列入联合国教科文组织"世界文化遗产"
名录的文物古迹及分布

它们是维也纳老城、美泉宫、萨尔茨堡老城、格拉茨老城、多瑙河畔的瓦豪风景区、中欧最大的平原湖新锡德尔湖、阿尔卑斯山脚下的哈尔施塔特 - 达赫施泰因的萨尔茨卡默古特（Hallstatt-Dachstein/Salzkammergut）、欧洲最古老的山间铁路谢莫林（Semmering Line）。在这些世界文化遗产中，凝聚着人类的才智和技术，自然的美妙和壮丽。无论哪一处景点，都会让人叹为观止。

1. 维也纳老城（Altstadt Wien）

维也纳老城毫无疑问属于欧洲最壮观的古城。城市中心的圣斯特凡教堂以中世纪的哥特风格为主，霍夫堡皇宫的巴洛克风格雄伟壮观，19 世纪建造的环城大街把维也纳老城的景致推向了巅峰。在维也纳老城漫游，奥匈帝国盛世留下的皇宫、教堂、咖啡馆、糕点店、花园和街道给人留下永生难忘的印象。

2. 美泉宫

美泉宫和美泉宫花园是欧洲巴洛克建筑艺术的结晶。17 世纪开始建造，是哈布斯堡王朝的夏宫。皇宫共有 1441 个房间，内部由欧洲最精美的巴洛克艺术装潢，还能见到当时最为贵重的中国明代瓷器。宽阔宏大的美泉宫花园采用典型的欧洲园林风格，园内有世界上第一座动物园和温室。从花园顶端的凯旋门上可以瞭望维也纳全城。

3. 萨尔茨堡老城

萨尔茨堡老城被群山环绕，城内狭窄的胡同显示出一片中古时代的风情。当年最热闹的粮食胡同里，如今仍然挂满了各个商店的行业标记。一代音乐伟人莫扎特就出生在这个胡同的 9 号，为萨尔茨堡老城增添了浓厚的文化气息。从老城远眺，可以把山顶上的萨尔茨堡城堡的美景尽收眼底。

4. 格拉茨老城（Altstadt Graz）

格拉茨不仅是世界文化遗产，还是 2003 年的欧洲文化之都。格拉茨在斯拉夫语中意为"小城堡"，其历史可以追溯到 1128 年。早在巴奔堡时期，格拉茨就已发展成为一个商业中心。哈布斯堡王朝的皇族利奥波特家族一直居住在这里。如今，格拉茨已是施蒂利亚州的文化中心。由于受到意大利南部的影响，其建筑自中世纪以来就形成了独特的风格，从哥特风格到文艺复兴，从巴洛克到青年风格，一直到今天的现代建筑风格为这个城区打下了深刻的烙印。著名景点有军械库（Landeszeughaus）、州政府（Landhaus）、宫殿山（Schlossberg）、钟塔（Uhrturm）、约翰州立博物馆和艾根贝格宫（Schloss Eggenberg）等。

5. 瓦豪风景区（Wachau）

瓦豪是从美尔克至克雷姆斯的这一段多瑙河上游的景色。在这段长达 36 公里的多瑙河畔，无论是自然景观还是文化设施，都能当之无愧地被称为世界文化遗产。水流湍急的多瑙河谷，两岸拔地而起的陡峭岩石，山间断壁残垣的城堡和古老的小镇，一望无际的葡萄园地，给人留下深刻的印象。梅尔克修道院和杜伦施坦城堡（Dürnstein）等景观，本身就是世界级的文化遗产，也是该景区的点睛之笔。1193 年，英国国王理查德·里昂哈特

（Richard Löwenherz）曾被作为人质囚禁于此，直到后来支付了一大笔赎金才得以获释。另外，这里还有一个叫施皮茨（Spitze）的小镇，小镇的圣毛里求斯教堂（St. Mauritius）收藏着克雷姆斯·施密特（Kremenser Schmidt）的祭坛画像和各种基督雕像以及1380年雕刻的门徒像。

6. 新锡德尔湖（Neusiedler See）

新锡德尔湖是欧洲唯一的草原湖泊，位于奥地利东部与匈牙利交界的地方，其中1/3在奥地利境内，2/3在匈牙利境内。湖泊全长约35公里，湖水深度仅为1～1.8米。该湖几乎完全被芦苇所包围，是动植物的天堂，共有250多种鸟类在此繁衍生息，而植物种类不仅来自阿尔卑斯山、地中海、北欧地区，甚至还有亚洲的植物。湖周边的小城有护盘新锡德尔（Neusiedl am See）、鲁斯特、波德尔多夫（Podersdorf）和普尔巴赫（Purbach），均因盛产葡萄酒而闻名。此外，新锡德尔湖的东南角还是珍贵的动植物保护区。

7. 上奥地利州萨尔茨卡默古特的哈尔施塔特（Hallstätte）

在哈尔施塔特湖畔（Hallstätte See）的小城哈尔施塔特（Hallstatt）位于阿尔卑斯山东部地区萨尔茨卡默古特。海拔3000多米的壮美山峦和点缀其中的高山湖泊，把这个地方变成了人间仙境。在这里，人们发掘出了具有重要考古价值的文物，证明早在2500年以前这里就存在相当发达的文化。中世纪，当地人通过盐的交易致富。如今哈尔施塔特依山傍水的独特景观，让人流连忘返。

8. 谢莫林铁路（Semmering）

谢莫林铁路是欧洲第一座大型山岭铁路。1841年，奥匈帝国决定修建一条通往特里斯特的铁路。在1848～1854年短短6年里由卡尔·冯·奇加（Karl von Ghega）主持修建完成。铁路从海拔895米的山口处经过，跨越险峻的峡谷，贯穿15个铁路隧道，通过 15 个拱形的高架桥，这在当时是一个人类奇迹。在修建铁路的同时，人们就已经考虑到技术与大自然的和谐问题。如今谢莫林铁路仍然是保护生态环境的一个典范。乘坐从维也纳南下的铁路，谢莫林是必经的线段。如今，在谢莫林铁路下奥地利州到施蒂利亚州交界处有一个著名小镇叫谢莫林现在已经成为旅游度假胜地。

三　自然与田园风光

多瑙河与奥地利是紧紧连在一起的。奥匈帝国这个多民族国家曾经被称为多瑙河王国。今天的奥地利共和国的首都也坐落在这条河上。在维也纳，约翰·施特劳斯的圆舞曲《蓝色多瑙河》被视为非正式的国歌。这是因为无论是过去还是现在，多瑙河代表这个国家的生命之源。奥地利辽阔的多瑙河盆地有着优美的自然风光和未遭人工破坏的景观，一直是维也纳人和外来者最喜欢的休闲胜地。

19 世纪，弗兰茨·约瑟夫皇帝划出了一大片树林茂盛的田野，这就是维也纳森林。他命令将其作为新鲜空气的贮存地，在这里很多地方不准建造商业性建筑或住宅建筑。维也纳森林由混合林和丘陵草地组成，一直延伸到东阿尔卑斯山脚下。在某些地方森林从离市中心不到 10 公里处就开始，一直伸展到离市区 25 ~ 40 公里的远方。

这是一块自然美没有遭到破坏的地区，有森林和田野、村庄、小镇、大河、小溪、温泉和古堡，以及中世纪建筑的遗址和古老的寺院。那长达数公里的无人居住的谷地和山脉，是夏天步行和冬天滑雪旅游的最好去处。这一带设有为步行者和爬山者服务的小客栈、小棚屋，村子里有简朴而舒适的农家旅舍。维也纳森林绵延起伏的小山坡上尽是郁郁葱葱的葡萄园，形成一个"葡萄酒产区"。

奥地利西部，则给人呈现了一幅立体的山地风光型农业画卷。平缓的山坡上有片片青葱的农田和肥沃的草地；陡坡地上有果园、葡萄园以及成片茂密的森林；而更高之处则是皑皑雪山映衬下的高山牧场。人们在森林中行走，穿过一片片浓荫密布的森林，忽然眼前出现一片开阔碧绿的牧场，穿过牧场又是茂密的林丛。森林、牧场、农田、果园错落有序，交相辉映，优美的田园风光让人目不暇接。据奥地利政府的规定，在山区随着山地海拔高度的不同，农业土地和植被被划分成四种纵向区平地：缓坡用于种植小麦、大麦、土豆、各种蔬菜和人工种植牧草；较陡坡开辟为葡萄园和果园，除大量种植葡萄外，还种植苹果、梨、樱桃、李、杏等果树；陡坡和海拔较高处为成片的森林地带，种植云杉、冷杉、落叶松和石松；最高的陡坡则划作高山牧场，多用于放牧山羊，高处几乎靠近雪线边沿。在奥地利历届政府的督导下，久居山区的世代农民，为建设山地风光型农业，付出了近百年的艰辛。优美的山地风光型农业带来了奥地利的乡村旅游热。在春夏旅游旺季，大量的国内外游客涌入乡村，参加森林旅游、牧场休闲、湖区观览和各种乡村音乐艺术活动；秋冬季节，前来登山赏景、滑雪的游客也络绎不绝。山区道路条件很好，旅游十分方便。在奥地利，中小型旅馆和私人家庭旅舍很多，而乡村农民家庭旅舍收费低廉，居住舒适，一般游客都喜欢下榻农舍。笔者在奥地利期间，曾居住过一家高山农舍，山下一片碧绿的草坡和灌木丛林，坡脚有一处清澈的湖水，环境静谧，鸟语花香，十分舒适。据说，在乡村农民出租房间不超过 10 间的不算作旅馆，不用缴纳旅馆税。因此，一些农户建房除自己住的部分外，一般多盖八九间房出租，招徕游客，以增加收入。

第六章
生态与环境保护

一 现状

奥地利的环境与生态水平世界闻名，广袤的森林和绿地、清澈的河流与湖泊、碧蓝的天空是奥地利留给所有来访者的美好印象。

1980～1999 年，奥地利的二氧化硫排放量降低了 88%，氮氧化物的排放量减少了 25%，从 1988 年以来，由人类自身所决定的挥发性有机物的排放量降低了 37%。1999 年，奥地利的二氧化碳排放量（最主要的温室气体）约为 6600 百万吨。在尾气排放方面，采用了先进的氨催化还原法去氮和石膏法除硫技术，排放的氮硫含量已低于世界先进水平，也低于法律规定的标准，由于注重风能、太阳能的利用，提高了能源的利用率，二氧化碳的排放量已由前几年（1986 年人均每年排放二氧化碳 7.2 吨）的 5500 万吨降至 4.4 万吨。在减少损害大气层的温室气体排放量方面，奥地利计划在 2008～2012 年间把温室气体排放量再降低 13%。国家的大气保护计划确定了实现这个目标的措施。

在奥地利，从生产垃圾源头——家庭，对垃圾进行分类，分为可重复利用的、可回收加工的、可燃烧发电的和需要填埋的四

类。以首都维也纳为例，维也纳对生活废弃物的资源化利用始于
40 多年前。2005 年，维也纳远程供热中心（垃圾焚烧厂）已有
25 多万家庭用户，单位用户达到了 5211 家。夏短冬长的气候特
征，更为集中供热提供了市场潜力。相比油价垃圾焚烧的热能价
格并不算贵。为了鼓励市民使用，自上世纪 90 年代以来，对家
庭用户一直没有涨过价。在垃圾焚烧厂内，垃圾运抵后进行密封
燃烧，热能通过锅炉产生蒸汽，其中 1/3 用来发电，2/3 直接供
热。产生的废气经过严格过滤，排放时几乎与外部空气差不多。
沉淀下来的粉尘与水泥混合用于建筑，剩下的 5% 的重金属则集
中密封填埋。

奥地利减少二氧化碳排放的措施首先体现在加强对可再生能
源（太阳能，风能，生物能）的利用和优化取暖和热能利用系
统。2001 年，约 25% 的能源消耗来自可再生能源（水力、风能、
太阳能、木柴、碎屑、废旧物利用）。奥地利约有 60 万台燃烧
木材的设备，其中有 2 万家自动碎屑取暖设备，300 多座生物能
取暖厂和 70 家沼气设备。目前，在全奥地利范围已经安装了总
面积超过 200 万平方米的太阳能集热器，总功率为 140 兆瓦的风
力发电设备也投入了运行。

奥地利的水资源不仅丰富，且质量上乘，也被视为欧洲的
"水堡"。奥地利每年的供水总量为 840 亿立方米，约 1/3 是地下
水，另外有 290 亿立方米从国外流入。奥地利每年水消费量约为
26 亿立方米，饮用水每年约需要 7 亿立方米，其中几乎 99% 来自
地下水和泉水。在奥地利，硝酸盐是造成地下水污染的首要因素。
测量结果表明，奥地利约 12% 的硝酸盐超过了临界值 45mg/升。
主要原因在于农业（过量施用化肥），此外，含有阿特拉金
（Atrazin）的植物保护剂也损害着地下水。由于 1995 年以来，奥
地利禁止在植物保护剂里使用阿特拉金，使这种污染形势已经得

到极大缓解。在联邦农业和林业、环境与水经济部门的支持与资助下，在过去几年里，由于不断扩建净化和排水设备，奥地利河流的水质量得到了明显的改善。如今，奥地利全部污水约 3/4 都要经过生物净化处理。在约 6000 个对旅游业的生态具有重要意义的大大小小的湖泊保护上，也取得了令人瞩目的成就。从 1980 年起就开始实施的湖泊整修计划（建造净化设备和环湖引水管道，阻断污水排入）使绝大多数奥地利湖泊重新呈现出饮用水质量。为了保护湿地，奥地利作出了特别的努力，因为在过去的年代里，由于排水，湿地大大受到了威胁。从 1945 年以来，在奥地利有 19 万公顷湿地被排掉了水。最有生态价值、总面积约为 10.3 万公顷湿地中的一部分受到国际拉姆萨保护湿地公约规定的保护。

绿化，尤其是林业已成为奥地利国民经济中一项十分重要的基础产业和社会公益事业，生态和社会经济效益十分显著。森林在保护城乡生态环境中发挥着十分重要的作用。在山地面积占 70% 的奥地利，森林在防止雪崩、山体滑坡、水土流失等方面发挥着巨大的作用，是使奥地利交通和城市居住地等不受危害的重要保障。2004 年，奥地利林业经济产值约为 12 亿欧元，其中木材工业近几年来更是发展迅速。根据 2005 年奥地利木材工业专业行会的报告，2004 年奥地利木材工业总产值达 59.6 亿欧元，同比增长 10%，1997～2004 年 7 年间产值增长约 41%。2004 年奥地利木材行业出口额比上年增长了 4.3%，达 44.8 亿欧元。绿化还是奥地利成功发展旅游业的基础。奥地利林业还以其直接和间接的方式提供着大量的劳动就业和休憩场所，发挥着巨大的社会效益。

二　环保立法与监管机构

奥地利的环境与生态保护能够取得这样的成就，根本原因是建立了完善的环境管理体制和环保法规体系，有发达的环境保护软硬件技术，公众有强烈的环境意识和很高的环境保护自觉性。在环境政策方面，奥地利属于欧洲领先国家之一，其环境立法工作不仅有力地促进了环境质量的改善和本国经济的发展，而且对欧盟环境政策也产生了一定的影响。这一点，不仅经济发展与合作组织在有关成员国家环境情况的报告里给予了肯定，欧盟也为成员国奥地利的环境作出了积极的评价。从欧盟委员会关于奥地利、瑞典和芬兰加入欧盟的报告里可以看出，由于这三个新成员国的加入，欧盟内部的环境水平有了明显的改善。

奥地利环境保护政策的核心是可持续发展，从生态系统及大环境的角度管理环境，污染防治以预防为主。基本政策包括污染者负担、公众参与、生产者全面负责产品生命周期的环保责任、生态税等等，此外还特别重视国际合作。所有这些都通过制定国家环境计划予以落实。奥地利的主要环境法规约有 20 余项，包括《水法》、《山地法》、《森林法》、《环境监督法》、《化学品法》、《烟雾警报法》、《遗留性废弃物堆放场清理法》、《固体废物管理法》、《植物保护剂法》等等。

奥地利加入欧盟后，在环境管理方面不断表现出本国的独特性，力图形成一个使欧盟标准向其国家标准看齐的局面，目的是获得国际社会对其环境政策和环境保护工作的关注和肯定，扩大奥地利在环境领域的对外影响，有利于本国外向型经济的发展。由于奥地利环境标准比欧盟更严格，在生物基因技术、核政策、交通污染等方面有独特的政策和法规，对欧盟加强环境立法及有关政策产生了一定的影响，有些环境标准已被纳入欧盟标准。

奥地利注重环保技术的研发，环保产业已发展成为国民经济中重要的组成部分。奥地利 1995 年进行了一次环保产业调查，当年环保产业总产值已达 520 亿先令（约为 43 亿美元），占国内生产总值的 2.3%，人均环保产业产值相当于 430 欧元，在欧盟国家中仅低于荷兰，居第二位。奥地利的环保产品和技术的出口在国际环保市场上占有的份额为 2.2%，远远超出了其他工业产品所占的份额。在奥地利的环保产业中，水处理占 42%、垃圾处理占 29%、废气净化占 19%。奥地利有环保企业 250 多家，从业人数达 2.8 万人，环保产业研发投入占营业额的 6.7%，大大高于整个工业界的平均水平（3.1%），其研发成果的 60% 转化为专利或技术许可证，而整个工业界相应的转化率是 30%。

在奥地利，各领域的生产部门必须自己承担环境保护资金，同时也是主要的受益者。以 2000 年为例，奥地利国家用于环境保护方面的总支出达到 66.83 亿欧元。其中，有 46.58 亿欧元的环保经费来自于生产者本身，占了全部支出的近 70%。其次是国家对环境保护的资金投入，包括来自中央政府和地方政府的环境保护经费，共 14.95 亿欧元，占总支出的 22%，详细分配情况请参见图 6–1。

奥地利的农林环保水资源部主管国家环保事务，部内设两个

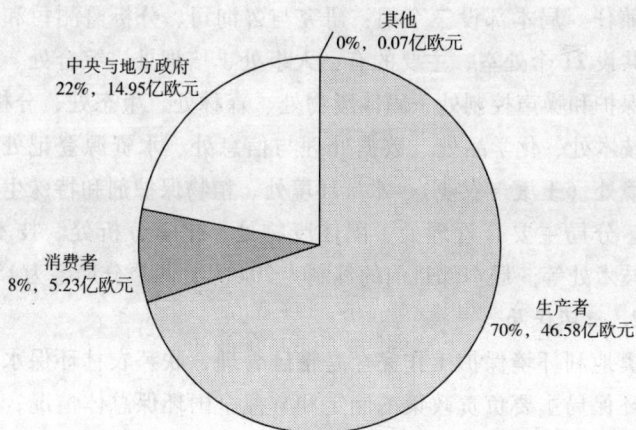

图 6－1　2000 年奥地利国家用于环境保护财政支出来源及比例

主管环保的总司，即环境政策司（第5总司）和环境技术与废物管理司（第6总司）。农林环保水资源部下还设联邦环保局，为环保部提供技术支持。此外，各州政府设立环保局，负责州管辖范围的环保工作。

1. 联邦环保局

联邦环保局是联邦政府的环境保护专业管理机构，为制定联邦环保政策和环保执法提供专业支持，受农林环保部委托执法，代表主管部长履行环境监督职能。其基本职责有四项：从专业角度起草拟定环境政策，调查、收集、整理奥地利全国环境状况数据；环境监督，开展监测活动和有关的研究工作，提供环境监督报告并由部长每三年向国会呈交一次供审议；环境执法，主要从技术方面进行监测、登记、检查、调查、评价审批、提出建议、制订规划等；执行国际环保协议，如履约、合作研究和提供援助等。

联邦环保局总部设在维也纳，下设两个分局分别是克拉根福分局（也称南区分局）和萨尔茨堡分局（也称西区分局）。尽管环保局归属于农林环保水资源部，但对外仍为部级单位，局长由部长兼任。局本部设三个司：研究与咨询司、分析监测司和信息司，共设21个处室，主要的有：人事处、培训处、综合处、废气气候保护和噪声控制处、固体废物处、森林处、生态处、分析处、环境技术处、化学品处、数据处理与信息处、水资源登记处、陆地环境处（土壤与农业）、水域环境处、植物保护剂和特殊生物制剂处。分局主要有管理处、固体废物处、化学分析处、技术处、生态技术处等。局本部目前的编制为204人，两个分局各为15人。

2. 州环保局

奥地利环境保护工作完全是辖区管理，联邦农林环保水资源部和环保局主要负责政策的制定和掌握全国环保总体情况，具体管理工作由各州自己负责。州政府下设环保局，以下奥地利州为例，该联邦州环保局的职责包括在水质保护、饮用水与大气质量保护、辐射防护、噪声防护、固体废物管理和废水处理等方面开展监测、监督等工作，负责固体废物处理处置场的建设和运行管理。州环保局局下设两个处：固体废物管理处和监督处，监督处又分为 6 个室：固体废物和废水室、噪声防护室、大气质量保护室、辐射防护室、饮用水室、水质保护室。

从下奥地利州的情况可以看出，州环保局不仅负责监督检查等执法工作，还承担大量的各种环境保护设施的管理工作，如垃圾处理、城市污水处理等，其中有些是完全由环保局自己管理，有些是参与管理。

3. 环境保护社团

环境保护社团在奥地利环境保护中起着非常重要的作用，很多社团是随着欧洲环境保护运动的兴起和环境保护事业的发展应运而生的。奥地利的环境保护社团可分为三类：一类是热心环保的团体，如"地球 2000"、"我们的家园"、"可持续发展"等；一类是环境保护专业协会，如环境管理协会、水处理工业技术协会、建材循环利用协会、气候保护联盟等；一类是具有地域或特定资源管理性质的组织，这类组织是历史上各种利益关系相互作用形成的，代表特定地域成员的利益，在奥地利社会和政治生活中有很大的影响，有时还受政府委托参与有关的管理工作。他们并不专门关注环保事务，但对其区域内的环保问题具有很大的发言权，湖泊和河段的管理就是一个突出的例子，一般在这些地区进行开发建设时，必须经这些区域组织同意。行业协会和区域组织都有协助政府拟定法规条例的资格。

三　环保政策的实施

1. 绿化

奥地利政府重视国家绿化工作，其林业行政管理体制完善。国家林业行政管理系统不直接干预经营，国有林业经营系统自成体系，农业（林业）协会在私有林的经营管理中发挥着重要的作用。

奥地利重视城市绿化。例如，维也纳市绿化由市政府直接管理，市政府规划局负责城市总体规划，包括城市绿化规划。有关法律规定，凡有人居住的地方，必有与住房面积同等大小的绿地，市人均规划公共绿地 20 平方米，其中居民住宅绿地 3.5 平方米，周围花园 3~5 平方米，森林 8 平方米。市园林局负责市区公共绿地、街头绿地、道路绿地、名木古树等建设和管护。美泉宫公园、多瑙公园、人民公园、城堡公园等五个国家级公园，由国家直接管理。市林业局主要负责市郊森林和本地水源、森林的管理。同时也负责部分森林公园和自然保护区的管理。

奥地利政府重视法规建设以及绿化规划工作。绿化规划一旦确定，就会受到法律保护，必须严格执行，不得随意变更。1905年，奥地利在城市建设规划中，提出维也纳市《绿化带解决方案》，对大建环城森林作出了规划，提出了指标。出台至今，规划目标尚未完成，每年仍在继续实施。1995 年维也纳市规划局对 1905 年的绿化规划进行了调整，提出了"绿色区域"项目。对原规划的总体思路、建设布局、奋斗目标等关键内容并不改变。在规划实施中，稳扎稳打，讲究实效，不急不躁，持续发展。

奥地利城市绿化在规划和建设的布局上，既抓城区也抓郊区，以郊区为主；既抓庭院、街头绿地，也抓公园、保护区等公共绿地建设，以公共绿地为主；既抓草坪绿化，也营造森林，以营造森林为主。维也纳市在营造郊区森林的同时，还向附近州购买森林，使之集中连片，形成规模。保护高山雪水不受污染，供居民饮用。经过百年的努力，维也纳市已拥有 7000 公顷森林，形成了"城市坐落在森林之中"的格局。

从总体上说，奥地利林业崇尚自然、接近自然、和谐地发挥森林的多种功能和效益。历史上奥地利森林经历了完好——破坏——保护恢复——可持续发展的演变过程，在这个进程中找出了接近自然的林业发展模式，提出了培育接近自然状态的森林经营理论，达到了生态、社会、经济三个效益兼容的目的。在奥地利，尤其是在维也纳市，名木古树到处可见。在国家公园和市公园里，古树更是繁多，形成独特风光。500 多株古树，保存生长良好，展示着奥地利的文明历史。

除了对法律法规的严格执行外，奥地利对青少年绿化知识教育尤其重视，为此采取有力措施，从娃娃抓起，让青少年了解森林、认识绿化、强化生态环保意识。1998 年 5 月，维也纳市森林局在维也纳市郊森林内开办了森林学校，有组织地对小学生进行森林和生物知识的科普教育。学校经费由政府支付，不收学费，主要培训对象为 8 ~ 12 岁的小学生，一年培训 5000 名，安排 7 名森林管理员轮流教学，向学生讲述森林基本知识、认识植物标本，并组织林间参观等。奥地利每个州都有园林学校，在教学上都是采取理论学习和实践相结合的方式，培养学生的动手能力。学生学习期间，承担园林设计任务。奥地利对绿化宣传十分重视。从农林部到各州林业管理部门、企事业单位，都有从事林业宣传工作的人员，每年都开展"森林周"宣传活动，奥地利全民都有一种强烈的自然意识和生态观念，破坏森林被认为是可耻的犯罪行为。

2. 垃圾处理

在奥地利，虽然垃圾和废旧材料总体上在不断增长，但是收集和利用的垃圾量日益增长。在 1993 ~ 1999 年间，分类收集和利用的垃圾增长率达到 86% 左右，从 83.9 万吨提高到 156.2 万吨。在塑料、生物垃圾、纺织品以及废纸和玻璃方面的收集率都有了很大的提高。混合垃圾（指没有分类以及扔到垃圾桶里的垃圾）减少了 12%，从 144.8 万吨降到了 131.5 万吨。从 2004

年起，在奥地利只允许堆放预先经过热或者机械——生物处理的垃圾。1999 年，进口到奥地利的有害垃圾约为 1.6 万吨，出口到国外的约为 10.9 万吨。有害垃圾的处理方法都在供货单上标明。联邦农业和林业部，环境和水经济部以及奥地利经济委员会为企业在避免垃圾方面提供了帮助。目前有这样一些专门针对行业的垃圾处理计划，如皮革生产企业、医疗领域、木材、铸造业、食品和享乐品行业、颜料和油漆垃圾、无卤化物溶剂垃圾、化学洗涤、化纤和造纸工业、纺织行业、金属表面净化、载重汽车行业、照相垃圾、污水以及废油和废旧润滑材料。垃圾经济法和中小型企业规章要求现有设备经营者，如果设备运行时产生垃圾，并且在这套设备中超过 100 以上工人从业时，则要制定出一个垃圾经济计划。

3. 交通

过去几年里，奥地利交通的迅速增长也使交通能源消耗明显增长，交通能源消耗占整个能源消耗的近乎 1/3，其中石油消耗的 2/3 用于交通。约 30% 的二氧化碳和 60% 的氮氧化物排放量是由交通引起的。早在 1985 年，奥地利就开始使用无铅汽油；1987 年，确定使用催化净化器；1991 年，严格控制汽车废气排放量；1993 年，普遍禁止使用含铅汽油；1995 年，确定柴油的含硫量为 0.05%，从 1990 年起这个规定就适用于汽油，同样在 1990 年，汽油里的苯最高值为 3 个容积百分点；从 1996 年起，国家石油工业自愿提供超高级汽油，苯含量为 1 个容积百分点。

1980～2000 年间，由于定期检查旧车辆和采用现代化发动机技术，奥地利一氧化碳的排放量降低了 70%。针对载重汽车始终是交通头号噪音来源这一问题，联邦政府采取的措施是制定载重汽车噪音排放临界值，禁止噪音超标的载重汽车夜间行驶。1993 年，奥地利颁布了有轨运输工具的噪音规定。环境可容性检查法也赋予相关公民在计划施工大型基础设施项目时比较有利的发言权。

4. 核能源

1979 年，奥地利颁布了禁止核能法，从而放弃了利用核能源。最晚在切尔诺贝利核电站灾难以后，奥地利就推行了积极的反核能政策。奥地利目前的目标是建立一个无核能的中欧。在国际上，奥地利大力推进加强国际原子能组织（IAEA）作为检查机构的作用，提倡增加欧洲核计划中无核能源研究的费用。奥地利努力的目标是，让准备加入欧盟的国家的核电厂至少要装备达到欧盟的安全标准。从奥地利角度来看，带着不安全的核电厂加入欧盟的行为是不负责任的。奥地利有 336 个监测站，形成了覆盖全国的网络，用于持续测量放射性物质。[1]

第七章
教育与科学研究

第一节　教育

奥 地利国家教育事业的起源可以追溯到玛丽娅·特雷西亚统治时期的 1774 年教育改革（Schulreform）。通过此次改革，国家建立了公共国立学校，并实行六年的义务教育，并规定教育为国家管理的事业，从而结束了教会统治学校的局面。1869 年，奥匈帝国国民教育法（das Reichsvolksschulgesetz）提出了全面统一的义务教育制度，义务教育的时间从 6 年制提高到 8 年制。1918 年后，国家再次对教育进行改革，保证所有儿童得到受教育的权利，不分男女和社会地位。1927 年，奥地利创办了对 10~14 岁的孩子进行义务教育的中学。

1962 年，国家通过一部全面的教育法典，该法典对奥地利的教育事业进行了重新调整。义务教育时间由 8 年延长至 9 年，并为培养担任义务教育工作的专业教师队伍而创建了教育科学培训体系。此后的几十年间，奥地利的教育体制与教育宗旨一直处于不断完善与修改之中，以适应国家经济、社会政治、科技与社会的发展，并逐渐形成了如今的多元化教育体系。其中很重要的一步就是职业教育理念的形成以及大量专门职业教育学校的建立。

一　教育体制

奥地利的教育事业基本上是由联邦政府统一管理的，联邦教育与艺术部、联邦科学与研究部分别主管基础教育、中等教育和高等教育。1962 年的教育法典构成了当今奥地利整个教育体制的基础。与此同时，国家对教育立法给予特殊的地位，法律规定在修改某些重要的教育法条款时，必须得到国民议会 2/3 的多数支持方可通过。

关于国家义务教育的外部组织体系的立法，如学校的建立、管理、维护、关闭、求学时间和每个班级的学生数量等均由联邦政府制定，发布实施细则和贯彻执行等任务由各个州负责。根据1962 年的教育法典，公立学校没有出身、性别、种族、地位、阶级、语言和信仰的限制，所有适龄儿童均可入学接受教育。自1975 年起，奥地利的学校基本上都是男女同校。

奥地利学校的教育体系由学前教育、初等教育、初级中等教育、高级中等教育、高等教育构成。在学前教育阶段，要对学龄前儿童实行 1 年幼儿学前教育，主要教育他们如何保护环境和注意交通安全。初等教育即是初级小学（Grundschule）或特种学校（Sonderschule，指专收躯体或智力发育不良的残疾与弱智儿童学校），学制 4 年。在初级中等教育阶段分：高级小学、初级普通中学和高级中学低年级，学制都是四年义务教育。普通中学是高级小学的继续，在年级安排上为 5 ~ 8 年级，学生毕业后可就业，也可以继续上学；高级中学低年级，主要为进高级阶段作准备。在高级中等教育阶段，又分为：高级中学高级部，学制 4 年，在这期间学生学习足够的知识，将来可以免试进入大学；技术学校，学制长短不等，学生学完后可以就业。

奥地利教育体系见图 7 - 1。

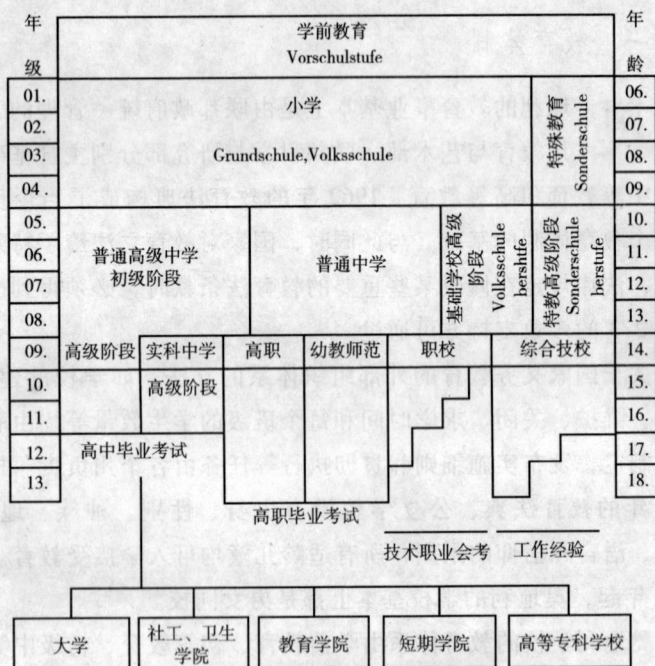

图 7 - 1　奥地利教育体系示意图

资料来源：奥地利教育部官方网站。

　　奥地利的学制属于双轨制，学生在接受义务教育之后再根据学习能力分制。凡是具备较强的学习能力且成绩优良的学生可以进入与大学相衔接的完全中学或文理中学。

　　奥地利十分重视成人教育，目的是提高在职职工的业务和技术水平，并使他们易于改变职业，以解决失业问题。奥地利全国各地都有业余大学或各种培训学校，教员均为有文凭的正式教师。随着广播、电视网的普及和应用，有许多成人教育亦通过广播电视进行。奥地利成人教育协会和联邦教育部共同制订和实施对成年人的各项培训计划。

二　教育事业概况

奥地利全国教育由联邦政府实行统一领导。奥地利特别重视在教育方面的投入，2000 年教育经费投入为 55.63 亿欧元，占国内生产总值的 2.58%。2003 年，奥地利全国有托儿所 725 所、幼儿园 4891 所。各类小学与初中 3299 所、文理中学与实科中学① 333 所、职业技术学校 176 所，在校学生共计 123 万人。2002 年在校大学生为 19.7 万人。②

奥地利的教育投资约占国民经济总投资的 4.5% 左右，仅次于美国、德国和日本等几个少数发达国家。奥地利的教育由联邦政府控制，对 6 岁以上的儿童实行 9 年义务教育，学龄儿童的学费、书费和上学交通费用由国家负担。

1. 义务教育

根据奥地利实行 9 年制义务教育的规定，所有儿童，无论其出身、性别、种族、语言、宗教信仰，6 岁以上都必须入学。儿童的普通义务教育从 6 岁开始，共 9 年（到 15 岁）。普通义务教育的 1~4 年级是初级小学阶段；5~8 年级是中学（Hauptschule）、普通高级中学（或称文理中学，allgemeinbildende höhere Schule，AHS）、基础学校高级阶段（Volksschuloberstufe）或特种学校高年级（Sonderschuloberstufe）阶段。

9 年级是义务教育的最后一年，也是义务教育向非义务教育的过渡阶段。在这一年中，学生接受教育的模式开始向多元化发展，其中包括综合性科技学校（polytechnische Schule）、职业中等学校（berufsbildende mittlere Schule）、幼儿与社会教育师范学校（Bildungsanstalt für Kindergarten-bzw. Sozialpädagogik）、职业

---

① 实科中学是指着重教授自然科学和现代语言的中学。
② 《奥地利年鉴 2004》，第 109 页。

高等学校（berufsbildende höhere Schule）、实科中学高级阶段（Oberstufenrealgymnasium）或是继续就读普通高级中学（allgemein bildende höhere Schule）等。

在就读综合性科技学校（Polytechnische Schule）的头两个月里，学生要必修一系列基础课程。这些基础课程可以培养学生们的生活和工作能力，同时还可以让学生们在学习中发现自己的专业兴趣和爱好，对学生未来的职业选择有着积极的影响，学生们可以在科技、商业、旅游业和信息与通讯业等不同的领域内找到适合自己的工作位置。

义务教育期满后，学生还有多种接受教育的选择，其中，最主要的就是普通高级学校（allgemein bildende Schule）和职业学校（berufsbildende Schule）。普通学校就是相当于我国的普通高级中学。职业学校则是专门的职业技术培训学校，包括中等职业学校（berufsbildende mittlere Schule）和高等职业学校（berufsbildende höhere Schule）。通过第 9 年义务教育的分类与转型，学生们接受教育的模式开始向专业性与倾向性发展。例如，高级中学都开设了自己的必修课程和学科重点；特种学校也拥有自己的教学计划和与学校性质相符合的特殊教育范围。

奥地利的普通高级中学共 8 年，包括 4 年的基础阶段和 4 年的高级阶段。其中前 4 年的基础阶段仍然属于义务教育范围。普通高级中学分如下几类。

（1）高级中学（Gymnasium），第二外语为拉丁语，从五年级开始还要再学习一门外语；

（2）实科中学（Realgymnasium），课程主要以数学、画法几何学、物理、化学等自然科学为主；

（3）经济实科中学（Wirtschaftskundliches Realgymnasium），主要课程为第二外语、经济学和心理学；

（4）高级实科中学（Oberstufenrealgymnasium）、特种中学

（Sonderformen des Gymnasiums）与高级寄宿学校（Höhere Internatsschulen）。

高级中学在最后一年要进行一次毕业考试（Reifeprüfung，在奥地利和瑞士又称为"Matura"）。只有通过毕业考试才有资格申请升入大学（Universitäten）或高专（Hochschule）接受高等教育。

2. 职业教育

奥地利属职业教育较发达的国家，中小学生中 3/4 以上的人要通过各种职业教育走上工作岗位。奥地利政府对职业教育十分重视，各种职业学校遍布全国各地，长期以来形成了一套独特的职业教育体系。

奥地利教育法规定，年满 14 岁就可以接受职业教育。职业教育分为四种：职业预备班、职业中学、高等职业学校和教育职业学校，前两类学校直接为就业准备，后两类毕业生也可以上大学。绝大多数职业学校都与企业挂钩，或直接由企业设立。学生们在学习期间，既学理论又学实践，毕业后或直接在本企业工作，或被分配到其他同类企业中去。职业学校的学制一般是 2 ~ 4 年不等。个别中等教育，如护士学校或幼儿师范学校，学制为 5 年。

奥地利的职业教育学校种类繁多，主要有以下几类。

（1）综合性科技学校（Die polytechnische Schule）。专门教授与未来就业与生活有实际关联的应用基础性课程，主要以职业分类与职业基础训练为模式。每所职业学校都可以凭借自己独特的教学内容和授课模式吸引着相应兴趣爱好的学生。

（2）职业学徒与职业学校（Berufslehre und Berufsschulen）。综合性科技学校毕业后，学生可以得到约 250 多种职业的学徒机会。与德国一样，奥地利的职业教育实行双轨制，即学生均有机会在真正的工厂中得到实际培训。同时，学校每周至少还要开设一次专业理论与企业经济学的课程。职业学校的学制按照不同种类的职业有着学制规定，一般是 2~4 年制。

（3）中等职业培训学校（Berufsbildende Mittlere Schulen，BMS）。是培养固定职业方向学生的全日制学校，专门面向普通义务教育八年级毕业的学生。按照培训的专业不同，学制为 1~4 年不等。

（4）短期学院（Kollegs）。短期学院一般是指两年学制、专门以培养专门职业人才为主的学校，专业设置一般集中在建筑、化学、设计、印刷与媒体制作、电子、摄影、管理、木材、儿童教育、经济、机械制造、服装、旅游与休闲经济等。该学校设有入学考试，考试内容包括基础课、专业课以及具体学习方向考试三部分。

（5）职业教育学院（Pädagogische –，Berufspädagogische Akademien）。职业教育学院学制三年，专门培养社会公益人员和健康公益事业的从业人员。

3. 高等教育

奥地利大学分为普通大学（Universität）和高等专科学院（Fachhochschule）。大学学制一般为 4~5 年，其中基础学习阶段为 2 年，专业学习阶段为 2~3 年。奥地利高等教育的传统学制中无学士学位。学生在规定的年限内要完成必修课、选修课的学习，并通过考试取得必要的学分，学习的最后阶段撰写毕业论文，在通过之后即可毕业。毕业后即获得硕士学位（文科 Magister、工科为 Diplom-Ingenieur）。修得硕士学位后的学生可以读博士（Doktoratstudium），撰写博士论文（Dissertation）通过答辩后依学术分类授予不同的博士学位（Doctor）。奥地利学制严谨，原则上，攻读博士须与先前所修硕士属同一专业。攻读博士学位的目的旨在提高学生独立进行科学研究的能力，学生要参加规定的考试、撰写论文，大学根据其是否具有独立从事科学研究能力而决定是否授予博士学位。近年奥地利改革高等教育，部分引进了学士学位（Baccalaureus），但到目前为止，仅有极少数系所设置学士课程。

奥地利高等专业学院的课程专业性强，所颁发学位均加注"FH"字样，以与一般大学学位区别，譬如：Mag.（FH）/Dipl.－Ing.（FH）。由于高等专业学院学制较一般大学少两年，所学内容尽是最新的实务技术，就业形势较好，故颇受奥地利学生、家长欢迎。

奥地利高等院校的最高权力机构是校务委员会，校务委员由教授、助教、教员和学生四方组成，负责处理学校的重大事务。奥地利高等院校实行教授治校，教授的席位是根据国家专业的需要而设置，教授的任期是终身制。奥地利大学下设学院（系），基层行政单位是研究所和附属医院（医科大学）。研究所通常还有一名副教授、助教、教学辅助人员等，教授掌管研究所的教学、科研、财务、人事大权。

奥地利高等院校的办学经费主要来源于国家财政支出。一般情况下国家用于教育、科研方面的支出占整个预算的3%，这其中的23%分配给大学和学院作为事业经费和基本建设费。

奥地利大学还向学生提供家庭补助金和助学金。家庭补助金包括家庭补贴和子女减免税款。家庭补贴是一种间接的补助形式。子女减税款是一种税收优惠政策，即对父母收入中的一定数额不征收个人收入税。助学金是对大学生的一种直接的经济资助。车票补贴即所有获得助学金的学生还能同时获得车票补贴。医疗保险补贴即未满27周岁的助学金获得者也能同时获得医疗保险补贴。毕业阶段补贴即对于攻读博士学位的学生来说，还有机会在做博士论文的阶段获得毕业阶段补贴。国外留学资助即为鼓励必要的国外留学，奥政府对学习期间到其他国家留学的学生还有额外补贴，最长补贴的时间为4个学期。特殊支出补贴即对于特殊专业和学习阶段因学习需要的特殊支出的补助。奖学金即对于学习成绩优秀的学生，还设有奖学金。作为另外一种大学经费的一种补充形式，非官方的奥地利高校基金在奥地利助学金体系中也扮演了重要的角色，它包括：困难基金，子女基金，幼儿园基金，医疗救济金，法律事务资助等。

奥地利共有 12 所国立综合性大学 （Universität） 和 6 所国立高等音乐艺术类院校，约 490 个专业方向，640 个学位课程。奥地利的 12 所综合性大学是：

维也纳大学 （Universität Wien）；

茵斯布鲁克大学 （Universität Innsbruck）；

格拉茨大学 （Universität Graz）；

萨尔茨堡大学 （Universität Salzburg）；

维也纳工业大学 （Technische Universität Wien）；

格拉茨工业大学 （Technische Universität Graz）；

林茨大学 （Universität Linz）；

克拉根福大学 （Universität Klagenfurt）；

莱奥本矿冶大学 （Montanuniversität Leoben）；

维也纳农业大学 （Universität für Bodenkultur Wien）；

维也纳兽医大学 （Veterinarmedizinische Universität Wien）；

维也纳经济大学 （Wirtschaftsuniversität Wien）。

奥地利的 6 所高等音乐艺术类院校是：

维也纳造型艺术学院 （Akademie der bildenden Künste Wien）；

维也纳应用艺术大学 （Universität für angewandte Kunst Wien）；

维也纳音乐和表演艺术大学 （Universität für Musik und darstellende Kunst Wien）；

萨尔茨堡 "莫扎特" 音乐和表演艺术大学 （Universität für Musik und darstellende Kunst "Mozarteum" Salzburg）；

格拉茨音乐和表演艺术大学 （Universität für Musik und

darstellende Kunst Graz）；

　　林茨艺术和工业造型大学（Universität für künstlerische und industrielle Gestaltung Linz）。

　　奥地利目前高校在校生 23 万余人，其中外国留学生占 12% 左右。大学免收学费，实行学分制，修完大学学分直接获得硕士学位。在上述大学中，维也纳大学、维也纳音乐和表演艺术大学和莱奥本矿冶大学都是享誉欧洲乃至世界的著名学府。在许多的学科领域，如机械制造、化工、电子、柴油发动机、冶金、造纸、铁路交通和开凿隧道、环保、空中索道、林业和木材加工、小型水力发电、废物处理和资源再生利用、医学自动化控制，经济学和企业经济管理学等方面，奥地利均处于世界领先水平，音乐和绘画艺术更是有口皆碑。奥地利独具特色的职业教育，特别是旅游和饭店管理其盛名可与瑞士相媲美。在世界五星级著名饭店的高层管理人员中有不少是他们的毕业生。

　　维也纳大学是奥地利各大学中学科最全、建设最早、师资力量最雄厚的大学。作为德语区最古老的大学，维也纳大学创建于欧洲中世纪教会统治的年代。1365 年 3 月 12 日，哈布斯堡王朝的鲁道夫四世大公为与卢森堡皇帝兼波希米亚国王查里四世争夺"神圣罗马帝国"的思想统治权而创办了维也纳大学，同年 6 月 18 日，教皇下诏批准维也纳大学成立法学、医学和学艺（哲学系）三个系，1384 年增设神学系。在 16 世纪欧洲宗教改革以前，维也纳大学是罗马帝国各地区学生向往的中心；从 17 世纪到第一次世界大战的 200 多年内，维也纳大学是东欧和东南欧的核心大学。维也纳大学为人类培养了大批政界风云人物、科学巨匠和艺术大师，其中多普勒、弗洛伊德等科学大师最为著名。维也纳大学实行三级管理：学校、系和研究所。全校有 9 个系，系下设研究所，由一名教授主持工作，是教学、科研和社会服务三重任务集于一体的基层单位。这 9 个系分别为天主教神学系、基督新教神学系、法学系、社会与经济科学系、医学系、哲学系、基础与综合科学系、人文科学系，以及形式与自然科学系。

2004 年，奥地利新成立三所医科大学（它们原来分别是 3 所综合性大学中的医科学院）：格拉茨医科大学、茵斯布鲁克医科大学、维也纳医科大学。

第二节　科学研究

一　概况

奥地利的科学研究分为学术研究和应用研究两大类。为了使奥地利的科学研究在东欧开放和加入欧盟以后达到最佳水平，奥地利成立了"奥地利科学研究中心"作为奥地利国家科学研究事业的最高组织机构。奥地利著名的学术研究阵地有塞贝斯多夫研究中心、施蒂利亚州约安诺姆研究股份公司、克里斯蒂安·多普勒协会、奥地利经济研究所（WIFO）和高级研究院（IHS）。

奥地利的科学研究由联邦科研部主管。1970 年，奥地利政府将"科学研究和发展"列为联邦政府的中心任务之一，以后用于资助科研的经费逐年增加。奥地利联邦政府对科学研究的资助为推动基础研究和技术研究领域的研究工作创立了准则。

在基础研究领域，奥地利实施了青年科学家启动计划，鼓励青年科学家在各自的领域进行深入研究，以保证国家科研队伍的年轻化和科学事业的生命力。在重要的尖端科学领域，国家为其提供大额、长期的资助，例如著名的路德维希·维特根斯坦奖金在资助一项科研计划时年限可达 5~10 年。目前，奥地利比较热门和重要的科研领域主要有基因组研究、欧洲一体化过程中的民主发展研究、大众对科学的认识研究、地球环境问题研究、文化研究和性别研究等。其中特别值得一提的是 1973 年在维也纳近郊拉克森堡建立的"国际应用系统分析研究所"。该所主要围绕环境、能源等具有全球性意义的重大问题进行研究。目前在该研究所工作的有来自奥地利、德国、俄罗斯、美国、法国、英国、捷克、波兰、日本、保加利亚和加拿大等 20 个国家和地区的近百名科学家。此外,奥地利还参加了不少国际科研方面的合作项目。

　　创建于 1847 年的奥地利科学院是奥地利最权威的科研机构。科学院下属单位有比较生态研究所、高能物理研究所、分子生物研究所、信息研究所、宇宙研究所、生物医学研究所、生物物理研究所、湖泊研究所、中世纪文物和制图研究所、城市和地区研究所、人口研究所等。此外,奥地利各大学的研究机构和路德维希－特尔茨曼协会下属的一些以人文科学、社会科学、医学为主的研究机构以及图书馆和档案馆等都是奥地利科学研究的基地。在奥地利,约有 3.1 万人从事科学研究工作,科研机构约有2700 家。

二　管理与投入

1995 年奥地利加入欧盟后积极推行科研体制的改革,10 多年来发生了巨大变化。1999 年下半年,奥地利政府发表了《科技政策绿皮书》,制定了面向下一个世纪的中期科技政策和发展战略。为了协调国家的科技管理工作,2000 年国会通过法律,成立了统一的联邦最高科技咨询机构"研究和技术发展理事会",并对政府部门分管科技的职能进行了调整。2004 年 6 月奥地利又制定了《研究促进体制改革法》,并于 9 月1 日正式生效。这意味着奥地利新科研体制的建设完成立法并付诸实施。奥地利研究促进体制改革主要以欧盟发展为背景。欧盟实现东扩,国家地位受到未来的挑战,奥地利将扮演更重要的角色，把高科技与欧盟高水平国家拉近。欧盟巴塞罗那会议提出了2010 年 R&D 经费投入要达到国民生产总值的 3%，这已经成为奥地利追求和实施的目标。

2005 年奥地利研究开发经费投入大约为 58 亿欧元，与 1998 年比较增长 70%，与 1993 年相比增长达 150%，占国民生产总值的 2.35%，超过欧盟国家的平均水平。在 R&D 总投入中 36% 来自政府，政府投入比 10 年前增加 65%，达到 20 亿欧元；43% 来自企业投入，在此 10 年期间对研究开发的投入翻了一番，达到近 25 亿欧元；20% 来自国际项目委托。研究开发经费的使用，企业占近 67%，大学占 27%，校外独立研究机构占 6% 左右。研究开发经费的近 8% 用于基础研究（其中 75% 在 21 所大学），大约 38% 用于应用研究（64% 在企业，29% 在大学），近45% 用于实验开发（其中 92% 在企业进行）。特别明显的是国外企业在奥地利的研究开发投入大大增加，2005 年是 1995 年的 6 倍。

根据新的体制，奥地利在议会里设立有"科技、工业、经济委员会"，在政府层次建立了"研究和技术发展理事会"和"国家研究、技术、开发基金"。"研究和技术发展理事会"为一个特殊的独立法人机构，有 8 名成员，由联邦教科文部和联邦交通创新技术部从国内外著名科技专家中各选 4 名理事，两部部长为理事会顾问。理事会的主要任务是为联邦政府科技政策提供咨询，制定科技发展长期战略，制定国家科技计划和重点领域指导方针，对国有科技机构进行评估等。"国家研究、技术、开发基金"主要资助和服务于高质量、高水平的中、长期研究和技术创新项目，2006 年大约有 3 亿欧元基金。另外有国家研究开发攻关计划资金 6 亿欧元，由"研究和技术发展理事会"提出建议，通过透明的决定程序用于计划项目。

科研体制改革后，负责科研促进和管理的相关政府部门分别为：联邦财政部，重点负责基金管理；联邦教科文部，主要负责大学基础研究和学术交流；联邦交通创新技术部，负责工业应用研究；联邦经济部，主要负责企业创新开发和科研促进组织。重要事宜由部长协调会议共同研究决定。

奥地利联邦政府各部门也有用于科研的经费，部门的科研经费是从本部门总的财政预算中支出。每年政府各部在制订自己的财政预算草案时，根据本部门科研的需要，将科研经费列入部门预算草案，由各部部长分别和财政部长谈判。财政部和各部商定的预算草案汇总后经国会批准成为正式政府预算。政府一直在不断提高公共科研经费，力求使政府经费和企业投入达到 OECD 国家先进水平（即全国科研经费的 1/3 由国家投入，2/3 由企业投入）。为此，政府将动用联邦中央银行的储备金、国有企业私有化转让所得基金和采取增加中央银行对科研基金会的拨款，鼓励私人投资科研等措施。

联邦政府还要求各科研机构制定中期发展战略。为保证实施科研发展战略的投资，政府制定中长期的科研预算。奥地利联邦政府的科研经费 70% 集中在科学部，其次是卫生部、财政部、教育部、农业部、环保部等部门。

奥地利建立起了以大学研究、企业研究、校外独立研究机构组成的奥地利研究开发创新体系。据统计，奥地利从事研究开发的科技人员大约共有 4 万人（按全时工作日计算），其中大学学历以上近 2.5 万人。科技人员分布在企业（包括在企业能力中心和奥地利研究中心）工作的将近 70%，在大学（包括奥地利科学院）工作的占大约 25%，在校外独立研究机构有 5%。据统计，1998 年奥地利每千人中有 4.8 人从事科研工作，2002 年增加到 6.1 人，处于欧洲国家中间水平。奥地利政府通过增加经费投入，出台科学研究发展计划，以及推进结构改革，建成了特色鲜明的创新体系。新的科研体系调整了研究创新促进组织和校外

独立研究机构。目前奥地利比较重要的科学研究机构有下列几个。

奥地利科学基金会（FWF, Fonds zur Förderung der wissenschaftlichen Forschung） 是联邦基础科学研究的促进机构，主要对象是大学科研和青年科学家的创新研究。2004 年该科学基金会进行改革调整，新成立了监事会，并引入多年长期项目计划。FWF 在 2005 年资助项目达 1.2 亿欧元。按照"研究和技术发展理事会"提出的 2010 发展战略，FWF 的经费今后每年至少增加 9%，特别是 2006 年应增加 3000 万欧元，达到 1.5 亿欧元。

奥地利研究促进署（公司）（FFG, Österreichische Forschungsförderungsgesellschaft） 2004 年成立，将过去工业研究基金会（FFF）、奥地利技术投资公司（TIG）、奥地利空间局（ASA）和奥地利国际科技合作局（BIT）四大研究资助机构合而为一，建成了奥地利中央科研促进和咨询机构——奥地利研究促进署。它以公司体制运作，研究经费 2006 年提高到约 3.5 亿欧元。FFG 作为中央一级工业研究咨询促进机构，为工业基础研究、创新开发、技术转让和国际合作提供全方位、一条龙服务，是资助职能和中介职能两位一体的最佳模式的促进机构。

奥地利经济服务公司（AWS, Austria Wirtschaftsservice Gesellschaft GmbH） 是奥地利 100% 国有资产的"特别银行"（ERP–欧洲重建基金会于 2002 年由 AWS 代理）。奥地利财政部是该公司资产代表，并与联邦经济劳动部共同作为该公司委托人，此外还受联邦其他各部和联邦各州公益机构的委托，承担对企业创新的资助和一条龙咨询服务，服务对象包括工业企业，生产性第三产业和服务行业，农、林和交通经济企业等。该机构负责对创建中小企业，企业的研究开发，专利发明和产业化，企业高新技术创新，企业环保创新，企业可持续发展以及企业的国际化提供风险基金、优惠贷款、无偿资助，还特别对青年创业和科研的特殊成就设立了国家奖金。

奥地利多普勒研究协会（多普勒基金会）（CDG，Christian Doppler Forschungsgesellschaft） 是以奥地利著名物理和数学家多普勒命名的研究协会。主要支持以应用为导向的自然科学技术的研究和成果的推广应用。他们与企业及大学合作建立了诸多"多普勒实验室"，成为科技与经济结合的研究平台。主要研究领域有纳米材料和表面技术、化学和生物技术、数学模型和程序模拟、信息通讯技术、机械电子、测试技术、机械制造以及控制技术等。CDG 资金主要来自联邦经济劳动部、"国家研究、技术、开发基金"以及奥地利国家银行的资助，然后按照加倍匹配模式（"Matching Funds"）资助企业研究项目，对中小企业项目资助比例更高。

奥地利学术交流署（ÖAD，Der Österreichische Austauschdienst） 是联邦教科文部、外交部资金直接支持的科研和学术交流促进机构，1961 年由大学校长联席会建议成立。2005 年资助金额达3100 万欧元，主要资助大学科研项目以及大学国际科技合作交流项目。中奥政府间科技合作交流项目主要由该机构资助支持。

奥地利科学院（ÖAW，Österreichische Akademie der Wissenschaften） 该院建立于 1847 年，是从事自然科学和社会科学基础研究的最高研究机构，下设数学自然科学和哲学历史两个学部，每个学部有常务院士 45 人，通讯院士 125 人（其中 70人为国外科学家）和名誉院士 24 人，全院共有 800 名工作人员。主要研究领域是生物、医学、环保、物理、航天、地学以及形态、社会、文化、历史和语言文学等，该院下辖 20 个研究所、34 个科学委员会，3 个特别研究室。奥地利科学院的经费 3/4 由联邦政府拨款，其余是通过竞争获得联邦和州政府、基金会和欧盟的项目经费。

奥地利研究中心（ARC，Die Austrian Research Centers GmbH）也称奥地利研究中心集团，1998 年 12 月为适应加入欧盟的新形势，由原来的赛伯斯多夫（Seibersdorf）研究中心，阿森纳尔（Arsenal）等合并组成，是奥地利最大的独立研究中心。目前有 9 个子公司。该集团是一个按企业形式组成的股份有限公司，联邦政府控股 51%，经济界（包括国有企业、私人企业和银行界等）控股 49%。该中心主要从事应用研究。2004 年投入基础设施建设 1400 万欧元，同时与欧盟及国内外大学研究设施合作，创造了良好研究条件。现在共有科技人员 850 多人。该研究中心面向未来，制定 4 个交叉学科的战略重点：①纳米科学，包括纳米材料、纳米生物技术、材料科学、量子信息和光电子工程；②环境系统研究，包括图形信息模型、复杂特征研究、自然资源可持续管理、安全和风险研究；③生物信息，涉及蛋白质组、人类的诊断技术，神经信息和认知监视、智能生物医药系统；④嵌入式系统与交通技术，涉及可靠嵌入部件系统、视觉技术、自适应媒体体系、交通电信通信。该中心与世界上 1000 多个企业和研究机构有合作关系，为国内外客户提供权威性的鉴定、测试服务。

奥地利合作研究联盟（ACR，Austrian Cooperative Research）1954 年成立，现有 18 个正式会员（研究所），4 个特别会员，以及 3 个协会会员组成。该研究联盟是工业企业的行业合作研究机构，特别为中小企业研究服务。2004 年有职工 606 名，其中大学学历 284 名。研究领域涉及材料、建筑、生产安全、食品、造船、纳米微结构、信息通讯、水、可持续发展和环境、生命科学等中小企业共同需求的课题。得到联邦经济劳动部 prokis 计划资助。2004 年经费额度为 4360 万欧元。

奥地利博茨曼协会（博茨曼基金会）（LBG，Ludwig Boltzmann Gesellschaft）1961 年成立的私人研究基金，主要资助和支持基础和应用研究，同时是奥地利最具有声望的私人研究机构，聚集和吸收了在大学研究机构以外的科技精英，又是培养青年科技人员的平台。其资金主要得到联邦经济部支持。课题除了自然科学领域以外，还有主要来自政府有关人文和社会发展方面的项目和政策咨询，例如：人体健康研究、老龄化研究、防止吸毒、顺势疗法和针灸研究等。

约安劳姆研究有限公司（Joanneum Research GmbH） 最大的州立研究机构，施蒂利亚州占 90% 的股份，下设 14 个研究所，共有 375 名工作人员。主要从事经济和公共管理部门委托的应用技术研究，研究领域有可持续发展与环境、信息技术、电子和传感器技术、材料和加工、经济与工艺技术和人类技术等。该公司 48% 的课题来自政府，32% 来自企业，20% 来自国际合作。

除了上述独立科研机构外，联邦政府还拥有下属研究机构专门从事政府委托的任务，如：联邦气象和地球动力研究院（ZAMG）、联邦地质研究院（GBA）、奥地利历史研究所、奥地利考古研究所等。属各部门的研究机构还有联邦环保研究所、联邦卫生研究院、联邦农业研究院、联邦林业研究院等。

奥地利政府成立了进行科研项目投资风险担保的财政担保公司，担保适用于在奥境内的各种生产和科研企业。另外，政府还筹备建立"风险投资基金会"，对高新技术，尤其是生物技术、信息技术进行风险投资。奥地利政府支持企业技术开发的总目标是提高企业的研究素质和竞争能力，尽快赶上欧洲和世界水平。

奥地利政府充分认识到在科学研究领域进行国际合作的重要性。过去数十年里，奥地利签订了一系列关于科学和技术合作协议（如同保加利亚、中国、法国、以色列、罗马尼亚、俄罗斯、斯洛文尼亚、西班牙和匈牙利等）。对奥地利来说，积极参加欧盟研究和开发框架计划是挑战和机遇。这有利于提高科研水平和提升竞争能力，无论是双边还是多边合作都符合奥地利的期望。奥地利以 1350 个研究项目参加了第 5 个欧盟框架计划（1998～

2002 年)。欧盟计划资金中划拨给奥地利参加者的额度为 2.8 亿
多欧元。奥地利共同参与制定了第 6 个欧盟框架计划（2002 ~
2006 年）。2001 年 12 月，欧盟成员国研究部长统一签署了总预
算为 175 亿欧元的第 6 个欧盟框架计划。这个计划包括基因研究
和生物技术、信息技术、纳米技术、航空学和航天、食品安全、
可持续发展、经济和社会科学等。

　　奥地利也参加了"欧洲科学技术研究合作"（COST）项目
（如通讯、交通、气象学、生物技术等）和"市场主导的工业研
究与发展网络"（EUREKA）计划。奥地利在 1993 年就设立了
一个国际研究和技术合作办公室（BIT），除了已经提到的奥地
利科学院作为基础研究的核心合作机构以外，国际应用系统分析
研究所（IIASA）、国际信息处理合作机构（IFIP）、国际自动化
控制合作机构（IFAC）以及国际埃尔文·施罗丁格数学物理研
究所（ESI）都是国际科研工作者在奥地利的会聚之地，并且在
专业世界里享有很高的声誉。在社会科学领域里，国际文化学研
究中心（IFK）和人类科学研究所（IWM）的研究重点首先放在
中欧和东欧的政治和经济思想领域以及性别研究方面。面对欧盟
的东扩，奥地利研究合作的一个重要任务就是与中欧和东欧国家
的合作。

　　三　主要成就

　　奥地利科技发达、人才辈出，在世界科技蓬勃发展的长
河中，奥地利的科学家占有重要地位，仅获诺贝尔奖
的科学家就有 16 位之多。他们是：诺贝尔医学奖获得者罗伯
特·巴拉尼（1914）、尤利乌斯·瓦格纳－约莱克（1927）、卡
尔·兰德施泰纳（1930）、奥托·罗维（1936）、卡尔·弗·柯
里和盖蒂·柯里（1947）、卡尔·冯·弗利施和康拉德·劳伦茨
（1973）；诺贝尔物理学奖获得者埃尔温·薛定谔（1933）、维克

托·弗朗茨·赫斯（1936）、沃尔夫冈·泡利（1945）；诺贝尔化学奖获得者弗里茨·普雷格尔（1923）、里夏德·齐克蒙迪（1925）、里夏德·库恩（1938）、马克斯·佩鲁茨（1962）；诺贝尔经济学奖获得者弗里德里希·冯·哈耶克（1974）。

奥地利在新的研究体制中特别加强了科学和经济的结合，建立了特色鲜明的创新模式。例如政府通过能力中心资助计划（das Kplus-Programm），促进企业与大学和校外研究机构共同组建"能力中心"。这是奥地利政府主导推动的"产、学、研"共同建立的一种自主创新模式，力求通过这一模式改变奥地利高技术产业化比较薄弱的状况。近几年在计算机、生物、新材料等各领域共建有能力中心 40 个，参与的企业有 450 个，聚集了 1500 名科技人员，其研究成果又可在 AWS 的支持下迅速产业化。政府还通过"A 加 B 计划"（Programm Academia plus Business）推动"创业园"建设，孵化期可达 10 年。

奥地利的专利保护制度较规范，2004 年专利申请有 3581 件，人均专利申请数目位居欧盟国家前列，主要涉及信息通讯和生物技术领域，比前一年增长 4.6%，其中外国在奥地利企业申报的占 38%。奥地利有大约 25% 的专利是奥地利在国外的企业申请的。

过去 10 年是奥地利科技能力迅速提高的 10 年，不断涌现出世界水平的研究成果。例如，奥地利因斯布鲁克研究所的一项科学试验中，玻色－爱因斯坦－凝聚物物态的熔融状锂原子巨分子整整存在了 20 秒钟，轰动世界量子物理界；在数学领域，维也纳大学依据库尔特·哥德尔（Kurt Gödels）对数学非完整性的了解，在逻辑的边界对新的公理进行了研究，为解决所有重要的数学问题作出了贡献；在 2004 年雅典奥运会上，新的兴奋剂检查方法是由奥地利赛伯斯多夫研究中心开发的；目前世界上一半手机上装备的微型发音器是出于维也纳一家国际公司的开发部。以上奥地利科学家在基础科学和应用领域取得的显著成就证明，奥地利正在成为一个新兴的创新国家。

奥地利在某些传统科研领域有其独到之处，在林业技术、畜牧养殖技术、优质钢冶炼技术、低水头发电技术、新材料技术、汽车发动机和能源设备制造技术以及环保技术等方面都有建树。例如：奥钢联的许多专利技术为世界各国选用；世界上历史悠久的发动机研究所——AVL 李斯特研究所，是发动机研究、开发和测试的摇篮；奥地利玛格纳·斯泰尔（Magna Steyr）公司是世界上超级汽车技术提供商，具有 100 多年的汽车工业研究开发经验，汽车技术年销售额达 200 亿美元；奥地利于 2000 年投资 2000 万欧元在维也纳成立了生物医学开发中心，中心的研究人员来自 7 个研究所和大制药集团。该中心的 INTERCELL 生物技术公司在世界上已经小有名气，其在生物疫苗的开发和临床研究方面成果显著，在 2005 年初成为上市公司。2000 年以来奥地利在空间领域科研也卓有成效，奥地利开发的新型碳纤维燃料管已应用于欧洲航天局新一代航天运载火箭上，其卫星定位技术在国际上也比较有影响，近年又加强了欧洲伽利略计划应用研究。以上事实说明奥地利正在以新的面貌向欧洲先进国家看齐，进军欧洲科技尖端国家行列。

近几年来，奥地利在技术创新与科研领域取得了令人满意的成绩。然而，奥地利现有的技术创新与科技能力仍然不能完全反映出国家实际的经济发展水平。自上世纪 90 年代以来，奥地利正在改变依靠引进技术的被动竞争模式，加速科技研发和改革。目前，奥地利制造业技术创新率达到 53%，其制造业技术创新产量为 21%，位居欧盟国家的第三位（位居第一位的是德国，37%；第二位是芬兰，27%）。

第八章
文化、艺术与体育

奥地利在中欧起着文化桥梁的作用，其丰富的文化历史和现状受到全世界瞩目。在奥地利，文化气息到处可见，无论是保存千载的辉煌建筑，还是现代艺术展览；无论是剧院、音乐会，还是名目繁多的艺术节和民俗节日。奥地利拥有世界上最著名的音乐团体，如维也纳童声合唱团、阿诺尔德·勋伯格合唱团、维也纳爱乐乐团、维也纳交响乐团、萨尔茨堡学院乐团、音乐谐音乐团，以及维也纳艺术乐团等等，都是奥地利文化交流与传播的使者。

奥地利对文化、艺术与体育事业的投入见表 8 - 1。

表 8 - 1 2002 ~ 2003 年度奥地利对文化、艺术与体育事业的投入

单位：百万欧元，%

	中央政府		联邦州		辖区（不含维也纳市）		总　　计	
博物馆、档案馆、学术研究	109.00	15.3	90.60	12.5	57.48	9.7	249.89	13.2
建筑文化遗产	131.83	18.5	36.33	5.0	82.86	14.0	243.01	12.9
民间文化	0.48	0.1	7.04	1.0	18.37	3.1	23.55	1.2
文　学	7.67	1.1	2.33	0.3	1.76	0.3	11.74	0.6
图书馆	27.31	3.8	32.72	4.5	23.25	3.9	82.85	4.4

续表 8-1

	中央政府		联邦州		辖区(不含维也纳市)		总　计	
新　闻	15.88	2.2	0.71	0.1	—	—	16.59	0.9
音　乐	12.58	1.8	46.32	6.4	47.86	8.1	101.54	5.4
艺　术	173.04	24.3	108.86	15.1	64.08	10.8	306.06	16.2
摄影等创作	7.80	1.1	13.66	1.9	6.58	1.1	27.43	1.5
电影、影院	13.86	2.0	14.17	2.0	3.24	0.5	31.22	1.7
广播电视	—		0.09	0.0	0.59	0.1	0.68	0.0
文化中心	5.51	0.8	43.22	6.0	113.30	19.1	161.64	8.6
培训、继续教育	155.63	21.9	188.98	26.2	138.21	23.3	418.76	22.2
成人教育	0.10	0.0	—		0.74	0.1	0.84	0.0
国际文化交流	32.69	4.6	0.34	0.0	2.99	0.5	36.02	1.9
大型文化活动	11.26	1.6	55.38	7.7	13.36	2.3	78.60	4.2
其　他	6.10	0.9	81.66	11.3	18.67	3.1	98.40	5.2
合　　计	710.77	100.0	722.40	100.0	593.33	100.0	1888.81	100.0

第一节　文学

"**奥**地利"这个名称在历史上最早出现于公元 976 年，它当时是巴伐利亚的东部边陲，故得名奥地利，即"东方之国"。此后在很长的历史时期内，奥地利的发展同其他讲德语的地区有着极为密切的关系，因而独立的奥地利文学从何时算起就成了一个争议很大的问题。有人认为，奥地利文学在 19 世纪初"神圣罗马帝国"解体前后才显示出自己独有的特征；有人认为，1918 年奥匈帝国崩溃以后奥地利文学才正式形成；也有人认为，只是在 1945 年第二次世界大战以后才有真正独立的奥地利文学。多数学者认为，奥地利文学应从奥地利正式形成时算起，即奥地利文学发展可以追溯到 10 世纪初。

早在 10 世纪以前，基督教已传入阿尔卑斯山区和多瑙河流域，基督教的传播导致修道院盛行，修道院成了当时的文化教育中心，僧侣是唯一掌握文化的阶层，因此奥地利最早有文字可查的文学是僧侣文学。僧侣们根据《圣经》传说编写各种形式的作品，宣传"苦行"、"遁世"思想，谴责一切要求现世快乐的思想和行为。僧侣埃索写的《埃索之歌》（1063 年）就是这种文学的代表作。接着有《皇帝编年史》和《亚历山大之歌》等。

11 世纪末和 12 世纪初，僧侣们的取材范围不再限于圣经故事，世俗生活也成为选材的对象。大约在 1145 年以前由许多人陆续编撰而成的《皇帝编年史》和兰姆布莱希特（生卒年不详）的《亚历山大之歌》（1150 年），写的都是世俗皇帝的事迹。他们反抗世俗封建主对教皇的威胁，并对抗当时盛行的骑士精神和骑士文学。与此同时，僧侣文学也在不知不觉地接受骑士文学的影响，亨利希·封·梅尔克（生卒年不详）的《忆死》（约 1150年）已对骑士精神不持否定态度。

同僧侣文学相对立的是骑士文学，它产生于 10 世纪中叶。开始时骑士文学深受僧侣文学的影响，但到 12～13 世纪，它取代了僧侣文学的统治地位。

讴歌男女之间纯真爱情的骑士爱情诗是骑士文学的一种主要形式，它是从法国传入的行吟诗与奥地利民歌相结合的产物。在它的早期阶段，骑士爱情诗歌颂男女之间纯洁的爱情，代表作家是封·德尔·屈伦贝格（大约生活在 12 世纪中叶）和迪特玛尔·封·艾斯特（约死于 1171 年以前）。12 世纪末，骑士爱情诗成了骑士为女主人"服务"的手段，歌颂一个假想的"女郡主"的"高贵"品质。这种诗所表达的感情矫揉造作，形式千篇一律。主要代表人物是赖因玛尔·封·哈格瑙（约 1160～1210 年）。他的学生瓦尔特·封·德尔·福格威德（约 1170～

1230年）写的骑士爱情诗很快就突破了他的程式，在内容和形式方面都有创新，使骑士爱情诗发展到了顶峰。福格威德不仅是中世纪优秀的抒情诗人，同时还是伟大的政治诗人。他为维护皇权反对教权写了许多优秀的政治诗歌。

骑士文学的另一种重要形式是叙事体的骑士宫廷史诗，大型英雄史诗《尼贝龙根之歌》（约1200年）是其中意义最为重大的一部作品，也是迄今流传下来最早和最感人肺腑的伟大英雄诗篇。它的诗体与早期骑士爱情诗极为相似。从作品的结构和风格看，它出自一个人的手笔。根据作品所描写的背景和景物，作者是帕绍一带的人。由此推断，《尼贝龙根之歌》是奥地利人写的作品，是奥地利中世纪文学中最伟大的作品，标志着文学史上的第一个高潮。

奥地利也有人写另一种骑士宫廷史诗。这种史诗取材于外国古代传说或基督教传说。不过大多模仿或抄袭德国作家哈特曼·封·奥埃等人的作品，只有德尔·施特里克（约死于1250年）写的《繁花似锦山谷中的达尼尔》（约1215~1220年）是例外。他编写的德语文学中第一部笑话集《教士阿米斯的笑话》（约1230年）却是一个贡献，它是骑士文学向早期市民文学过渡的先兆。

中世纪的文学作品可以说色彩纷呈，有讽刺宗教的，有反对宫廷的，有对宗教表示虔诚的，有痛斥土耳其侵略的，也有揭露商业中作伪行骗的。它们的代表作是《冯·卡伦贝格》、《夏日有闲情逸致的人》、《精神十四行诗》、《忏悔的胜利桂》、《犹大这个大骗子》等。

一　骑士文学的衰落与市民文学的兴起（14~18世纪）

14 世纪，骑士文学趋于衰落，早期市民文学逐渐兴起。笑话的出现就是这一转变的标志。笑话是一种诙谐的讽刺文学，它讽刺对象有教会和世俗的封建主，也有农民。它主

要在民间口头流传。15 世纪中叶，法兰克福特（约 1420～1490
年）把民间流传的笑话集中到牧师封·卡伦贝格身上，编成
《封·卡伦贝格牧师的事迹》（约 1450 年）。

骑士爱情诗在 14 世纪也走向衰落，奥斯瓦尔德·封·沃尔
肯施泰因（1377～1445 年）是最后一位著名的骑士爱情诗人，
他的诗歌已具有明显的市民文学的特征。此后盛行起来的是民
歌。民歌主要是由手工业工人创作并演唱。到了 16 世纪，出现
一种"愚人歌曲"的民歌形式，内容主要是现实生活中新发生
的事件，因而有"歌曲报纸"之称。

维也纳和当时在奥地利管辖下的布拉格是欧洲人文主义运动
的中心，人文主义的代表是《波希米亚的阿克曼》（约 1400 年）
的作者约翰内斯·封·萨茨（或泰佩尔）（1350～1414 年）、亨
利希·德尔·泰希讷（1310～1327 年）和采尔蒂斯（1459～
1508 年）等。他们的作品宣扬维护人的尊严。

16 世纪奥地利文学成就最大的是戏剧，在学校里经常演出
宗教和世俗内容的戏剧，形成了所谓"学校剧"，代表人物是雷
布（约 1506～1546 年）。但是，意义更为重大的是"戒斋节剧"
的发展。奥地利的戒斋节剧与德国的纽伦堡戒斋节剧由于历史来
源不同在风格上有很大差异。早在 12 世纪阿瓦夫人（约死于
1127 年）就创作了以《圣经》故事为内容的宗教剧。到 14 世
纪，从宗教剧发展出一种"内德哈特剧"的世俗剧，奥地利的
戒斋节剧就是在它的基础上发展起来的。

在宗教改革运动中，奥地利是旧教的堡垒，它一直处于反宗
教改革的天主教势力的统治之下，同时它又是哈布斯堡王朝的基
地，因而阻碍了 15、16 世纪的早期市民文学的发展，宫廷文学
占据了统治地位，并对 17 世纪奥地利文学产生了巨大影响。从
事文学创作的，除了王公贵族外，就是为宫廷服务的受过教育的
市民。他们不再表现下层人民的生活和要求，而是迎合宫廷的趣

味，表现理想化的宫廷生活。他们用拉丁文写作，抄袭模仿外国作品，专讲形式和技巧，"巴洛克"风格盛极一时。

17 世纪奥地利文学中最发达的仍是戏剧。为了对抗宗教改革，宣传天主教的思想，发展出一种用拉丁文写的"耶稣会剧"。它在技巧方面有所发展，但内容都是正统的天主教思想。比德尔曼（1578～1639 年）是它的创始人和主要代表。雷亨帕赫（1634～1706 年）是另一种宗教剧"本笃会剧"的主要代表，这种戏剧也宣传天主教思想，不过态度温和一些。小说方面，成就最大的是贝尔（1655～1705 年），他继承了格里美豪森的传统，描写真实的社会生活，他的作品具有反宫廷的性质。代表作有《德意志的冬夜》（1682 年）和《夏日有闲情逸致的人》（1683 年）。当时还流行一种说教文学，阿伯拉罕（1644～1709 年）是它的代表。

在各种宗教戏剧盛行的同时，民间出现一种专事插科打诨的滑稽剧，由业余或职业演员流动演出。1706 年，施特拉尼茨基（1676～1726 年）组织剧团，在维也纳市郊演出。他重新塑造了早已流传的汉斯·乌尔斯特这个丑角的形象，写了许多"历史大剧"。他创作的"古维也纳民间喜剧"很快就流传开来，并取代了巴洛克风格宗教剧的主导地位。

二　奥地利文学的启蒙运动时期（18 世纪）

18 世纪，随着奥地利成为欧洲强国，文学上出现了一个飞跃时期，产生了一批描写历史人物的文学作品。

18 世纪中叶，奥地利文学进入启蒙运动时期。启蒙运动和共济会在奥地利是并行发展的，共济会所提倡的宽容、个性自由发展、乐于助人、博爱等思想，是启蒙运动思想的重要内容。1761 年，佐嫩菲尔斯（1733～1817 年）建立了"德意志协会"，1765 年编辑出版道德周刊《没有偏见的人》。布卢毛尔（1755～

1798年）于1782～1784年主编维也纳启蒙运动亦即共济会的机关刊物《维也纳写实报》，并主编《维也纳文艺年鉴》。奥地利的启蒙运动作家，大多是在德国启蒙运动作家影响下从事创作的。布卢毛尔受德国作家维兰德的影响，戴尼斯（1729～1800年）则把德国作家克洛卜施托克作为效法的榜样。佐嫩菲尔斯致力于戏剧改革。他在《维也纳舞台通信》（1768年）和《杜绝临时编词的必要性》（1770年）两文中反对演员在演出时即兴编词，反对汉斯·乌尔斯特这种专门打诨逗趣的丑角；要求以法国古典主义戏剧为榜样，创作和演出必须严守一定的规则。他介绍西欧的启蒙运动思想，批评当时戏剧中的混乱状态，具有积极意义，但他忽略了18世纪初兴起的"古维也纳民间喜剧"的大众性。他的主张遭到了哈夫纳（1731～1764年）的反对，哈夫纳把所谓"汉斯·乌尔斯特喜剧"发展成为维也纳"大众剧"，被誉为"大众剧之父"，对莱蒙特和内斯特罗伊有很大影响。

三　近现代奥地利文学（19世纪至20世纪初）

19 世纪的奥地利文学作品以描写农村生活、反映农村社会矛盾、鞭挞天主教对农村的统治为主题。

19世纪，奥地利涌现出一批具有世界声誉的作家。格里尔帕策（1791～1872年）是19世纪第一个有影响的作家，他创立了奥地利的古典剧。他的艺术倾向属于以歌德和席勒为代表的古典文学范畴，但他作品的题材完全是奥地利的。《鄂托卡国王的幸福和结局》（1825年）是他的代表作，在艺术上可与席勒的《华伦斯坦》相媲美。菲迪南·莱蒙特（1790～1836年）克服了原来充斥于"大众剧"中的低级庸俗的噱头，创造了富于幻想和幽默的童话剧和魔术滑稽剧，把"大众剧"提高到新的水平。

1830年法国爆发了七月革命，在它的影响下，奥地利也出现了前所未有的革命形势。这时的重要作家大多是民主主义者。约翰·内斯特洛伊（1801～1862年）也是"大众剧"的作者，他不仅在艺术上净化和提高了这种深受民众欢迎的戏剧形式，而且给它灌注了民主主义和社会批判的内容，因而成为1830年以后深受欢迎的剧作家。西尔茨菲尔德长期侨居美国，他的小说对美国风土人情和社会状况作了真实的描写，把美国的民主制看作欧洲的榜样，在写作技巧上也有创新。1848年革命以前，奥地利也涌现出一批"倾向诗人"，最主要的是奥尔斯佩格（1806～1876年），他的诗集《一个维也纳诗人的散步》（1831年）猛烈攻击梅特涅政权，遭到查禁。莱瑙（1802～1850年）也是民主主义者，但他的思想和创作远远超过了当时的"倾向诗人"。他作为诗人在同时代的德语文学中仅次于海涅，他的不少优秀诗篇一直被人称颂。

1848年革命失败，影响所致，使文学脱离现实的倾向增强，作家回避现实重大社会问题，寄情于山水和远离资本主义大都市的乡村。阿达尔贝特·史蒂夫特（1805～1868年）在1848年以前的作品还具有革命的激情，以后的作品就流露出一种悲观低沉的情调。他对人物心理和生活细节的刻画真切入微，对自然景色的描绘也亲切感人，但他的作品缺乏深刻的社会内容，人物苍白无力。萨尔（1833～1906年）是很有才华的作家，他的哀歌和中篇小说在艺术上很有成就，但压抑忧伤的情感模糊了作品的民主主义倾向，细致入微的心理描写冲淡了作品社会批判的意义。

19世纪70年代，特别是80年代，奥地利文学中社会批判的因素明显增加，出现了安岑格鲁贝这样的现实主义作家。他的作品也以故乡为背景，写乡村生活。但他并不着重写宁静、和谐的田园生活，而是写乡村的社会斗争。他不仅揭露天主教势力对奥地利农村的统治，而且鞭笞资本主义对金钱和权力的追逐。同时，他把"大众剧"提高到了古典戏剧的水平。19世纪下半叶的现实主义作家还有埃布纳－埃申巴赫（1830～1916年）、戴维（1859～1906年）、屈恩贝格（1821～1879年）、弗兰佐斯（1848～1904年）等。

19世纪末，奥地利文学流派纷呈，人才辈出。"青年维也纳"是当时有影响的一个文学团体，与它有直接或间接关系的作家，尽管哲学和艺术观点不完全相同，但都对资本主义的发展感到憎恶，预感到哈布斯堡王朝的覆灭已无可挽回。他们厌恶现实，鄙弃现实，但对现实发展又迷惑不解，于是就逃向梦幻世界。他们否认现实是艺术表现的对象，认为只有人的内心世界才是艺术应该表现的对象。他们在艺术上刻意求工，认为艺术的真正价值在于形式的完善。他们不仅反对当时正在盛行的自然主义，而且要与整个19世纪的现实主义传统决裂。

巴尔（1863～1934年）是"青年维也纳"理论方面的代表，施尼茨勒（1862～1931年）是创作方面的代表。施尼茨勒把弗洛伊德的心理分析方法用于文学，他的戏剧打破了传统的格式，他的小说抛弃了叙述故事的手法，对20世纪的"现代派"文学产生了很大影响。著名作家霍夫曼斯塔尔（1874～1929年）与"青年维也纳"也有过联系，同时也一度是德国"格奥尔格派"的重要成员。他的诗歌音韵优美，剧作对话典雅，情节和人物都是寓意象征性的，主题是超时代的"永恒的"生与死、苦与乐等的斗争。

在布拉格（从15世纪捷克属于奥匈帝国，当时捷克是在奥地利统辖范围内），19世纪末至20世纪初也涌现出一批举世瞩目的作家。卡夫卡（1883～1924年）、布罗德（1884～1968年）、恩斯特·魏斯（1882～1940年）、韦尔弗（1890～1945年）都是生活在布拉格讲德语的犹太人。共同的社会处境，使他们成为朋友，文学史上称他们为"布拉格派"。他们的艺术倾向并不完全相同，但孤独和压抑是他们作品的共同基调。他们在文学上各自都作出了贡献，其中最杰出的是卡夫卡。他的作品情节离奇怪诞，环境陌生可怖，人物的精神状态孤独绝望。他批判现实，但现实又是一种神秘莫测的力量，人只能听任它的摆布。这种神秘悲观主义是 20 世纪以来西方资本主义世界相当普遍的社会思潮。他的艺术手法与西方现代派文学有千丝万缕的联系，他被誉为现代派文学大师。

里尔克（1875～1926 年）是出生于布拉格的奥地利作家，也享有世界声誉。他与德国的"格奥尔格派"有一定的联系，但又有区别。他在现实中感到孤独痛苦，但仍希望现实能有所改变，他不像格奥尔格派作家那样完全逃到远离现实的纯艺术的虚幻世界中去。

20 世纪的文学作品多以揭露、批判社会矛盾和昔日旧风习为主，其主要代表作品有《审判》、《城堡》、《恶魔》、《人类的末日》、《难以满足的人》，代表作家有卡夫卡、魏斯、韦尔弗、卡尔·克劳斯、胡戈·霍夫曼斯塔尔、多德勒尔、巴赫曼、策兰。20 世纪 70 年代以来，一批青年作家崭露头角，他们运用现实主义手法，反映下层人民的社会状况。代表人物有英纳霍夫、沃尔夫格鲁伯等。

四　当代奥地利文学（20 世纪初至今）

20 世纪奥地利涌现出一批具有世界影响的文学大师，如阿图尔·施尼茨勒、施特凡·茨威格、约瑟夫·罗特、罗伯特·穆希尔、英格伯格·巴赫曼、托马斯·贝昂哈特和彼得·汉特克等。

第一次世界大战前夕，奥地利文坛表现主义兴起，《蒸馏瓶》是奥地利表现主义的一份重要刊物。特拉克尔（1887～1914 年）是重要的表现主义诗人，他的诗歌曾在《蒸馏瓶》上发表。克劳斯（1874～1936 年）在表现主义文学中占有特殊地位，他利用所主编的《火炬》杂志猛烈攻击社会的各种弊端，在奥地利国内外都享有很高声誉。他的代表作剧本《人类的末日》（1918～1919 年）广泛地反映了战前奥地利的生活，是奥地利第一部揭露第一次世界大战的作品。

第一次世界大战结束，哈布斯堡王朝崩溃，奥匈帝国解体，这是奥地利历史上的重大转折，在人们思想中引起巨大的震动。探讨哈布斯堡王朝由盛到衰的原因就成为战后文学的重要主题。约瑟夫·罗特（1894～1939 年）的《拉德茨基进行曲》（1932 年）和《先王墓室》（1938 年）是两部内容衔接的长篇小说，描写 1859～1938 年奥地利的历史变迁。罗伯特·穆希尔（1880～1942 年）未完成的长篇小说《没有个性的人》（1930～1943 年）通过众多的人物形象呈现出战前奥地利的社会画面，把奥地利社会看作是欧洲资本主义社会的缩影。他不满足于表现社会的外貌，而通过精彩的对话、生动的议论和深刻的心理分析着重揭示人物的思想和精神状态。他的小说不仅内容深沉，而且写作手法也别具一格，是这个时期奥地利成就最大的作家。

另外，布罗赫（1886～1951 年）的三部曲《梦游者》（1931～1932 年）写德国 1888～1918 年的发展，试图揭示德国帝国主义崩溃的过程。他对现存世界持否定态度，认为在这个专讲"实用"的社会中一切美好的东西都失去了本来的价值。施特凡·茨威格（1881～1942 年）和霍瓦特（1901～1938 年）是这个时期深受人们欢迎的作家，他们分别在传记文学和戏剧创作方面有所建树。

1938 年希特勒德国吞并了奥地利，大部分作家投身反抗法西斯统治的斗争，或流亡国外，或保持沉默。

1945 年第二次世界大战结束，奥地利文学在战前文学的基础上继续发展。策兰（1920～1970 年）和巴赫曼（1926～　）是战后初期的两位著名诗人，他们继承了霍夫曼斯塔尔和特拉克尔的传统。他们渴望在一个虚幻的世界找到真正的"人性",认为现实世界充满欺诈和谎言,甚至连与现实相联系的语言也说不出任何真实的东西。他们自造语言,用隐语和比喻来表达思想,让读者通过联想和猜测来体会他们最隐蔽的感受。策兰和巴赫曼的诗在奥地利引起很大反响。维也纳的诗人结成了"维也纳派"进行所谓"语言革命",他们认为诗歌不再是通过表现现实来激发人的感情,给人以娱乐和安慰,而是进行"语言革命"的试验场所。这些诗人是阿特曼(1921~)、阿赫莱特纳(1930~)、吕姆(1930~)、维因纳(1935~)和拜尔(1932~1964年)等。1960年左右,"维也纳派"的活动达到了顶峰,1964年拜尔自杀以后,就自行解散。

1958年,格拉茨的画家和摄影师等在"城市公园"咖啡馆结成"城市公园论坛"俱乐部。1960年以后一些作家也加入了这个俱乐部,因而在格拉茨出现了奥地利战后文学的第二个中心,它的成就主要在戏剧和小说方面。战后初年奥地利戏剧继承了战前古典剧和民间戏剧的传统,西方出现的各种时髦戏对奥地利并无多大影响。1960年左右,"维也纳派"诗人在热衷于写所谓"具体诗"时,有人试图把这种诗的原则和手法运用于戏剧。"维也纳派"的试验并没有成功,而格拉茨中心的作家却完成了这一转变。他们彻底否定了传统的戏剧手法,采用超现实主义和荒诞派戏剧的表现手法,创作所谓"反戏剧"。这些剧作家标新立异,从事"语言革命"。其中最著名的是汉特克(1942~);此外,属于这一派的剧作家还有鲍尔(1941~)。

战后奥地利的小说也经历了类似戏剧的发展过程。多德勒尔(1896~1966年)继承了战前的传统,探讨奥地利的历史发展。他的代表作《斯特鲁德霍夫梯道或梅尔策和深重的年代》(1951年)和《恶魔》(1956年)是两部内容呼应的小说,分别展现了奥地利从1911年至1925年和1926年至1927年的社会画面。

战后登上文坛的艾兴格（1921～ ）写作超现实主义的小说，贝恩哈特（1931～ ）否定传统，从事"试验"。成就最大的是"城市公园论坛"的首领汉特克，他的"反小说"没有连贯的故事，层次错杂，时空混乱，语言含混。"城市公园论坛"的小说家还有弗里施穆特（1941～ ）和盖哈尔特·罗特（1942～ ）等。

70 年代萨尔茨堡两位青年小说家英纳霍夫（1944～ ）和沃尔夫格鲁伯（1944～ ）引起人们的重视。他们写自己的经历，反映下层人的命运，在写作手法上也有现实主义成分。有人认为萨尔茨堡是继维也纳和格拉茨之后奥地利的第三个文学中心，并可能代表奥地利文学今后的发展趋向。

2004 年 10 月，58 岁的奥地利女作家、诗人埃尔弗里德·耶利内克（Elfriede Jelinek）获得 2004 年度的诺贝尔文学奖，授予耶利内克诺贝尔文学奖的理由是"她小说中表现出的音乐动感，和她用超凡的语言显示了社会的荒谬以及它们使人屈服的奇异力量"。

埃尔弗里德·耶利内克 1946 年出生于奥地利米尔茨楚施拉格，21 岁时出版了自己的处女作《利莎的影子》，随即引起反响。随后，她又先后创作了《情欲》、《女情人们》、半自传体小说《钢琴教师》等文学作品，笔锋逐渐定格在女性话题上。由于她的作品时常抨击奥地利传统文学以及传统文化风俗，文学界关于耶利内克的争议不在少数。身兼小说家、诗人和剧作家的耶利内克，文体很难定义，始终游走在散文和诗体之间，时而赞美，时而咒骂批判，也包含了剧场和电影般的场景章节。

她的作品在欧洲颇具影响，在不少国家都受到普遍欢迎，特别是女性读者对她的著作情有独钟。而她在文笔和格式上又不拘一格，散文、诗歌、小说、剧作、影视脚本等文体的作品都曾在她笔下诞生。此外，耶利内克本人还有"激进女性"之称，因为她的许多作品都以强烈批评男性的专制和暴力而著称。她的作品多描写妇女如何被毁掉的故事。瑞典文学院在描述耶利内克的作品内容时说，她的文章常以妇女为主题，而最终都以妇女无能为力为悲剧结尾。文学奖的评委们认为，通过《钢琴教师》等一系列作品，耶利内克展示出了"一个充满暴力与屈从、捕猎与被猎的冷酷无情的世界"。

耶利内克最著名的作品莫过于1988年撰写的小说《钢琴教师》。与耶利内克的系列小说类似，《钢琴教师》依旧讲述的是一个生活受难的女性故事。在她笔下，维也纳音乐学院的女钢琴教师艾丽卡年届40，与性格独断专横的母亲生活在一起。在这个封闭保守、几乎与世隔绝的残缺家庭中，艾丽卡感到压抑苦闷，这种畸形的环境导致了她不得不依靠偷窥和自我虐待来发泄自己的欲望。随后，她的人生因为一个学生的出现而改变了……

小说所要展现的并非病态的情色，也不是张扬性少数派、新女性主义的权力观。冷漠、孤僻，甚至残酷的女教师，因为嫉妒而把锋利的碎玻璃放入女学生的大衣口袋，从而毁掉一个钢琴天才。她对恋人的爱，转变成了强烈的虐待。

2001年，奥地利导演迈克尔·哈内克带着根据这部小说改编的同名电影参加了戛纳电影节，一举获得了第54届戛纳电影节评审团、最佳男女主角三项大奖。导演哈内克对耶利内克这部作品的评价是："小说讲述的并不仅仅是一个女性自我毁灭的故事，它包含着极其丰富复杂的社会思考与社会批判，能够给人带来很多思索和联想。"

第二节 音乐、戏剧与电影

一 音乐的发展历程

在奥地利这片土地上，自罗马时期开始，宗教音乐、骑士音乐和宫廷音乐就已十分盛行，特别是宗教音乐的发展更是达到相当高的水平。奥地利是个多民族杂居的地方，各民族文化的相互渗透，使奥地利音乐根植于一片沃土之中，特别是 16～17 世纪，奥地利的民间音乐和民族舞蹈更加流行，产生了许多具有浓郁民族特色的舞曲和民歌，为以后音乐的蓬勃发展奠定了广泛的基础。加之奥地利地处德国和意大利这两个音乐强国之间，前者向来是浪漫主义和古典主义音乐的强国，而后者则是歌剧的发祥地，都对奥地利音乐的发展产生了巨大影响。

1489 年马克西米利安一世皇帝创建了"维也纳童声合唱团"，标志着奥地利真正拥有了自己的音乐。奥地利古曲音乐的黄金时期是在 18 世纪末至 19 世纪初，那时维也纳云集了海顿、莫扎特、舒伯特、贝多芬等世界级音乐大师，使它成为著名的"音乐之乡"。

19 世纪奥地利古典音乐的代表人物还有安东·布鲁克纳、胡戈·沃尔夫、约翰内斯·勃拉姆斯和古斯塔夫·马勒。

19 世纪后半叶，"施特劳斯家族"在奥地利音乐界占据了十分重要的地位。以小约翰·施特劳斯为代表的音乐派提倡的圆舞曲响遍各地，《蓝色多瑙河》的旋律深入人心。除施特劳斯家族之外，这个时期的代表人物还有约翰·奈斯特鲁、弗朗茨·冯·苏波、卡尔·米雷克、卡尔·蔡勒、里夏德·豪伊贝格、弗朗茨·莱哈尔、罗伯特·施托尔茨等。

进入 20 世纪之后，奥地利古典音乐一直保留着其经久不衰的地位，一些著名剧院和音乐厅仍上演和举行以古典音乐为主的歌剧和音乐会，也培育了如赫伯特·冯·卡拉扬这样的大指挥家。世界驰名的维也纳新年音乐会和歌剧院舞会更是只演奏古典音乐。当然，随着时代的发展变化，奥地利也受到现代音乐的影响，爵士乐、滚石音乐等也充斥了奥地利的一些音乐场所。不过，现代音乐一般还是在那些层次较低的音乐厅、剧场演出，听众多为青年人。

二 维也纳古典音乐与浪漫主义音乐

1. 维也纳古典音乐

格鲁克（Christoph Willibald Gluck，1714～1787年）的名字今天不太为人所熟知，但是他却是维也纳古典音乐的先驱和维也纳古典歌剧的改革者。他生于德国巴伐利亚，1751年定居维也纳。他对当时占主流地位的意大利歌剧进行大胆改革，打破了意大利歌剧一统天下的局面，其主要作品有歌剧《奥菲欧语犹利狄采》、《阿尔塞斯》和《帕利德和艾列娜》。格鲁克为维也纳古典歌剧的发展开辟了道路。

海顿、莫扎特和贝多芬被称为维也纳古典主义音乐的三大主角。如果说巴洛克音乐的特点是华丽、热情和含有浓重的贵族气息的话，那么古典主义音乐则是对古希腊、罗马文化的再现，其风格均匀而富有节奏，素朴而又纯真。1827年3月26日贝多芬与世长辞，他的逝世，标志着奥地利音乐史上的一个灿烂辉煌的时代——维也纳古典音乐时期的终结。随后到来的是以舒伯特为代表的浪漫主义音乐时期。

2. 浪漫主义音乐

舒伯特是早期浪漫主义音乐的杰出代表，他通过采用和声上的色彩变化，用各种音乐体裁形式来刻画个人的心理活动，富有大自然的和谐和生命力的气息，他将瞬息间的遐想行之于乐谱，把感受到的一切化为音乐形象，构成了他独特的浪漫主义的旋律。他对后来浪漫主义音乐的发展产生了极其深远的影响。

维也纳浪漫主义音乐的另一位杰出代表是安东·布鲁克纳（Anton Bruckner，1824～1896年）。在林茨期间，他常到维也纳学习音乐理论。1875年，布鲁克纳成为维也纳大学教授。布鲁克纳是著名的交响乐家和作曲家，其作曲风格是气势磅礴中糅入大风琴的音响，给人以恢宏的感觉。

古斯塔夫·马勒尔（Gustav Mahler，1860~1911 年）是布鲁克纳的学生，晚期浪漫主义音乐的代表人物。他生在波希米亚一个犹太人家庭，15 岁时报考维也纳音乐学院。他的交响乐作品透露着一种自信和沉着，同时表达着一种低沉、伤感的情绪，其作品《大地之歌》和《男童魔笛》都是人们所熟悉的。马勒尔还是奥地利著名指挥家，曾先后担任布拉格、莱比锡和布达佩斯皇家歌剧院的院长。在担任维也纳歌剧院院长的 10 年间，是该剧院发展的黄金时期，被称为"马勒尔时代"。

三 轻歌剧与圆舞曲

随着舒伯特的早逝，浪漫主义音乐在以后的几年间在德国和法国得到发展。19 世纪下半叶，奥地利音乐则进入了维也纳圆舞曲和轻歌剧时代。轻音乐在维也纳的兴起，使奥地利音乐又进入另一个辉煌时期，代表人物是施特劳斯家族和他们的圆舞曲。

1. 圆舞曲

老约翰·施特劳斯（Johann Strauss，1804~1849 年），奥地利作曲家，是"圆舞曲之王"——小约翰·施特劳斯的父亲。他与约瑟夫·兰纳（1801~1843 年）一起奠定了维也纳圆舞曲体裁的基础，被誉为"圆舞曲之父"。直至 20 世纪末，圆舞曲仍方兴未艾，保持着一定的影响。老施特劳斯一生共创作了 150 余首圆舞曲，另有大量进行曲和波尔卡舞曲等。代表作有《拉德斯基进行曲》和《安那波尔卡》等，其中《拉德斯基进行曲》是最为人们喜闻乐见的作品，是每年维也纳新年音乐会的压场曲。

小约翰·施特劳斯是奥地利小提琴家、指挥家、圆舞曲及维也纳轻音乐的作曲家。其创作以 120 余首维也纳圆舞曲著称，被后人称为"圆舞曲之王"。小约翰·施特劳斯继承了其父和兰纳等前辈的传统，但"青出于蓝而胜于蓝"，他所取得的成就超过了他的父亲。他作有 500 余首作品，主要是生活舞蹈性音乐，包括圆舞曲、波尔卡舞曲、进行曲及一些轻歌剧等。他的创作核心是圆舞曲，以民间舞曲的节奏和其他表现手法为依据，旋律酣畅，节奏自由，音乐语言真挚而自然。他还将源于德国南部性格温和的连德勒舞，改造成为结构简单、节奏灵活、旋律优美、感情奔放的音乐体裁，在市民生活中占有重要地位。小约翰·施特劳斯曾带领乐队访问欧洲各国，使维也纳圆舞曲风靡全欧洲。他的圆舞曲是每年维也纳新年音乐会的主要曲目。

小约翰·施特劳斯最著名的作品有《蓝色多瑙河》、《艺术家的生涯》、《维也纳森林的故事》、《春之声》、《美酒、爱情和歌曲》、《皇帝圆舞曲》等，其中《蓝色多瑙河》被誉为奥地利第二国歌。此外还作有《雷鸣电闪》等 120 多首源自捷克的波尔卡舞曲及几十首其他舞曲。1870 年起创作了《蝙蝠》、《罗马狂欢节》、《阿里巴巴与四十大盗》、《吉卜赛男爵》等 16 部轻歌剧，对于欧洲轻歌剧的发展有着相当深远的影响。

约瑟夫·施特劳斯（Jovsef Strauss，1827～1870 年）是奥地利作曲家、指挥家，小约翰·施特劳斯之弟。约瑟夫·施特劳斯的本职为建筑工程师，1853 年开始从事指挥和作曲，后任宫廷舞会的指挥。作品以钢琴小品和舞曲为主，共计 300 余首，风格与小约翰·施特劳斯极其相近。代表作为《奥地利的村燕圆舞曲》、《天体音乐圆舞曲》，以及同小约翰·施特劳斯共同创作的别具一格的《拨弦波尔卡》舞曲。

2. 轻歌剧

华尔兹圆舞曲风靡欧洲的时代，也是奥地利轻歌剧发展的黄金时代。除了施特劳斯家族的作品之外，弗朗茨·冯·朱波（Franz von Suppe，1819～1895 年）也是轻歌剧的主要代表人物，主要代表作有《寄宿学校》、《美丽的夏洛蒂》、《法蒂尼察》和《博卡修》等。维也纳轻歌剧的另一代表人物是卡尔·米洛柯尔

（Carl Millöcker，1842～1899 年），代表作有《乞丐学生》、《大巴林男爵夫人》和《海军中将》。

在轻歌剧创作上取得较大成就的还有弗兰茨·雷哈尔（Franz Lehá，1870～1948 年），他的主要作品《快乐的寡妇》曾被译成 10 种语言，上演 18000 场，他的代表作还有《卢森堡男爵》、《扎勒维茨》和《微小的田野》等。

四　戏剧与电影

奥地利在 15、16 世纪才出现戏剧，17 世纪歌剧和舞剧得到较快发展。由马克斯·安东尼奥·蔡斯蒂创作的五幕 67 场歌剧《金果》曾给人们留下深刻印象，宫廷乐师约翰·约瑟夫·富克斯创作的《康斯坦察和福尔德察》堪称当时歌剧发展水平的巅峰之作。在约瑟夫二世当政时期，莫扎特奠定了国家轻歌剧的基础，他的名作《后宫诱逃》可与意大利歌剧媲美。19 世纪，奥地利受法国革命的影响，大多数剧作家都成了民主主义者，创作出大批反映民主的"大众剧"，深受当时普通民众的欢迎，其代表人物是内斯特罗伊。20 世纪，奥地利歌剧的代表人物是尤利乌斯·比特纳、弗兰茨·施密特、埃里希·科恩戈尔德、戈特弗里德·冯·艾内姆，主要代表作品有《沃策克》、《丹东之死》等。

奥地利首部电影故事片拍摄于 1908 年。两年后，萨莎·科罗维特创建了电影制片厂，开始了电影繁荣时代。1926 年，影片《拿玫瑰花的人》标志着奥地利从此结束了无声电影的时代。第二次世界大战后，奥地利电影业得到恢复和发展，《诉讼》、《最后一幕》等一批揭露希特勒法西斯罪行和反映人民反法西斯斗争的影片问世。50 年代，奥地利曾拍摄过一些有较大影响的电影，如《茜茜公主》、《乌鸦》等。自 20 世纪 60 年代以来，奥地利电影业逐渐走下坡路。20 世纪七八十年代。奥地利政府虽采取鼓励措施，但收效甚微，一些著名电影演员纷纷离开奥地利去国外发展。来自奥地利的世界级电影演员有罗米·施耐德、菲舍尔、纳迪亚·蒂勒、奥斯卡·维尔纳、克劳斯·马利亚·布兰道和阿尔诺德·施瓦辛格等。

五　音乐团体与活动

维也纳是世界知名的四大交响乐团的所在地，即大维也纳交响乐团、维也纳交响乐队、奥地利广播交响乐团和下奥地利音乐家乐团。另外，还有几百个小型乐团，从举世闻名的三重奏演出小组到室内乐队。每年 5 月下旬至 6 月中旬的维也纳文化节是奥地利音乐活动旺季，随之而来的夏天的音乐舞台依旧是五彩缤纷。奥地利几乎每天都会举办形形色色的音乐活动：在市政厅大院内每周举行两次室外交响音乐会；在很多公园和宫殿里也可以看到音乐节目；在一些主要的教堂内，如圣斯特凡大教堂，经常举行非常优秀的合唱音乐会、风琴音乐会，或是管弦乐音乐会。

维也纳童声合唱团是举世闻名的音乐团体，至今已有 500 余年的历史。这个合唱团被看作是奥地利的"音乐大使"。维也纳童声合唱团是由皇帝马克西米利安一世于 1498 年创建，作为宫廷管弦乐队的一个组成部分。很多著名的音乐家，如海顿和舒伯特等人，都是作为这个合唱团的成员开始他们的音乐生涯的。

每年的新年伊始，维也纳精彩的音乐盛会就已经拉开帷幕，第一个节目是除夕之夜在霍夫堡宫大厅里举行的"皇帝舞会"。元旦这天则是举世瞩目的维也纳新年音乐会，这场音乐会也通过电视和广播向全世界很多国家转播实况。

每年 5 月下旬至 6 月下旬是维也纳节，这是维也纳、也是奥地利主要的文化活动。按照惯例，每届维也纳节都会围绕一个主题。艺术节的参加者们都是来自世界各国的艺术家，演出的水平极高。

第三节 建筑、雕塑与绘画艺术

奥地利的建筑、绘画、雕塑艺术最早出现在 11 世纪，以建筑风格为例，11~13 世纪是罗马式、13~15 世纪是哥特式、15~16 世纪是文艺复兴式，17 和 18 世纪则是巴洛克和洛可可式。哥特式的建筑风格以尖顶为其特色，而巴洛克式的建筑以表面花哨为主。在维也纳，巴洛克风格的建筑物保留下来的最多，其中位于市中心的卡尔教堂、国家图书馆等都是最典型的巴洛克式建筑。巴洛克式建筑大师的代表人物是菲舍尔·冯·埃尔拉赫、鲁卡斯·冯·希尔德布兰特、雅科布·普兰特奥厄和格奥尔格·拉法尔。绘画和雕塑艺术是与建筑密切结合的。如欧洲其他国家一样，奥地利的许多教堂和著名建筑物上都有精美的雕塑和绘画。

进入 20 世纪后，特别是近半个世纪以来，奥地利的现代艺术发展较快，抽象派和印象派艺术在画坛和雕塑界占有重要地位，其代表人物有奥斯卡·科科施卡、阿尔弗雷德·库宾、里夏德·格斯特尔、埃贡·席勒、安东·柯利希、赫伯特·伯尔克等。

一　建筑与雕塑

奥地利地处中欧，就文化氛围来说，位于罗马、日耳曼和斯拉夫这三个文化圈的交点。奥地利美术历史悠久，在这块土地上产生过旧石器晚期的维伦多夫的女性雕像、哈尔施塔特文化的青铜祭祀车以及男子和动物雕刻。

公元前 1 世纪末，奥地利所在的这块土地成为罗马的行省，罗马文化在此得到广泛传播。4 世纪初，基督教传入，奥地利出现了形制简单的早期教堂。民族大迁徙时代以豪华的工艺美术品引人注目。加洛林王朝时期的塔西洛的高脚杯（约公元 780

年)、库特贝希特福音书（公元 8 世纪末）都是具有很高艺术水平的罗马式美术。奥地利罗马式艺术产生于 11~13 世纪中叶，以宗教教团所建的宗教建筑为代表。萨尔茨堡是 12 世纪的艺术中心。

13 世纪下半叶，哈布斯堡王朝开始了对奥地利长达 600 多年的统治。国家政权的稳定、哈布斯堡家族对艺术品的热衷收藏和倡导，对促进艺术发展具有重要意义。哥特式建筑在这一时期逐渐兴盛。奥地利哥特式建筑的一个明显特征是，大多数教堂为主侧厅一样高的厅堂式建筑，如在维也纳的圣斯特凡教堂。晚期哥特式建筑的主要代表依旧是维也纳圣斯特凡教堂，经扩建的南钟楼无论在规模还是造型上，都堪称奥地利钟楼建筑中最出色的作品。

奥地利宗教建筑仅仅在局部装饰上吸收了意大利文艺复兴的形式，随着路德新教的改革兴起，宗教建筑渐为受意大利风格影响的世俗建筑取而代之。建筑师多由意大利来，他们在建设要塞以抵抗奥斯曼帝国入侵方面起了很大作用。这个阶段，费迪南德一世皇帝在维也纳大兴土木，其他大公爵、贵族也大修府邸、宫殿和城堡。著名的有维也纳施塔尔堡、因斯布鲁克安布拉斯宫、下奥地利罗森堡和沙拉堡。此外，新兴的资产阶级也在乡村建庭院别墅，城里则建了雄伟的邦议会大厦。

"分离派"时期（约 19 世纪末）是奥地利在世界建筑史发展中最辉煌的时期。史泰因霍夫教堂就是这个时期的代表作，它的中心是一个镀金大圆顶，教堂正对面四根柱子的顶端放置着四位天使的雕像，墙面上还有大量装饰花纹。教堂侧立面上是用铝钉固定的大理石面板，可以首次看到暴露在教堂外面的不同的建筑材料。

奥地利第二次建筑艺术的高峰是赫莱恩和瓦尔特·比西勒等人带来的"雕塑建筑"运动，这一流派在他们自己的宣言中叫作"幻象建筑"。赫莱恩认为，建筑活动是人类的一种基本需求，但这种需求不止于建造遮蔽的屋顶，而是体现在创造神圣的建筑和预示人活动的焦点——城市的兴起。在他看来，一切建筑都是有宗教意义的。他们所主张的"幻象建筑"具有强烈的非现实感，像一些力图摆脱地球重力的巨人一样伫立在大地上。赫莱恩把他 1860 年创作的概念作品"在维也纳建筑之上"摆在了展厅醒目的位置，那些突兀的岩石就好像外星来客一样，空降到了维也纳的上空，极具超现实主义的想象力。

在奥地利哥特式的雕塑中，圣母像占有重要地位，其中尤以克洛斯特新堡的圣母和圣斯特凡教堂的奴婢圣母像最为著名。这些面容亲切的圣母对整个奥地利地区具有一种典范意义。哥特式晚期的祭坛绘画和雕塑，最重要的是帕赫尔创作的圣沃尔夫冈教区教堂的主祭坛画（1481 年）。帕赫尔在作品中第一次在德奥地区使用了意大利的透视法则，他的祭坛画融汇了德国、尼德兰哥特式和意大利早期文艺复兴的成就。15 世纪中叶，奥地利画家逐渐接受了尼德兰绘画的写实手法，其中影响最大的是德籍画家莱布。继承他的风格而又有所创新的是萨尔茨堡画派的名师弗吕奥夫（老）。16、17 世纪，奥地利建筑和雕塑逐渐趋向巴洛克风格。巴洛克建筑格外重视内部装饰，雕塑和绘画多为建筑服务。巴洛克时期最重要的雕塑家是多纳和在维也纳创作的梅塞施米特。多纳的雕塑多用铅灌成，维也纳新市场的水泉是他最杰出的作品。

19 世纪下半期，奥地利建筑转向历史主义，它以维也纳环形路两边按历史上各种建筑风格修建的建筑群为代表。这些由不同建筑师设计的建筑曾因对历史风格的模仿、没有创造性而受到责难，现已被肯定。

奥地利古典主义雕塑的发展与建筑的发展基本相似，它的代表人物是风格严谨的曹纳。19 世纪下半叶的雕塑以纪念碑为主，著名的雕塑家有费恩科恩和德国人楚姆布施。前者的主要作品是欧根亲王和卡尔大公的纪念碑，后者的代表作为贝多芬和特蕾西亚纪念碑（均在维也纳）。

20 世纪初，奥地利的雕塑以工艺美术学校的教授哈纳克为代表，他创作风格庄严、宏伟。1945 年以后对奥地利现代雕塑影响最大的是沃特鲁巴，他的石雕风格粗犷，不拘细节。他的学生赫德利卡和阿弗拉米迪斯则各有个性。近年来，越来越多的雕塑家转向人物的创作，有些人在国际上享有很高的声望。

二 绘画艺术

文艺复兴初期，奥地利绘画取得了十分显著的成就。这个时期绘画的特点是：注重感性、注重对自然的观察和描绘、注重色彩。后两点在 16 世纪初的多瑙河画派的创作中即已表现出来。这个画派热爱大自然，对光和色异常敏感，他们以浪漫的情调描绘自己家乡的美丽风景。多瑙河画派的先驱是弗吕奥夫（小）。代表画家为 W. 胡贝尔和 J. 赛塞内格尔。胡贝尔还是素描大师，他的《女子肖像》是一幅抓住了人物性格特征的佳作。

这个时期的雕塑依然局限在祭坛上，无法与绘画相比。由于新教破坏偶像运动的影响，社会动荡，信仰混乱。16 世纪中、后期，奥地利绘画和雕塑只集中在伯爵的宫廷，画坛几乎全由外国来的艺术家所垄断。

1648 年，欧洲"三十年战争"结束。1683 年，奥地利战胜奥斯曼帝国的第 2 次入侵，迅速上升为欧洲强国。这期间的奥地利君主都酷爱艺术，他们开办了艺术学校，艺术得到了宫廷、贵族和教会的资助和倡导，这是奥地利美术史上的黄金时代。

奥地利的巴洛克绘画色彩鲜艳，充满欢快的激情，具有强烈的感官性和乐天精神，这一传统一直延续至今。罗特迈尔、格兰和特罗格尔是这个时期最享盛名的画家，他们的湿壁画为奥地利巴洛克建筑增添了异彩。

晚期巴洛克的风格趋向温柔，被称为特蕾西亚风格。它的两位杰出大师是画家毛尔贝奇和施密特。毛尔贝奇的作品充满戏剧性，色彩丰富细腻。施密特的着色技巧显然受伦勃朗的影响，一生多产。

19世纪上半叶，奥地利的工业和经济迅速发展，城市日益繁荣。整个19世纪，奥地利的美术丰富多彩，古典主义、比德迈尔画派、历史主义、青年风格，几种风格彼此交替。

向古典主义绘画过渡的代表是从德国来的菲格尔，他特别以肖像画著称。科赫是位长期生活在罗马的重要的风景画画家，他的作品交融着古典和浪漫的因素。浪漫主义画家有富于想象力的施温德，他的卓越才能表现在处理神话与传说的题材上。1815~1848年期间，比德迈尔风格在奥地利流行，它的特征是讲究细腻的生活情趣，强调居住的可人和惬意。维也纳比德迈尔画派的代表人物是瓦尔德米勒，他的风景、肖像和风俗画都具有很高的艺术价值。描绘日常生活场景的风俗画在这个时期普遍受到重视。其他著名画家还有丹豪泽尔、阿默林、高尔曼。阿尔特被称为"奥地利的门采尔"，他还是位杰出的水彩画大师。

19世纪70~80年代的绘画，受新巴洛克的代表马卡尔特和卡农的影响很大。肖像、风景和风俗画家罗马科，他的晚期作品已发出表现主义的先声。风景画画家佩滕科芬和风俗画画家申德勒也都显示出自己独特的风格。

19世纪末的青年风格，是奥地利艺术发展的高峰。1897年，一些年轻艺术家一反折衷主义的传统，建立了自己的组织——维也纳分离派，以图推动停滞的艺术生产。维也纳分离派在建筑、工艺美术、绘画等领域都取得了丰硕的成果。瓦格纳是现代建筑的先驱之一，他的思想由他的学生霍夫曼继续发扬光大。1903年，霍夫曼与莫泽尔组建维也纳工场，为奥地利工艺美术的高度

繁荣作出了重要贡献。另一位著名的建筑师洛斯反对青年风格的装饰，他强调建筑的功能主义，是现代建筑的奠基人之一。

在这个时期的画坛上，学院派被分离派取代。分离派画家克里姆特对他所处时代的艺术和风尚产生了极大的影响。他的画融合了东、西方的因素，色彩欢快，装饰性强，富有象征性。

进入20世纪，具有奥地利特色的表现主义萌生。它的代表人物是席勒、科柯施卡和库宾。上述三人的表现主义各具特色：席勒探求爱与死之间的生命意义；科柯施卡则表现了他近乎梦幻的激情；库宾是最重要的现代版画家之一，他描绘看不透的东西，富于幻想。其他具有表现主义特色的画家还有格斯特尔、科尔希、伯克尔等人。这个时期以风景画著称的画家有法伊施陶厄和特尼等。

第二次世界大战后的画家和版画家可分为3组。第1组的创作风格介于表现主义和新写实主义之间；第2组则使用变形直至完全抽象的形式；在第3组的创作中，幻想起决定性的作用。重要的抽象派画家有贝克、里德尔等人。维也纳幻想现实主义画派在国际上影响很大，它深受本世纪交替时笼罩在维也纳的那种生活氛围的影响，它的主要代表为富克斯、勒姆登、胡特尔、豪斯纳等人。与众不同的洪德特瓦塞尔的作品色彩强烈，表现出他对青年风格装饰艺术的缅怀，而过程艺术的重要代表赖纳则以往自己脸上涂画而出名。除了具象画家之外，还有相当多的画家逐渐从抽象风格转向写实主义。

第四节　体育

一　概况

奥地利人是热爱体育运动的民族，无论是竞技体育，还是体育健身，均在奥地利的国民生活中占有重要位置。奥地利人在竞技体育方面所取得的成绩和全国人口与正式运动员人数比例在世界上都名列前茅。

奥地利是备受欢迎的大型国际体育赛事的主办国。因斯布鲁克市于 1964 和 1976 年两次承办了奥林匹克冬季运动会。在奥地利几个重要的冬季运动地区，每年都会举办世界杯速滑比赛，首屈一指的是在蒂罗尔州冬季运动胜地基茨比尔举行的速滑比赛。因斯布鲁克的贝尔吉斯山和比绍夫斯霍芬（萨尔茨堡州）的四次巡回跳台滑雪竞赛、基茨比尔国际网球大师赛和维也纳体育馆的网球大满贯赛都属于奥地利的传统体育竞技项目。奥地利还举办过一系列各种体育项目的世界和欧洲冠军赛，如 1991 年萨尔巴赫/兴特格莱姆世界高山滑雪冠军赛，1996 年维也纳世界冰球冠军赛和 1999 年拉姆索世界北欧两项滑雪冠军赛和 2001 年在阿尔贝格山（蒂罗尔州）圣安东举办的阿尔卑斯山世界滑雪冠军赛等。同时，奥地利也承办了许多重要的体育会议。这一切都表明，奥地利很受世界各国的尊重。

二 管理体制

依据奥地利宪法，体育由各联邦州负责管理，但是联邦政府会对体育事业给予大量资助。2002 年，在联邦预算中，总共 5450 万欧元确定用于资助体育事业，其中用于特别和普通体育资助的款项分别为 3600 万和 1450 万欧元。体育设施建设（如体育俱乐部，体育学校和体育中心）以及体育管理人员，教练员和体育教师培训的投资也从这些联邦资金中划拨。另外，体育协会由地方社团提供经济支持。

在残疾人体育大赛（如奥林匹克各个级别的残疾人运动会以及世界和欧洲残疾人冠军赛等）中，始终有奥地利的竞技运动员出现在赛场上。2002 年联邦政府给残疾人体育 1800 万欧元的资助。

在奥地利的学校体制内，体育教育受到特别重视：从小学一年级到高中毕业，体育课始终是必修课，在许多学校里，还附加了各种体育项目作为选修课。为了专门促进有体育天赋的学生快速发展，奥地利开办了"体育初级中学"和"体育实科中学"，作为学校体制的特殊形式。其中形成了两种学校模式：具有一般体育目标的学校，在这些学校里教授体育理论和实践课；具有专门体育重点的学校，如滑雪初级中学和滑雪商业学校等，在这种专业体育学校里，年轻的拔尖的运动员受严格训练和经常参加比赛。此外，奥地利的维也纳、格拉茨、因斯布鲁克和萨尔茨堡大学都设有体育科学学院。

三　体育设施与体育组织

（一）体育设施

奥地利的体育设施齐全，数量众多，现代化水平高，为人们从事各种体育健身和竞技运动提供了优越的条件。不仅在大城市里，而且在旅游中心和一些小区镇都有网球场和游泳馆，各个联邦州都拥有高尔夫球场，现代化的足球场遍布各联邦州首府以及其他许多地方。奥地利最大的体育场是维也纳娱乐场里的恩斯特－哈佩尔体育场（Das Ernst-Happel-Stadion），可以容纳5万多观众，被国际足联认定为"五星级足球场"。维也纳市体育馆是世界上技术设备最好的多功能场馆之一，既可用于普通室内体育比赛和运动，还可以进行室内自行车、室内田径、室内足球、排球和网球比赛。奥地利的体育场馆和设施足够向全民提供功能完备和符合运动规则的娱乐、运动和养身场所。

奥地利体育实行标准化管理体制，其标准化内容以欧盟体育标准化原则为主体，并依据本国实际情况加以补充。奥地利由国家标准化技术研究机构来负责制定国家标准，该机构是非政府组织，联邦政府根据需要对其进行项目委托并给予经费支持。该机构还负责项目计划起草、跟踪和标准验收。奥地利的体育标准包括关于体育竞技运动、大众体育和体育教学三大部分，体育硬件标准分为体育设施、设备、场地等。

奥地利联邦法规定，在奥地利任何体育设施的建设、翻修均要按该标准的技术要求进行建造和维修，对公众开放前要经州政府经济部门授权或认可的检测机构，按体育设施标准的技术要求进行现场检测，检测合格由检测机构发给体育设施达标标志。为了保证体育设施质量的稳定性，检测机构对体育设施运转情况进行跟踪监测。同时，体育场馆每日必须对体育设备和体育器材进行日常检测、维修。

与体育运动协会协商，使体育设施具有多元化的体育功能，既能满足竞技体育比赛、训练，又能符合大众体育健身休闲的要求，综合体育设施还要保障体育运动者的健康与生命安全，例如有效控制体育馆内尘土、噪声和污染等。

安全、卫生标准的实施：奥地利、德国、瑞典等三国法规都规定，体育场所向社会开放必须符合消防、遇险救护救生和卫生防疫等方面标准的技术要求。我们在奥地利萨尔茨堡州体育中心体育馆内见到该体育馆消防和卫生的达标合格标志。体育场所只有取得政府授权的安全、消防认证机构颁发的安全、卫生达标合格认证书后，才有资格向社会开放。

体育从业人员资质要求及认证：奥地利联邦法和州法规定，体育从业人员的职业资质分为强制认证和自愿认证。从事保护人的生命或健康的从业人员资质，如游泳场所的救生员、滑雪场的救护员，必须持救生救护执业资质证书才能上岗；体育经营管理者或法人，必须持体育经营管理从业资质证书，才能从事体育活动的经营管理。奥地利联邦政府体育部对这两类体育从业资质实行全国统一管理，奥地利联邦政府体育部负责制定救生救护和体育活动经营管理从业资质标准和监制资质证书，各州政府体育部负责职业资质培训和颁发资质证书。

各州政府体育部将具体培训工作授权给职业培训学校和体育大学，由培训机构按标准对体育从业人员进行培训和考核，考试合格者，颁发签盖所在地州政府体育部公章的体育职业资格证书，体育从业人员在一地取得体育职业资质证书后，可在异地执业。

其他体育从业资质的认证，分为国家单项体育运动协会注册认证和从业者与聘用者自愿认可。前一种认证是指国家各单项体育协会要求参赛运动队的教练和运动员，必须在所属的单项体育运动协会注册，否则，无资格参加该单项体育协会举办体育比赛。后一种认证是指聘用单位可根据应聘者的实际工作能力，认可其体育职业资质，如聘用者已知应聘者的技术水平，就可聘用；如聘用者不知应聘者的技术水平，就需要职业资质证书来证明其技术水平。这是一种应聘者自愿、聘用者认可的职业资质认证。

奥地利体育管理部门采用社会市场经济模式，注重法律规范，强调市场竞争和必要的国家干预的方法，开展体育标准化工作，并用体育标准化的手段管理体育经营活动（包括公益性和营利性），来促进体育事业的发展。体育彩票收入是奥地利体育经费来源的主渠道，约有 2/3 的体育经营是靠体育彩票收入。

（二）体育组织

奥地利有不计其数的体育组织与协会，而且数量还在逐年增加。按照健身项目和竞技项目来分，截至 2003 年末，奥地利的体育组织与协会共 16718 个，成员达到 2150431 人，所涉及的健身与体育项目达 64 种（见表 8-2）。

表 8 - 2　2003 年奥地利体育联合会与联盟组织数据统计

体育联合会与联盟组织名称	数 量	成员数量
有氧运动俱乐部 Aero-Club	452	17243
业余拳击联合会 Amateurboxverband	56	2951
业余摔跤联合会 Amateurringer-Verband	31	4342
奥地利美式橄榄球联盟 American Football Bund Österreich	24	4051
羽毛球联合会 Badminton Verband	146	5221
轨道高尔夫球联合会 Bahnengolfverband	77	5224
棒球、垒球联合会 Baseball-Softball Verband	40	2473
篮球联合会 Basketball-Verband	185	14687
残疾人体育联合会 Behindertensportverband	98	6839
奥地利台球体育联合会 Billardsportverband Österreich	147	2733
冰道与冰山滑橇联合会 Bob-und Skeletonverband	26	755
室外地滚球联合会 Boccia Verband	7	344
射箭联合会 Bogenschützenverband	98	3340
联邦跆拳道专业联合会 Bundesfachverband für Kickboxen	63	3504
联邦马术骑术专业联合会 Bundesfachverband für Reiten und Fahren in Österreich	1226	45101
冰上运动员联盟 Bund Österreichischer Eis-und Stocksportler	1845	127591
苏格兰掷石运动联合会 Curling Verband	4	95
冰球联合会 Eishockey-Verband	199	7996
滑冰联合会 Eislaufverband	79	8900
越野赛跑专业联合会 Fachverband für Orientierungslauf	69	1510
体操专业联合会 Fachverband für Turnen	491	128803
拳球联盟 Faustball-Bund	173	6349
击剑联合会 Fechtverband	46	1305
足球联盟 Fuβball-Bund	2224	427600
举重联合会 Gewichtheberverband	57	6383
高尔夫球联合会 Golf-Verband	131	74085
手球联盟 Handball-Bund	138	15317
军人体育联合会 Heeressportverband	102	29396

体育联合会与联盟组织名称	数 量	成员数量
曲棍球联合会 Hockey-Verband	21	2575
柔道联合会 Jiu-Jitsu-Verband	47	2092
日本柔道联合会 Judoverband	203	15985
皮划艇联合会 Kanuverband	56	4015
空手道联盟 Karate-Bund	132	9236
田径运动联合会 Leichtathletik-Verband	382	28718
奥地利汽艇体育联合会 Motorboot-Sportverband für Österreich	79	3108
摩托车运动最高国家委员会 Oberste Nationale Sportkommission für den Kraftfahrsport	72	2471
自行车体育联合会 Radsportverband	405	39034
滑雪联合会 Rodelverband	307	25700
旱冰与滑道滑冰联合会 Rollsport und Inlineskate Verband	61	2766
划船联合会 Ruderverband	47	4836
棋类联盟 Schachbund	451	12989
射击联盟 Schützenbund	771	35049
帆船联合会 Segel-Verband	93	20362
滑雪车联合会 Skibobverband	65	3362
滑雪联合会 Skiverband	1253	151901
保龄球联盟 Sportkeglerbund	375	15719
壁球联合会 Squash Rackets Verband	57	2029
跆拳道联合会 Taekwondo Verband	102	7044
舞蹈联合会 Tanzsportverband	112	4676
奥地利潜水运动联合会 Tauchsportverband Österreichs	101	5807
网球联合会 Tennisverband	1762	184853
乒乓球联合会 Tischtennis-Verband	555	26853
三项全能联合会 Triathlonverband	140	5600
投掷项目联合会 Turniersport-Verband	15	1040
奥地利阿尔卑斯山联合会 Verband alpiner Vereine Österreichs	12	455312
奥地利狩猎联合会 Verband der Jagd-und Wurftaubenschützen Österreichs	105	13731

续表 8 - 2

体育联合会与联盟组织名称	数　量	成员数量
铁人三项联合会 Verband für Kraftdreikampf	139	1845
现代铁人五项联合会 Verband Moderner Fünfkampf	11	319
奥地利游泳联合会 Verband Österreichischer Schwimmvereine	149	70591
排球联合会 Volleyballverband	352	19629
水上救援协会 Wasser-Rettung	9	12614
滑水联合会 Wasserskiverband	43	4432
总　　计	16718	2150431

四　体育项目

奥地利人最喜欢的体育运动项目是登山、足球、滑雪、体操、网球、冰球、游泳、自行车和射击。奥地利是开展滑雪运动历史较早的国家之一。因此成为重要的阿尔卑斯山滑雪运动之国。奥地利共修建了 3500 多个登山索道，1964 年和 1976 年两届冬季奥运会都是在奥地利举行的。同时，奥地利也培养了许多具有世界水平的滑雪运动员，其中有托尼·塞勒、卡尔·施兰茨、安内玛丽·莫泽尔－普勒尔、弗朗茨·克拉莫尔、佩特拉·克罗恩贝格等佼佼者。奥地利足球运动的普及面很广，足球协会是成员最多的体育团体，赛车是奥地利人最喜欢看的体育运动，也最富刺激性。奥地利人在汽车赛中曾经获得过优异的成绩。奥地利政府重视体育事业，每年从预算中拨出近 10 亿先令发展体育事业。奥地利有三个全国性的体育协会，即奥地利体育总会、奥地利体育工作联合会和奥地利体操联盟，有 50 个专业委员会。全国的体育团体多达 1.6 万多个。

1. 雪上运动

滑雪是奥地利全民性的传统体育运动项目，涌现了大批的世界级滑雪健将，并赢得了许多奥林匹克金牌和世界冠军称号。奥地利拥有天然的优越的滑雪运动场地。奥地利人马蒂亚斯·茨达尔斯基（1856~1940年）在1897年撰写了世界上第一部滑雪教科书，发明了第一个实用滑雪皮带，并于1905年在下奥地利州举行了滑雪史上的第一次障碍滑雪比赛。从此，奥地利便被视为"滑雪之国"。

第二次世界大战结束以后，为了发展滑雪运动，奥地利通过建设缆车索道和电梯设施，对山区进行了大规模开发，1945年，全国仅有12条缆车索道，8条上山铁道和6个运送滑雪运动员的上山吊椅。1998年，约有3300个提升运送设施。奥地利还通过建造许多提升运送设施，开辟了8个冰川区作为夏季滑雪地。

奥地利几乎所有的学校在仲冬时节都要放假一周。其时，各班的学生将在经过专业训练的指导教师或体育老师的指导下出发去高山滑雪。在奥地利所有的滑雪中心都能找到经验丰富的教练。不少教练都有国际教练资格证书。在奥地利，参加滑雪训练班的费用相对其他国家而言十分便宜。

奥地利冬季项目还有滑雪车、跳台滑雪、速度滑雪与跳跃混合项目、越野滑雪、冰道雪橇、雪橇滑雪、溜冰和冰球。

2. 足球

"奥地利足球协会"是会员人数最多的体育协会。它拥有2224个协会，40多万正式运动员；最高比赛级别是"联邦足球联合会"，分为甲级和乙级队。10个协会准许分别参加甲级和乙级队。国际上知名的俱乐部有格拉茨风暴队，维也纳迅猛队和维也纳奥地利队；奥地利国家足球队在第二共和国（1945年成立）时期的辉煌战果是1954年夺得了世界杯第三名；1978、1982、1990和1998年世界杯赛进入决赛圈。

3. 赛车

汽车运动，摩托车比赛和赛车跑道，在奥地利都是很受观众欢迎的，红白红的旗帜出现在很多国际赛事中，奥地利有两条赛车跑道特别受到世界顶级摩托车运动员的青睐："奥地利一号赛车跑道"（施蒂利亚州施皮尔贝格）和"萨尔茨堡赛车跑道"（萨尔茨堡州）。奥地利人多次在汽车比赛中取得世界冠军。

在奥地利，不仅举行汽车和摩托车赛，也举行引人注目的自行车赛；自 1949 年以来每年举行的"穿越奥地利自行车赛"被视为这类赛事的高潮。在这个攀越山峦的比赛中，要横穿奥地利山地，行驶 1500 公里路程。

4. 网球、乒乓球

网球运动在奥地利越来越普及。因此，现有网球场的数量已跟不上需要。很多网球场实行这样一种制度：买一张"季票"，就可在整个夏季每星期指定的某一天的某个时间在网球场活动 1 小时。冬季也有不少供暖气的室内球场实施同样的办法，只是范围有限。许多体育设施都为乒乓球运动提供方便。夏季，几乎每一个室外公共游泳池旁都设有乒乓桌，因为这是一项奥地利青少年相当喜爱的运动。

5. 水上项目

奥地利的湖泊是滑水运动爱好者的天堂。在沃尔特尔湖，夜晚还有壮观的持火炬滑水场面。然而，在许多较小的湖面上滑水是不允许的。此外，7、8 月份期间，在几乎所有的奥地利湖面上都不允许使用汽艇，商业部门除外。在维也纳的老多瑙河和新多瑙河上、在新锡德尔湖上，以及在奥地利许多其他湖泊上，划船和冲浪这两项运动都很流行。

全奥地利有成百上千个地点可供游泳。除了极个别的情况以外，一般来说水质均未受污染。旅游区的湖泊十分适合游泳，但在旺季却很拥挤。在维也纳，多瑙河地区的老多瑙河和多瑙岛湾都是人们喜爱的游泳地点。在奥地利还有些区域被辟作裸体泳场。

6. 业余体育

在奥地利，大约有 300 万人在 1.7 万个协会中从事积极的体育活动，另外还有数十万人利用体育设施进行锻炼，但是并不属于任何协会和体育组织。奥地利深爱的体育活动有游泳、滑雪、骑自行车、网球、足球、跑步、骑马和高尔夫。由于得天独厚的地形条件，野外生存和登山也是奥地利人十分喜爱的一种业余活动。近45万人属于十几个阿尔卑斯山协会并是登山协会会员。这些协会隶属于"奥地利阿尔卑斯山联合会"（VAVÖ）；这个组织最大的协会是"奥地利阿尔卑斯山协会"、"自然之友"和"奥地利旅游者俱乐部"，踏着长达数千公里和四通八达的道路，人们可以从东部的维也纳森林直到西部的布雷根茨森林漫游奥地利全境，730家宿营棚舍可供漫游者使用。10条宽阔的漫游道路和6条欧洲远足漫游道路中的3条穿越联邦全境，并且由阿尔卑斯山协会负责管理，著名的奥地利登山运动员参加了几乎所有攀登地球上最高和最难征服的山峰的探险活动：在喜马拉雅山脉和安第斯山脉的首批攀登中，奥地利人总是冲在最前列。

奥地利因其千姿百态的自然风景而闻名遐迩。在这一片相对来说并不广袤的地域里，人们可以找到除了海洋以外的几乎所有的各种自然景观。因此，奥地利人的户外休闲运动的方式也异常丰富。以首都维也纳为例，尽管她是一个集政治、经济、文化和工业多种功能于一身的大都市，而且又是国家重要的交通枢纽，但她仍能给人们提供进行各种各样户外活动的空间。因为，维也纳仍然是与大自然相融合的。在城市的西边和南边是茂密的维也纳森林和绵延的山峦，北边和东边是一片片多瑙河畔的水草地，如同一条翠绿色的腰带环绕着维也纳。

如想信步漫游，欣赏周围美丽的自然风光，那么山区和森林中纵横交错的林间小路是人们最喜爱的去处了。奥地利有5万多公里维护得极好的山间小路，这些小路穿过欧洲最大的、天然的而且未被破坏的自然风景区。这对于徒步旅行者来说简直是个天堂。每条道路都有明显的标记，随处都可买到地图。

骑自行车在奥地利被看作是一种很普及的休闲运动。在奥地利，自行车并非是日常生活中的交通工具，而是人们进行户外活动和体育健身的运动器械和旅游工具。由于骑自行车出游的人越来越多，奥地利政府目前正在努力兴建自行车的专用车道，以避开日常来往的车辆。这些小道给骑自行车的旅游者提供了很大的帮助。在奥地利，人们可以在遍布全国的几乎所有的火车站中租到自行车，开始骑车环游，而且在不需要的时候可以把车还到任何一个火车站去。旅游者还可以从奥地利国家旅行社得到详细的旅游信息资料，包括地图、旅游计划建议、就餐以及住宿等。

奥地利全国有400多处露营点，一般都由地方性机构管理，也有一些是私营的。大部分露营点设施齐全，通常包括游泳池、快餐部或食品杂货店。露营并不仅限于在夏季进行，某些露营点全年开放。将近有80处露营点是专为冬季露营而设立的。对于登山者而言，奥地利共有700多处山间庇护所。其中大约1/4位于海拔2500～3000米之间。登山时人们也可以雇用登山导游，导游们自备干粮。但如果登山路程艰险，时间较长，价格会相当昂贵。

奥地利大约40%多的土地上覆盖着森林，森林主要分布在山区。这些森林里藏匿着无数猎物，如：鹿、山羊、野兔，还有野鸡和其他可捕猎的野生鸟类。在奥地利，狩猎是受法律管制的。也许是由于严格执行狩猎的法规和制度，目前奥地利可供狩猎的野生动物的数量和种类据估计是100年前的3～4倍。奥地利的主要狩猎期是每年8月1日至12月31日，各个州略有不同。狩猎者必须持有州级许可证，证件由当地政府机构发给，仅在该州内有效。只有在按规定完成训练课程后才发给许可证，并要求购买第三者保险。在奥地利，猎取野生动物的权利仅限于至少拥有200公顷土地或拥有更多土地的人，或这片土地狩猎权的租借人，所以，为了获得直接的狩猎权要花费不少钱。但是打猎

爱好者可以依仗朋友的帮助获得邀请。奥地利狩猎者对外国游客的热情好客是出了名的。

在奥地利的某些地区，也可以从土地所有者或狩猎地的租赁人手中买得专门捕猎某些特定动物的权利。打山羊、鹿或野兔所需的费用因所捕猎野物的种类和地区的不同而有很大的差别。在奥地利，购买猎枪不需要许可证，也不需要登记注册。

奥地利数量众多的江河湖泊是垂钓的极好去处。几乎所有淡水鱼的品种都可以在这里找到。然而，公共水域以及属于垂钓俱乐部的水域通常都已捕捞过度，因此好机会大都存在于那些私人拥有垂钓权的地方。如果没能被拥有垂钓权的主人邀请为客人，那么人们在奥地利的几乎任何一个地方都可以买到期限为一天、一星期、一个月或一年的垂钓许可证。在条件好的垂钓处，有时一天可钓到几十条不小的鳟鱼。然而，某些钓鱼处只允许垂钓者带走 5 条或 10 条鳟鱼。除了从垂钓权的拥有者手中获得在某一水域垂钓的权利以外，还必须从政府部门购买州颁发的垂钓许可证。在特别好的垂钓水域，许可证费用相当昂贵。

不管你想纵马驰骋于原野也好，还是只想骑着马绕场遛遛也好，奥地利可提供许多种类骑马度假的好机会，并开设了许多骑术学校。你可在骑术学校按小时（或更长一点时间）用马匹。骑手们特别喜欢的地方是：施蒂里亚、布尔根兰，上奥地利和下奥地利。

第五节　新闻传媒与出版业

一　管理体制

奥地利的新闻传媒与出版业很发达，每天有大量的信息资讯与知识通过网络、报刊、广播、电视和书籍等媒体向大众进行传播。奥地利的新闻出版业由奥地利政府新闻出版局统一管理。

为了广电和电信之间的融合发展，奥地利政府一直计划成立一个独立机构专门负责电信、信息技术以及媒体领域的管制。这一机构可以将原来分散在不同部门，即联邦总理办公厅、交通部、经济部以及司法部的职权加以统一。为此，奥地利政府提出建立一个独立的管理机构来负责"声像媒介"和"电信"的管理，但是这一法案在议会未获通过。因此，现在，奥地利关于电信和广电的管理仍然是分立的，只是自 2003 年起可以通过广播电信管制有限责任公司（RTR）进行协调管理。

奥地利电信领域有两个并行的管理机构：一个是"广播电信管制有限责任公司（Die Rundfunk und Telekom Regulierungs-GmbH，RTR）"，另一个是主要负责管制问题的"电信审核委员会（Der Telekom-Contol-Kommission，TKK）"。

广电领域最重要的管制机关是奥地利通讯管理局（die Kommunikationsbehörde Austria，KommAustra），该机构正式成立于 2001 年 4 月 1 日，直属联邦总理，管辖范围包括奥地利联邦全境。不服该管理局的决定的，可以向"联邦通讯参议会"提起申诉，该"联邦通讯参议会"还负责监督奥地利国家广播电视公司（ORF）。奥地利的广播管制机构主要负责内容管制、频率分配，并有权对"向终端消费者提供广电节目的广播传输服务"进行事前管制。该机构有权进行审查并决定某一企业是否在该市场具有支配地位，并相应地对其设置管制性要求。奥地利的广播许可证制度实行一站式工作原则，即许可证发放、传播容量分配及通信设备入网审批均由一个主管部门统一处理和统一决定。

自 2003 年起，广播电信管制有限责任公司（以下简称 RTR）作为下设于电信、广电管制部门的跨行业机构，成为奥地利广电、电信领域的总的管制、协调机构，其任务主要在于构建一个负责媒体和电信融合的职能中心。RTR 一方面具有电信管制机构的职能，同时又分别在广电领域对"奥地利通讯管理局"和在电信领域对"电信审核委员会"提供行政管理支持。RTR 作为一家有限责任公司，联邦政府拥有其 100% 的股份。该公司有两位负责人，分别负责电信领域和广电领域。广电领域负责人由联邦总理任命，电信领域负责人由"联邦交通、创新和技术部"的部长来任命。

RTR 在电信领域拥有行政管制职能，同时由交通、创新和技术部来负责监督。在广电领域，RTR 则不具有管制职能，而由联邦总理直接负责监督 RTR 在广电领域的工作。根据奥地利 2003 年电信法，RTR 的电信管制部门和广电管制部门应当定期交换信息和意见。双方在实施有关管制程序时，只要涉及通信网络基础设施、附属设备以及通信服务的，都应当邀请另一方管制机关参与并发表意见。通过这种机构整合，奥地利的电信和广电之间的具体管制问题和跨行业的管制冲突基本上都可以通过 RTR 来解决。

二　广播与电视

2004 年，奥地利每百户家庭拥有 87.8 台电视机、89 台收音机；百人电视机拥有量是 36.7 台，收音机拥有量是 37.2 台。

奥地利的广播事业起步于 1924 年，1957 年成立奥地利广播有限公司（Oesterreichischer Rundfunk，ORF），迅速发展是从上世纪 60 年代开始。1966 年奥地利国民议会通过联邦广播法，使广播公司保持政治和经济独立，工作人员受宪法保护。奥地利广播有限公司下设一个广播电台和两个电视台。公司领导机构是股东会议以及由其产生的监事会。公司股东是奥地利联邦政府和九个联邦州，联邦政府的股份不少于 51%。1960 年奥地利电视台数量仅 24 个，广播电台 120 个，1970 年分别增至 348 和 239 个、1980 年达到 529 和 759 个、1990 年达到 655 和 967 个。2004 年奥地利共有 970 个电视台和 827 个广播电台。

奥地利电视台提供娱乐、新闻、信息和文化节目，有线电视用户可以接收由奥地利广播公司、德国电视二台和瑞士广播电视公司共同经营的卫星电视节目和许多外国电视台的节目。广播电台除 4 套国内节目外，还设有奥地利国际电台，由政府资助以德语、英语、法语和西班牙语向世界介绍奥地利。

奥地利国家广播电视台（ORF1、ORF2）2004 年播出电视节目共计 17826 小时，主要内容包括新闻与信息（包括新闻、时事、政治局势、评论等）、文化与宗教（艺术、戏剧、音乐、宗教等）、科教、体育、娱乐（歌舞、电影等）和家庭（专门针对儿童、青年和老人的节目）六大部分。其中以娱乐节目所占比重最大，全年共播出 7308 个小时，占全部电视节目的 41%；其次是新闻信息类节目，全年共播出 3909 小时，占 21.9%；家庭类节目全年共播出 2798 小时，占 15.7%；科教类节目全年共播出 1681 小时，占 9.4%；体育节目为 1172 小时，占 6.6%；最后是艺术与宗教类节目，全年共播出 958 小时，占总节目时间的5.4%。

奥地利广播电台节目分为语言节目和音乐节目两大类。语言类节目由新闻、文化、宗教、科教、服务（如交通、气象和咨询等）、体育、家庭、娱乐等门类。2004 年奥地利电台节目播出时间长度共计 2021 小时，其中音乐类节目占据大部分内容，共1127 小时。

2004 年，奥地利启用了"奥地利电视基金"（Österreichischer Fernsehfilmförderungsfonds）。该基金每年投入 750 万欧元经费，用于资助电视节目的制作，资助力度因每个节目的内容和长短不同而不同。电视连续剧所能得到的资助最高为每集 12 万欧元；电视电影为每部 70 万欧元，电视纪录片每部 20 万欧元。

随着数字科技的日益发展，广播电视逐渐向数字化时代迈进。为适应科技时代的进步潮流，奥地利政府 2004 年在启用"奥地利电视基金"的同时还启用了"奥地利数字化基金"（Österreichischer Digitalisierungsfonds）。这一基金主要用于以欧洲统一标准为基础的国家广播电视向数字化转换。"奥地利数字化基金"属于"2005 数字欧洲行动计划"的一部分，其目的是为了加快数字电视的转化步伐。此项基金将资助提升和改良信息传播平台，使其成为未来民主国家信息传播的核心。自 2005 年起，每年将从奥地利广播传媒专项经费中划拨出 675 万欧元作为这项基金的使用经费，并将其打入每年政府的财政预算。

三　报刊

奥地利政府主管新闻工作的机构是联邦新闻局，除了本国新闻传播事业外，还负责常驻奥地利的外国记者的注册、居留、采访等事宜。各联邦部和州均设有新闻处或新闻发言人，负责和记者联系或向记者发布新闻。奥地利实行新闻和言论自由，禁止任何政府对新闻施加影响的行为。1982 年生效的《媒介法》充分保证新闻言论自由和公众获得信息的自由，但在危及国家主权和利益的情况下，新闻自由将受到一定程度的限制。该法保护公民个人免受诽谤、中伤以及保护个人隐私权不受侵犯。任何媒体都必须定期公布它的拥有人、出版人名单和总的政治倾向。《媒介法》适用于包括广播电视在内的所有媒介。1961 年由奥地利报纸出版商和记者工会联合创建的奥地利新闻委员会是一个民间组织，主要任务是监督新闻工作者遵纪守法和保障新闻自由。此外，奥地利还有外国记者协会和奥地利记者协会，分别负责外国记者和本国记者工作。

奥地利新闻社（简称奥新社，APA）是奥地利唯一一家通讯社，建于 1946 年，是合作社性质的股份公司，股东是各家日报和奥地利广播公司，每天向报纸、广播、电视提供政治、经济、文化、体育等各方面的新闻。它也同政府和政党及团体签订合同，为其播发消息和提供新闻。奥新社下设国内部、国际部、经济部、文化部和体育部，工作人员 140 余人，在国外几十个国家和地区派有常驻记者。奥新社拥有现代化的信息公司，是奥地利最大的数据提供商。

奥地利报刊业很发达，2004 年全国有日报、周报共计 260 种，其中周报 228 种、日报 32 种，这个数字几乎是 20 世纪 90 年代的 2 倍（1990 年日报 22 种，周报 122 种，共计 144 种）。

奥地利较有影响的日报有《新闻报》（Die Presse，发行量 12.9 万份）、《信使报》（Kurier，发行量 26 万份）、《新皇冠报》（Neue Kronen-Zeitung，发行量 104 万份）、《维也纳日报》（Wiener Zeitung，发行量 2 万份）、《萨尔茨堡新闻》（Salzburger Nachrichten，发行量 10.7 万份）、《标准报》（Der Standard，发行量 12 万份）等。《新闻报》和《萨尔茨堡新闻》是两家较严肃的报纸，有时刊登一些颇具参考价值的文章；《新皇冠报》是奥地利发行量最大的报纸，超过 100 万份，占全国报刊发行总量的 42%，该报在政治上倾向于社民党，其特点是版面小，国内新闻和消遣性文章多，有地方版。《信使报》发行量居次，该报政治上倾向人民党，其特点是国际新闻报道较多，常有关于东欧国家的独家新闻，有地方版。《维也纳日报》是奥地利政府机关报，多刊登官方消息、公文及外事活动等。此外，《新克恩滕日报》（Neue Kärntner Tageszeitung）、《新民众报》（Neues Volksblatt）、《新福拉尔贝格日报》（Neue Vorarlberger Tageszeitung）、《萨尔茨堡人民报》（Salzburger Volkszeitung）、《经济报》（WirtschaftsBlatt）、《小报》（Kleine Zeitung，Kombi）、《上奥地利新闻》（Oberösterreichische

Nachrichten)、《蒂罗尔日报》（Tiroler Tageszeitung）、《福拉尔贝格新闻》（Vorarlberger Nachrichten）和《新时代》（Neue Zeit 3）等也是奥地利的重要报纸。奥地利主要报纸的读者数量见图 8-1。

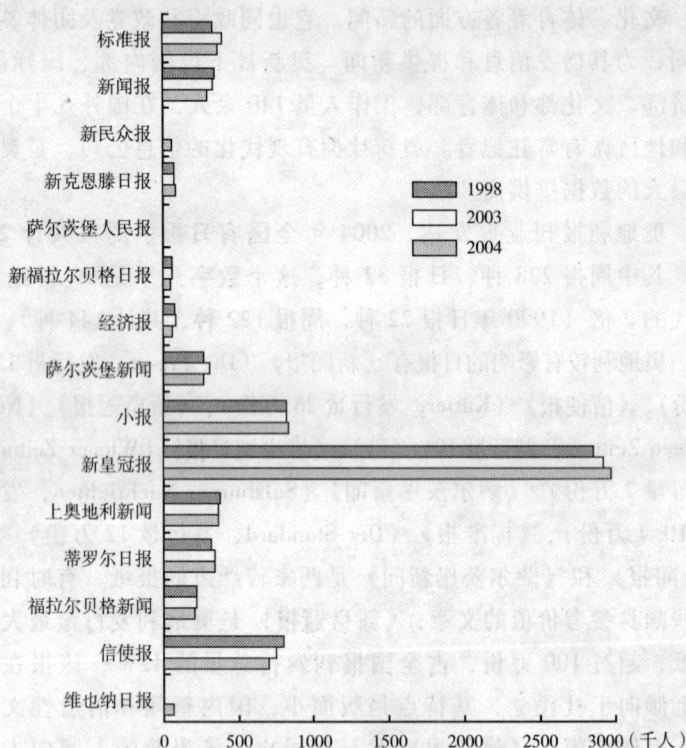

图 8-1　1998、2003、2004 年奥地利主要报纸读者量统计

　　除了上述普通报纸杂志外，奥地利还有大量的专业报刊和印刷媒介，涉及政治、生活、学术、科技、教育、广告、金融、时尚、文化、交通、贸易、摄影、娱乐、性别、宗教、医药卫生等各个方面，共计 2559 种，其中有 1373 种来自维也纳。

　　2004 年 1 月 1 日，奥地利《新闻报刊补助金法案》正式实施，所有奥地利提供给新闻报刊的补助金由奥地利国家通讯局监管。政府除了向日报、周报和地方性日报提供一定比例的补助外，该法案还为促进报刊业的质量以及未来发展提出了一系列新的措施。例如"新闻记者培训"一项，国家将向日报和周报社提供一定财政资助，用以培训新闻记者和聘用外国记者。该法案还规定，日、周报社要向学校、协会等团体无偿提供一定数量的报刊，以扩大报刊阅读群体，"新闻报刊补助金"将支付这些所需费用的 10% 或者更多。

四　出版

奥地利图书出版业发展较早，而且十分发达。800 余万人的国家拥有大小出版社 200 多家，平均 2.6 万人就有一家出版社。奥地利有些小出版社只有一个人，而且是业余兼职的，一年也许只出一两本书，这种小出版社占的比重很大；有的出版社不以赢利为目的，或不完全以赢利为目的，它们大多以天主教团体或其他社会团体做后盾，圈子很小，比较保守，许多书不愿出。这里也有政府资助补贴出书的，70% ~ 80% 是赠送。奥地利出版业一度不景气，不少出版社整个卖给了德国出版商。联邦出版社是奥地利成立最早的一家出版社。1772 年，玛丽娅·特蕾西亚女皇政府把教育从宗教控制下解放出来，创立了联邦出版社，专门出版教科书，这也是当时惟一的、垄断全奥匈帝国的出版社。直到 19 世纪末，奥地利的出版业才迅速发展起来，许多出版社纷纷成立并展开了激烈的竞争。

奥地利的书籍价格昂贵，书籍价格的制定包含制作（纸张、印刷和装订）、版税、政府税收、宣传费、人工费等。奥地利的教科书由国家付钱免费发给学生，全奥地利有 100 多家出版社出版教科书。

全国有各种书籍出版物上万种。按照涉及的领域可将书籍分为 10 大类：一般信息（如信息、手册、百科全书等），哲学与心理学，宗教，社会科学，语言，自然科学与数学，科技、医学与其他应用科学，艺术、娱乐，文学以及历史、地理等。

2004 年，奥地利新出版的书籍共计 8981 种，内容涉及上述各个领域。其中以社会科学领域为主题的读物最多，共计 2666 种，其次是文学类（1504 种）、科技医学与应用科学类（1266 种）、艺术类（1150 种）。

奥地利现在较有名的出版社有芝索尔尼出版社（Paul Zsolnay Verlag）、莫尔顿出版社（Molden Verlag）、萨尔茨堡帝国出版社、斯普林格科学出版社（Springer Verlag）、格拉茨大学出版社、国家出版社、联邦出版社和科学院出版社（Verlag der Österreichischen Akademie der Wissenschaften）等 30 余家。其中建于 1772 年的联邦出版社主要出版课本和儿童读物，国家出版社以出版官方、半官方刊物、资料为主，芝索尔尼出版社是一流的文学出版社，莫尔顿出版社、帝国出版社则以出版古书见长。

2004 年 1 月 1 日，奥地利政府成立国家出版基金（Publizistikförderung），奥地利通讯局负责基金的监管。该基金资助对象是每年至少出版四期以上，涉及政治、文化或宗教等题材的刊物，资助形式为一次性支付。

第九章
军事与外交

第一节　军事

奥地利曾作为德国的一部分参加第二次世界大战。战后不久，西方即开始组建奥地利军事组织。1955年，奥地利在美、苏、英、法四国占领军撤出后宣布"永久中立"，并于次年在实行普遍义务兵役制的基础上建立了联邦军。总统为武装部队的最高统帅，政府通过国防部长对部队实施指挥。奥地利联邦军的主要任务是保卫国家不受外来侵犯。

1993年起，奥地利实行新的义务兵役制，规定从17岁至51岁的男性公民都必须服兵役，服役期总共为8个月。对于不能服兵役的青年实行民役制。

联邦军陆军兵力3.4万人，编为3个军及维也纳军区，第一、第二军各下辖3个州军区，第三军下辖2个州军区。空军6000人，编为一个师，下辖3个航空团。此外，奥地利有民兵预备役20万人，没有海军。2000年，奥地利国防预算为16.9亿欧元，占国内生产总值0.8%。

一 国防体制

奥地利的武装力量由现役、民兵役和预备役三部分组成。奥地利军队全称为"奥地利联邦军陆军",其空军部队不作为一个独立的军种,而是作为陆军的一部分。平时,由联邦政府授权国防部长对武装力量实施领导和指挥。最高军事指挥机构为总监部,部队总监是国防部长的最高军事顾问,也称"第一军人",其地位相当于总参谋长。

奥地利军事防卫的法律制度体系内容主要包括军队的组成、军队在国家中的地位、军事领导统御与政府的关系以及军人的权利和职责等。奥地利宪法第 9 条确立了所谓"全面国防原则",即国防包括军事防卫、智力成果防卫、平民防卫和经济防卫等,其中,军事国防由武装力量负责。

根据奥地利宪法规定,武装部队属于国家公共部门的一个组成部分,因此,对公共部门适用的规则和程序同样无例外地适用于武装部队的活动。在这种情况下,一项军事命令就不能被视为某些专门的军事当局发出的指令,而应当被视为国家公共部门的一个机构所发布的指示。首先,军人的权利与责任是由作为人民之代表的国会议员所通过的法律规定的,而不是由军事当局任意规定的;其次,几乎所有的军事活动均可由奥地利行政法院进行复核、审查。

奥地利武装部队的基本职责是承担国家的军事防务。奥地利军事防卫的原则由 1975 年奥地利《国家军事战略》规定。《国家军事战略》是议会对宪法规定之"全面国防"所作的具有说服力的解释。《国家军事战略》将"威胁"界定为"国际危机"、"对奥地利永久中立地位的威胁"和"受到武装进攻"等三种情况。当这些情形出现时,奥地利武装部队将根据具体情况作出反应并履行其军事防卫职责。奥地利武装部队除了担负国家军事防卫职责外，还承担对民政当局和国家公共部门机构的"援助任务"。

根据宪法的有关条款，奥地利共和国总统是武装部队的总司令，行使军事统帅权。由于宪法及国防法对此种权力的内容未作明确规定，因此在实践中导致军事统帅权由总统和国防部长分享。军事统帅权在性质上属于行政权的组成部分，为从政治上和法律上对奥地利人民负责，宪法将该权力赋予民政当局行使，这也反映了奥地利议会民主政治的精髓。奥地利最高国防决策机构为内阁，成员有总理和联邦政府各部部长，总理任主席。最高国防咨询机构为军事委员会。国防部为最高军事行政领导机关，负责军队的战备、训练、行政管理、作战指挥、武器装备和后勤保障等工作。国防部下辖总监部、法律条令部、人事动员部、作战训练部和供应装备部五大部门。

根据奥地利宪法第 7 条的规定，武装部队成员与普通人民平等享有选举权和被选举权，以及公民投票权和立法提案权。但国防法禁止军人公开参加党派政治，如在履行军职期间从事政治宣传活动、竞选活动等，国防法也禁止军人参加公共集会和示威游行。军人的公民权利和其他人权受法律保障。因军事法庭在平时停止行使权力，故军人犯法会受到平民法庭的审判，但奥地利《军事刑法典》特别规定了仅对军人适用的军事犯罪。此外，为加强武装部队的纪律，还制定了对全体军人适用的《军事纪律法》，该法对军人的权利作了进一步限制。

从 1998 年 4 月 1 日起，奥地利女性被允许自愿参加武装部队。女性自愿加入武装部队的法律依据是宪法第 9 条之规定以及《武装部队女军人训练法》，这与男性义务兵役制的法律依据并不相同。女性在军中服役与男性军人同等地享有权利，也同等地承担义务，但对于女军人受体力限制而难以完成的义务除外。女性在军中服役期限为 12 个月，但通过书面申明的形式可以中止服役。

二　军种与兵种

奥地利现役部队约 5.2 万人。其中，陆军 3.4 万人（包括义务兵 1.75 万人），编有 2 个军部、2 个轻装旅、3 个步兵旅，1 个独立军区司令部、8 个州军区司令部、20 个架子营（战时动员并归州军区指挥）。

奥地利的武器装备主要有主战坦克（M - 60A3 型 169 辆、"豹" 2A4 型 114 辆）、装甲输送车（"绍雷尔" 4KK4E/F 型 465 辆、"潘杜尔"型 68 辆）、牵引炮（105 毫米 85 门、155 毫米 20 门）、自行炮（"重骑兵"型自行反坦克炮 152 门、155 毫米 M109 型自行榴弹炮 189 门）、火箭炮（128 毫米 18 门）、迫击炮（81 毫米 498 门、120 毫米 241 门）、反坦克导弹（"比尔" RBS - 56 型 378 具、"霍特"型 89 具）、无坐力炮（84 毫米 2196 门、106 毫米 374 门）、反坦克炮（105 毫米约 227 门）、高炮（20 毫米 468 门）、2 艘江河巡逻船和 10 艘非武装船只。

奥地利空军约 6000 人，其中义务兵 3400 人。编有 1 个航空兵师部、3 个航空兵团、3 个防空团。作战飞机 53 架。武器装备主要有攻击战斗机（"萨伯" J - 350e 型 23 架）、联络直升机（OH - 58B 型 11 架、AB - 206A 型 11 架）、运输直升机（AB - 212 型 22 架、AB - 204 型 8 架、储存 9 架）、搜索救援直升机（"云雀" ⅢSA - 319 型 23 架）、运输机（"空中货车" 3M 型 2 架）、联络机（PC - 6B 型 12 架）、教练机（PC - 7 型 16 架、"萨伯" 1050e 型 29 架）、防空导弹系统（"西北风"型 76 套）、高炮（35 毫米双管 74 门）。

　　奥地利有动员部队（即民兵预备役）7.5 万人，编为 8 个步兵旅和 26 个本土防御团。此外，参加训练的非义务性预备役 99 万人。

　　在军力部署方面，奥地利军队原实行区域防御作战方针，设想一旦遭到入侵，主要在本土内进行全面纵深防御。根据新的安全形势，奥地利军事防务思想从区域防御转向主要在边境地区实施机动防御，并将分散的兵力部署调整为相对集中部署，后勤补给的配置也作了相应调整。奥地利军队取消了对意大利和德国方向的防御任务，将西部兵力调整部署到东部，重点是加强边境控制，保障边境安全。陆军作战部队主要部署在重点城市和东部边境地区。因国土面积狭小，奥地利航空兵则主要部署在内地。

　　目前，奥地利驻波黑北约稳定部队 56 人，驻塞浦路斯联合国维持和平部队 238 人，驻格鲁吉亚联合国观察团军事观察员 5 人，驻伊拉克/科威特联合国军事观察员 5 人，驻中东联合国停战监督组织军事观察员 6 人，驻叙利亚联合国脱离接触观察员部队 1 个步兵营 367 人，驻西撒哈拉联合国公民投票特派团军事观察员 4 人，驻科索沃和平协议执行部队 480 人。2003 年奥地利的国防预算 17.2 亿欧元，占总预算支出的 2.8%。

三　兵役制度

　　奥地利实行普遍义务兵役制和民兵预备役相结合的兵役制度。宪法规定，凡年满 17 周岁且未满 51 周岁的男性公民都有服兵役的义务。军官最高服役年限到 65 岁。士兵服役期共 8 个月，分为三种类型：第一种是"6 + 2"型，即完成 6 个月的兵役期后即可退役，但须在之后的 10 年间回部队参加 2 个月的复训和演习；第二种是"7 + 1"型，即连续服役 7 个月后退役，在之后 10 年内只参加 1 个月的复训；第三种是连续服役 8 个月后退役，之后就无须再回部队参加复训。

在奥地利，服满现役的军人退出现役后一律转入民兵役，轮流编入现役部队参加复训，并在需要时归队执行作战任务或其他勤务。未满35周岁并承担复训义务的民兵军人通常每两年自动应招与现役军人一起参加一次共同军事演习。士兵退出现役10年后和各级军官退出现役15～20年后均转入预备役。拒服兵役者必须服11个月的民役。

四　军工生产与贸易

奥地利虽国小人少，军备规模不大，但其军事工业却颇具规模，构成了一个门类较全、基本配套的军工体系。其特点是：军民结合、自我发展、科研领先、重点突出。参与军工生产的企业约250家，从业人员4.2万人，其中科研人员1600人。所有军工企业既生产军品，也生产民品，一些生产线还可平战转移。在科研上注意跟踪国际军备技术的发展，特别是常规武器弹药技术的发展，重点开发具有本国技术优势的项目，如大口径火炮、装甲车辆、轻武器和工程后勤装备等。本国军队现役装备的80%以上为自行研制生产，年军工生产总值约200亿先令，约合17亿美元，占国民生产总值的1.8%。奥地利军品年出口总额约占军工生产总值的90%，市场主要为第三世界国家，部分先进的轻武器装备也销往西方国家。

第二节　对外军事关系与国家安全政策

一　永久中立政策

在战后重建阶段，奥地利国内不论政党和民众，还是大的利益集团，均希望压低国防预算。从地缘角度来看，奥地利地处欧洲大陆中央，中欧与东南欧战略位置重叠于此，属欧洲军事要冲。冷战期间，奥地利处于两大对抗阵营的临界处，随时面临被卷入战争漩涡的危险；后冷战时代，奥地利又与极不稳定的前东欧阵营国家区域相邻。从政治与经济角度来看，奥地利处于富庶的西方社会与落后的东欧接壤之处。因此，奥地利政府一直视稳定东欧局势为其对外军事与安全政策之要务。

1955 年 10 月 25 日，美、苏、英、法四国占领军撤出在奥地利境内驻军；次日，奥地利宣布成为永久中立国家。尽管奥地利采取的是瑞士的"中立模式"，即"武装中立"与外交政策绝对自主性相结合。然而，鉴于地里环境与安全因素与瑞士相异的实际情况，奥地利政府对中立政策有着相对自由的应用，即在不违反中立法的前提下，制定弹性的中立政策以保护并追求其国家利益。

从最初的以"宣布永久中立"换取国家独立开始，时至今日，奥地利的永久中立形成如下特点：首先，它具有坚实的法律基础而非政治宣言；其次，它已经成为举国上下所持的理念和奥地利政治文化传统的一部分；再次，奥地利的中立是武装中立形态；最后，它与瑞士的消极中立相区别，是一种积极而弹性的中立。正是由于上述特点，奥地利的永久中立地位才经历了种种考验后依然屹立至今。

二 国家安全政策及其历史演变

奥地利拥有独立自主的国家安全政策始于 1955 年《国家条约》的签订。1955～1970 年这一时期里，奥地利拥有高度的国家安全防卫政策，同时也是奥地利国家军费开支最高的时期。盟国在撤出时将一系列军备转交给奥地利政府，作为国家最初的军事装备。奥地利联邦军队最初是以北约的机制化形式建构而成。

苏联的解体和东欧剧变标志着冷战时期的结束，面对欧洲新的地缘政治形势，北约开始了新一轮的军事战略的调整。实际上，还在 1990 年 6 月的伦敦北约国家首脑举行会晤时，就已表明了北约战略调整的端倪。这次会议通过了改组北约的宣言，内中规定了北约未来行动的主要方向和原则。与此同时，北约把控制军事政治危机视为其首要职能。首先采取预防性外交，在其框架内开展必要的政治、经济和军事行动，为缓和紧张局势和解决冲突创造有利的国际环境，必要时给冲突双方施加压力。一旦危机在早期发展阶段无法以和平手段加以解决，北约将动用联合武装力量部队，包括在北约责任区外动用部队时吸收《和平伙伴关系》计划参与国的部队共同行动。

北约军事战略还规定北约的军事潜力必须保持在高水平上并不断加以完善，确定北约联合武装力量的使命主要是在进行有限战争条件下使用常规武装和调节军事政治冲突。在具体的部署上，对北欧和南欧地区继续奉行"前沿防御"战略，对中欧地区则采用"有限前沿存在"战略。1999 年 4 月 24 日，北约首脑会议通过新的《联盟战略概念》标志着北约军事战略的新的转变。

北约新战略概念的提出和对南联盟的侵略行径，对欧洲的军事安全形势产生了重大影响，其中尤以对地处东欧和南欧战略边缘地带的奥地利最为明显，使奥地利的右翼力量受到鼓舞，其中立政策亦受到严峻的挑战。

新千年伊始，由于人民党和自由党联合政府上台执政，主张新纳粹主义和排外主义的自由党入阁，结束了战后极右政党被拒之于欧洲国家政府之外的历史，使奥地利陷入了空前的内政和外交危机，由此也使奥地利安全和防务政策再度凸显出来，它的核心问题是继续奉行中立还是加入北约，引起国际社会的密切关注。

奥地利防务政策之争论有着深刻国际和国内的原因。创建于1945 年的人民党是保守的基督教社会党的继承者。人民党在1995 年 4 月通过的纲领，虽然没有直接提到加入北约的问题，但对国际安全问题却有一些笼统的提法，认为一旦奥地利出现危险，其防务不能由欧盟成员国来保障，因为他们自身不参与或很少参与共同防务的保障问题。所以，人民党主张参加全欧的防务和安全政策的建设。

参与联合执政的自由党，在 1997 年的纲领中认为中立是奥地利外交政策中主导性原则，但随着苏东剧变和华约的解散，这一原则已经失去了它的作用，它正阻碍着奥地利加入西欧联盟。由此该党主张，奥地利理应成为西欧联盟和北约的全权成员，认为联合防务的费用要低于独立防务的费用，奥地利应通过同北约和西欧联盟的合作，建立起欧洲防务合作体系。

处在反对党地位的社民党是奥地利最大政党之一，曾长期执政。社民党的安全政策是 1998 年 3 月 18 日通过的，认为"没有任何值得尊重的理由加入军事同盟并放弃奥地利的中立制度"。而且由于奉行中立，使奥地利在国际合作中，具有可靠的安全观念。按社民党的看法，在北约这个军事组织中，美国的大国利益起着主导作用。他们认为北大西洋公约第五条是不可接受的，他们反对派兵去别国参加军事行动。另一方面，党的领导人克利马、科斯特里卡等人也曾多次表示，社民党愿意在欧洲防务体系中进行合作，但不是作为北约的分公司加以参与。

绿党的态度是既反对加入北约，也反对加入西欧联盟。"自由论坛"坚持欧盟的安全和防务作用的发挥应是全欧安全框架的基础，就奥地利的利益而言，积极参与其中要比永久武装中立更好一些。奥地利的其他一些政党组织，如奥共奉行反对北约的方针；奥地利工会联合会主张"积极的中立政策"；奥地利军官协会则主张加入北约。

从奥地利 1999 年 6 月进行的一次民意测验来看，仅有 35%的奥地利人同意建立欧洲军队，反对的则占了 51%。

科索沃战争爆发以后，奥地利又引发新一轮的安全问题的争论。由于奥地利国内各派政治力量的互相制约，使得政府在行动上不得不采取平衡政策。对奥地利安全政策产生影响的还有 1999 年 5 月 1 日生效的欧盟阿姆斯特丹条约。内中有《共同外交和安全政策》一章，在其第 17 条中提出，"逐渐形成共同的防务政策，这一防务政策应能使欧盟委员会在作出决议时实行共同防务"的方针，并具体列举出诸如参与人道主义救援行动、维和任务、为解决危机的军事行动，其中包括恢复和平的措施等共同的行动。

冷战结束以后，欧洲形势发生了根本性的变化，奥地利中立政策的内容也在发生变化，特别是科索沃战争给予奥地利各派政治力量的整合以极大的影响。人民党和自由党联合上台执政，已经发出一个明确的信号：主张中立的政党在选举中败北，奥地利的中立政策正处在十字路口。在匈牙利、捷克加入北约以后，奥地利已处在北约国家的包围之中。一旦奥地利决定加入北约，必将会影响到整个欧洲政治力量的走向，也会直接影响到欧洲其他中立国家。

第三节　外交

奥地利在历史上曾经是一个多民族的君主制国家，原奥地利的议会由许多来自德意志、意大利、罗马尼亚、斯洛文尼亚、塞尔维亚、克罗地亚、波兰、捷克等国家和民族的代表组成。因此，无论是民族、种族和少数民族多元化，各州的多元化，还是政党、利益集团、宗教、世界观和意识形态多元化社会思想对奥地利今天内政外交政策影响颇深。

奥地利的外交政策自第二次世界大战至 20 世纪 90 年代，共经历了四个历史阶段，而且每个阶段均有其外交政策的重点：战后经由《国家条约》（Staatsvertrag）获得完全国家主权（1945～1955 年）；积极参与、推动欧洲一体化进程（1955～1970 年）；以全球化为导向的永不结盟与中立政策（1970～1983 年）；重视欧共体与和平睦邻关系的"实务外交与中立政策"（realistische Auβen-und Neutralitätspolitik）（1983～1990 年）①。

在战后 40 年的东西方"冷战"期间，奥地利采取了中立和不结盟的政策，永久性的中立政策在奥地利联邦宪法中得到明确规定。冷战结束后，奥地利认为世界各地的区域性战争、国际恐怖主义、各种跨国犯罪活动和内战的危险依然存在，在国际上统一步骤、协调行动同样具有现实意义。因此，"积极主动的对外政策"成为进入新世纪的奥地利外交政策的一大特色，也是其永久中立政策的特点与前提。奥地利积极参加联合国以及其他国际组织的各项活动，从维持和平部队的活动、拥护裁军、防止核武器扩散，到维护国际生态和环境保护等等。在许多国际事务上，奥地利也一贯奉行中立立场，主张和平解决国家间各类政治纠纷和冲突。

2000 年初，奥地利人民党与极右翼的自由党组成联合政府，

---

① Dachs-Gerlich-Hottweis-Horner-Kramer-Lauber-Maller-Taols；Handbuch des Politischen Szstems Österrreichs in；Kramer, Helmut "Srukturentwicklung der" Österreichischen Auβenpolitik（1945－1990），Wien, Seite 637 ff.

并由自由党人出任政府副总理，以及财政、社会、国防、司法、基础设施部的部长职务。对此，欧盟对奥地利实施了冻结高层往来、降低外交级别等政治制裁。这使得奥地利将 2000 年的外交重点全部致力于打破欧盟制裁，积极修复和拓展对外关系。为此，奥地利广泛争取国际社会对奥政府政策和立场的理解；积极配合欧盟对奥政局和自由党性质的评估工作；以全民"公决"向欧盟施压。欧盟取消制裁后，奥地利积极开展"访问外交"，奥总统、总理、外长等分别访问了葡萄牙、西班牙、意大利、德国等近 20 个国家；匈牙利总统、法国总统、欧盟外交与安全事务代表、意大利总理等十几位外国领导人访奥。奥地利继续以欧盟为依托，积极参与欧洲一体化进程，注重与欧盟中小国家建立"战略联盟"，积极推动修改《欧盟条约》中有关制裁机制的条款，以防止类似对奥地利制裁重演。同时，奥地利谋求将与中东欧国家的传统关系拓展到"战略伙伴关系"，以补充和平衡奥地利对欧盟政策。此外，为解决历史遗留问题、改善国际形象，奥地利与美国、波兰、捷克、匈牙利和白俄罗斯等国签署"二战"期间在奥强制劳工赔偿约 4 亿美元的协议。为适应变化了的国际形势，奥进一步调整其中立政策，继 1995 年先后加入欧盟和北约和平伙伴关系计划，奥国民议会又将"欧洲共同安全防务政策优先于《中立法》"的决议纳入奥宪法，并允许奥军参加境外维护和缔造和平的军事行动，决定向欧洲快速反应部队提供 2000 名士兵。

2001 年，奥地利的外交重点是加强对外交往，走出欧盟制裁阴影，谋求在国际事务中发挥独特作用，其主要表现为：第一，以欧盟东扩为契机，加强与中东欧国家关系，并倡议召开了旨在与其东欧邻国建立"战略伙伴关系"的一系列会议，其意在欧盟中形成"利益共同体"，在扩大的欧盟中与大国抗衡，更好地维护自身利益；第二，积极参与欧盟一体化进程。推动欧盟内部改革，支持欧盟东扩，积极参与欧洲安防体系建设。为此，政府向议会提交了奥新的安全战略草案，把放弃中立，全面参与欧盟联合防务，最终加入北约作为其安全战略目标；第三，加强与大国关系，积极参与国际事务，努力改善和加强与俄、美、中三大国关系。"9·11"事件后，奥地利领导人纷纷访问中东、中亚地区国家，谋求在国际事务中发挥独特作用。

2005 年，奥地利在国际舞台上的外交活动更加活跃。在依旧视欧盟事务为其外交政策核心的前提下，奥地利继续加强与德、法、英等传统大国以及其他新成员国的协调与磋商。重视大国在国际事务中的作用，拓展与美、俄、中等大国关系，促进本国与大国间的双边关系，在本国关切的问题上寻求得到其他大国的合作与支持。奥地利还积极努力拓展外交空间，坚持和加强以欧盟为中心的外交政策，密切同东欧国家与亚洲等欧洲以外国家的关系。

奥地利积极参与国际事务，谋求在国际事务中发挥作用，关注中东、伊核、朝核等热点问题，主张通过和平对话解决争端。重视与联合国的合作，努力发挥维也纳作为联合国机构所在地的作用。

奥地利一直关注中东和平进程，认为欧盟共同的外交政策和安全政策在中东和平进程中发挥了积极有效的作用。奥地利积极谋求利用与中东地区国家的传统友好关系在解决中东问题上有所作为，主张通过经济和社会发展推动中东和平进程。为此，奥地利已向巴勒斯坦地区提供发展援助。认为国际社会的终极目标是建立一个独立、民主、有生命力的巴勒斯坦国，巴以双方和睦相处。反对以色列侵占阿拉伯领土，要求以撤出被占领土，实现巴勒斯坦人民包括自决权在内的合法权利。

在反恐问题上，奥地利认为国际恐怖主义直接破坏全球安全和稳定，是对整个文明世界的威胁。联合国应在国际反恐斗争中担负领导责任。奥地利坚决反对任何形式的恐怖主义，认为任何政治和宗教诉求均不可成为暴力活动的理由。世界各国应共同加强反恐，欧盟应完善反恐机制。主张通过加强不同文明之间的对话来消除恐怖主义滋生的土壤。反对违反联合国宪章和法治国家原则打击恐怖主义。

在伊拉克危机问题上，奥地利不赞成美英等国在没有联合国授权的情况下对伊使用武力，认为凭借军事手段推翻一国政权的后果是危险的。联合国应在伊拉克重建问题上起主导作用。欧盟应继续致力于在和平环境里建立一个统一、稳定和繁荣的伊拉克。目前，伊拉克面临的首要问题是尽快稳定国内安全形势，而奥地利愿意在欧盟和联合国框架内积极参与伊战后重建。

关于伊朗核问题，奥地利认为伊朗应遵守反扩散条约规定的义务，履行国际原子能机构的有关决议，并与该机构进行完全、透明的合作。主张以政治互信为基础，通过加强对话的方式解决伊朗核问题，消除国际社会对伊核计划的担忧。关于朝鲜核问题，奥地利认为朝核问题源于朝鲜违背所作的国际承诺，寻求研发核武器。奥地利支持国际原子能机构的立场，要求朝必须放弃核武研发计划，认为朝核问题关系到亚洲乃至世界的和平与稳定，应以和平方式解决。奥地利对中国的促谈工作持积极肯定态度，认为中国在稳定朝鲜半岛及地区局势中发挥了积极作用。

此外，在联合国的作用和改革问题上，奥地利主张不断加强联合国地位，建立在《联合国宪章》和国际法基础上的联合国决策机制不能被抛弃，安理会对协调解决热点问题和地区冲突具有核心作用。联合国改革的目的应为加强其在 21 世纪的作用，使之成为一个切实强大并且有行动能力的国际组织，并在捍卫世界和平与安全方面发挥更大作用。奥地利主张应加强安理会的效率和代表性，加强中小国家的作用和地位，主张欧盟作为一个整体拥有安理会常任理事国席位。

一　与欧盟成员国关系

在 1945～1955 年四大国占领期间，奥地利就努力争取被接纳为欧洲委员会成员。在 1969～1974 年和 1979～1984 年间，奥地利先后派出鲁措·托西克和弗兰茨·卡拉塞克担任欧洲委员会秘书长。1989 年 7 月，奥地利向当时的欧共体理事会提交了加入欧共体的申请，这一申请是在奥地利联邦议会和国民议会成员，以及奥地利绝大多数政党和所有联邦政府成员达成共识后提出的。1994 年 6 月 12 日，奥地利举行关于加入欧洲共同体的全民公决，公决以 66.58% 的票数得到绝大多数奥地利人的赞同，投票率高达 81%。1995 年，奥地利先后加入欧洲联盟和北约的和平伙伴关系计划，1999 年 1 月 1 日成为首批欧元国。奥地利终于完成了一个长达几十年在政治、经济上接近欧洲一体化的进程。

在奥地利社会各领域中，经济领域将因欧盟扩大而受益最多。据统计，在 2004 年欧盟上一轮东扩前，奥地利的人口只占欧盟 15 国的 2%，而在欧盟与入盟国贸易总额中却占 9%，投资总额中占 13%。1990～2003 年，奥对入盟国的出口额从 12.4 亿欧元增加到 94.5 亿欧元。欧盟扩大后，地处新欧盟中心的奥地利将成为联系东西欧和南北欧的纽带，这一地缘优势将促使奥的外贸、交通、旅游等行业成为增长最快的行业，这一发展趋势也为奥地利就业市场的好转提供了基础条件。

2000 年 2 月 4 日，奥地利人民党与右翼政党自由党联合上台执政，欧盟 14 国即对奥地利采取了冻结双边高层往来、降低外交接触级别和停止在国际机构中对奥地利人选支持的政治制裁。同年 9 月，欧盟在对奥地利内外政策进行评估后解除制裁。奥地利与欧盟及其成员国关系随之逐步恢复正常。2005 年，奥地利开展一系列外交活动，为担任 2006 年上半年欧盟轮值主席国积极做准备。奥外贸主要集中在欧盟国家。奥对欧盟贸易出口占奥外贸总额的 60% 以上。由于德在 2000 年奥右翼政党自由党入阁一事在欧盟内带头对奥制裁，双边关系一度趋冷。随着 2001 年 5 月德国总理施罗德访奥，两国交往增多，关系逐渐恢复正常。德一直是奥最大的贸易伙伴。

　　由于地理、历史和文化渊源，奥地利十分重视与东欧邻国的关系，积极推动欧盟和北约东扩，认为这是实现欧洲长久稳定战略的明智之举。目前，奥地利与西欧联盟及北约有密切的合作关系，但同时强调奥地利不放弃永久中立的地位，认为这符合奥的安全利益。但奥地利在中立政策上的态度受到其他欧盟国家的批评，认为奥地利加入了欧盟并享有了一切权利，一旦欧盟发生政治危机，奥地利则无中立可言，作为成员国不能只想受益而不履行其应尽的义务。

　　奥地利则认为，欧盟应加强共同外交和安全政策建设，尽快建立欧盟独立安全防务体系，加强欧洲在面临局部冲突时的干预能力。欧盟应提高决策和行动能力，制定统一宪法，并最终成为高度一体化的联邦。强调大小成员国一律平等，中小国家只有结成利益共同体才能更有效地维护各自在联盟内的利益。主张欧盟各机构间权力平衡，维持欧盟轮值主席制，各新老成员国在欧盟委员会拥有一个表决席位。认为欧盟东扩将长久确保欧洲的和平与稳定，对维护和促进欧盟周边地区乃至世界的和平、稳定与发展具有重要战略意义。东扩将进一步增强欧盟综合实力，扩大其在国际舞台上的发言权。欧盟还应向东欧、东南欧和地中海地区扩大。东扩将使奥安全环境得到根本改善，也将给奥带来经济利益。

作为永久中立国和欧盟 2005 年东扩之前的"欧盟东边界"，奥地利多年以来曾对欧洲的安全作出过贡献。面对欧洲新秩序，奥地利把中立理解为积极的和平政策，积极参加欧盟的共同外交和安全政策。在克服诸如环境污染问题，对恐怖主义、核危险、经济危机，能源和原料供应问题，毒品和疾病（如艾滋病）等问题上，奥地利倡导进行全世界和区域范围的合作。

就目前欧盟所面临的一系列困难和挫折，奥地利均有自己的主张，除了执行规定的欧盟议程外，奥地利将对经济增长、就业提供具体的刺激措施，并制定对巴尔干和东南欧诸国的邻国政策。在欧盟财政方面，奥地利也已做好了解决僵局的准备，而且取得了巨大的成功。奥地利总理沃尔夫冈·许塞尔成为欧盟 2007～2013 年预算的签字人之一就是其标志。至于欧洲宪法陷入僵局，奥地利认为，欧盟应"深入利用"法国和荷兰否决欧洲宪法后的那段反思期，同时还应更多地倾听欧盟公民的心声。欧洲人必须理解欧洲整合的好处，这样才能提高对欧盟的信任感。因此，奥地利在担任欧盟轮值主席国期间，在萨尔茨堡举行了有关欧洲认同感问题的"欧洲之声"（Sound of Europe）会议。

二　与美国的关系

奥地利一直重视与美国的关系，同美国的关系一直处于良好状态。美国是奥在欧盟以外最大的贸易伙伴。1999 年奥地利对美贸易的出口额为 380 亿先令，进口为 480 亿先令。2000 年出口为 35 亿欧元，进口 41 亿欧元。

奥地利重视与美国关系，认为欧美关系是当今世界上最重要的一对关系，改善与加强欧美关系符合欧盟和奥的利益。2005 年，奥地利总理、外长、内政部长和司法部长曾先后访问美国。

1955 年 10 月 26 日，奥地利国民议会通过永久中立法，宣布不参加任何军事同盟，不允许在其领土上设立外国军事基地。但是，随着时间的推移和形势的变化，是否继续保持政治中立成为奥地利的一个焦点政治问题。奥地利地处欧洲中部，是欧洲重要的交通枢纽。在美国发动伊拉克战争之时，美国希望自己在德国军事基地的军队取道奥地利，进入海湾地区，从而大大节省运兵时间，但是奥地利以严守中立为由，断然拒绝了美国的要求，而且不允许美国空军飞越自己领空。对此，美国国防部部长拉姆斯菲尔德大为不满，对奥地利的中立政策提出质疑。

三　与俄罗斯等东欧国家间的关系

由于地缘和历史、文化渊源等因素，奥地利始终重视与中东欧国家的关系，主张以传统关系为基础，以欧盟东扩为契机，与中东欧国家建立"战略伙伴关系"。奥地利与中东欧国家的双边互访、定期会晤及多边磋商频繁，由奥地利总统倡导发起的中、东欧国家首脑会晤业已制度化。奥地利着力通过扩大贸易和投资巩固奥地利在该地区的经济地位，在欧盟内积极推动吸收东欧国家入盟。

1924 年 2 月 25 日，奥地利同苏联建立公使级外交关系，1938 年中断，1945 年 10 月 24 日复交，1953 年 6 月 12 日升格为大使级。苏联解体后，俄罗斯承袭苏联的对奥地利关系，在奥地利驻有强大的外交代表机构。奥地利始终重视与俄罗斯的关系，十分看重俄罗斯在实现欧洲和平、稳定和发展方面的"关键作用"，以及俄罗斯市场潜力和自然资源。在推动欧盟与俄罗斯建立全面合作关系的同时，谋求加强奥俄双边关系。2005 年，奥地利外长访俄，奥地利总统赴莫斯科出席纪念反法西斯战争胜利庆典活动。

奥地利与俄罗斯两国贸易呈现相当的互补性，俄罗斯向奥地利提供石油和天然气，奥地利向俄罗斯提供钢材和机械设备。俄罗斯是奥地利第 18 大出口国，第 13 大进口国。2000 年，奥地利向俄罗斯出口 6.55 亿欧元，进口 12 亿欧元。奥地利在俄罗斯有合资企业 470 家。2001 年，俄总统普京和奥总统克莱斯蒂尔实现互访；同年，俄总理卡西亚诺夫也访问了奥地利。

奥地利同东欧邻国有着传统的历史关系，领导人之间的互访一直很频繁，贸易额也相当高。冷战之后，奥地利向匈牙利、捷克、波兰等国大量增加投入，双边贸易发展很迅速。奥地利同其他东欧国家也保持着良好的关系，经贸关系日趋密切。1989 ~ 1998 年，奥地利对中东欧出口增长 250%，贸易顺差达 140 亿美元。2000 年，奥地利对匈牙利出口已超过其对美的出口，匈牙利成为奥第 4 大贸易伙伴。2000 年奥对中东欧及独联体国家出口额为 114.29 亿欧元，占其出口总额的 16.4%；进口额为 93.84 亿欧元，占其进口总额的 12.5%。

第四节　奥中关系

一　政治与外交往来

自 20 世纪 70 年代以来，奥地利十分重视发展同第三世界各国的关系，特别是同亚太和非洲地区国家的关系，主要表现在贸易额的增加，以及奥地利领导人到这些地区的出访增多。

1971 年 5 月 26 日，中国与奥地利政府签署中、奥两国建立外交关系的联合公报。中国与奥地利于 1971 年 5 月 28 日正式建交。同年 9 月，中奥两国先后任命了各自派驻对方的大使。中奥建交为两国关系的发展开辟了广阔的前景。1974 年 4 月，奥地利外交部长基希施莱格访华，这是两国建交初期奥方来访的最重要代表团。

20 世纪 80 年代，中国实行改革开放后，把加强同包括奥地利在内的西欧国家的合作作为对外政策的重要组成部分，为中奥关系的发展注入了新的活力。两国在各个领域的交往迅速增多，合作领域不断扩大。1984 年 4 月，国务委员兼外交部长吴学谦访奥，这是两国建交以来中国外长首次访奥。1985 年 9 月，奥地利总统基希施莱格访华，成为历史上第一位访华的奥地利总统。

中奥建交 30 多年来，两国政治交往不断加强，特别是 20 世纪 90 年代以来，两国关系呈现出良好的发展势头，两国各个领域的合作发展加快。1991 年 10 月，国务委员兼外交部长钱其琛对奥进行正式访问。1992 年 1 月，奥国民议会议长菲舍尔访华。1993 年 4 月，弗拉尼茨基作为中奥关系史上第一位奥地利总理访华。1994 年 1 月和 6 月，全国人大常委会委员长乔石和国务院总理李鹏分别访奥。1995 年 9 月，奥总统克莱斯蒂尔访华。1996 年 6 ~ 7 月李鹏总理访问奥地利，同年 9 月，全国政协主席李瑞环访奥。10 月，奥总理弗拉尼茨基再度访华。1997 年 3 月，奥国民议会议长菲舍尔第二次访华。1998 年 3 月，奥副总理兼外交部长许塞尔访华。5 月，中共中央政治局委员、书记处书记丁关根访奥。1999 年 3 月，国家主席江泽民对奥进行国事访问，这是中国国家元首首次访奥，成为中奥两国关系史上的又一高潮。

1997 年 6 月，中奥两国政府就 1997 年 7 月 1 日后奥在香港特别行政区保留总领馆问题换文达成协议。

2001 年 5 月，中奥双方隆重庆祝了中奥建交 30 周年，奥地利总统克莱斯蒂尔第二次访华。2002 年 4 月，司马义·艾买提国务委员访奥。7 月，中共中央政治局候补委员、书记处书记、组织部部长曾庆红以及外交部长唐家璇分别访奥。8 月，奥联邦议会议长比林格访华。9 月，朱镕基总理访奥。11 月，奥副总理兼公共事务与体育部长瑞斯－帕瑟尔女士访华。2003 年 4 月，奥联邦议会副议长哈塞尔巴赫女士访华。

1973 年 7 月，中国向奥地利派驻了第一任武官。1997 年 7 月，奥地利向中国派驻了首任武官。1997 年 5 月，奥地利国防部长法斯尔阿本德访华，这是中奥建交以来奥地利国防部长对中国的首次访问。1998 年 5 月，中国中央军委委员、中国人民解放军总参谋长傅全有上将访奥。1999 年 3 月，奥地利国防部第三部部长普罗普斯特上将访华。2001 年 5 月，奥地利国防部第四部部长科里爱利上将访华。2001 年 11 月，中国人民解放军总后勤部政委周坤仁上将访问奥地利。2002 年 9 月，中国人民解放军总参谋长助理李玉中将访问奥地利。

自 1983 年以来，成都市与林茨市、贵州省与施蒂利亚州、广西壮族自治区与克恩滕州、徐州市与莱奥本市、山东省与上奥地利州、河南省与蒂罗尔州、湖南省与布尔根兰州、海南省与萨尔茨堡州、南宁市与克拉根福市、浙江省与下奥地利州建立了友好省州关系。

1994 年 6 月，中奥就在萨尔茨堡和上海互设总领馆事达成协议，奥地利驻沪总领事馆于当年底开馆。

二 经贸往来与技术合作

奥 地利同中国的经济贸易往来已经有 100 多年历史。早在 1868 年，两国就有贸易关系，1873 年，中国曾派团参加在维也纳举行的世界博览会。中华人民共和国成立之后，两国的经济贸易关系进一步发展。1964 年 9 月，中奥签订关于互设商务代表处的换文。1964 年 12 月 7 日，中国国际贸易促进委员会同奥地利联邦商会在维也纳签订了关于促进两国经济关系的协定，双方各自在对方首都设立商务代表处。1965 年，我国从奥地利引进吹氧炼钢技术。1971 年 5 月 28 日，双方建立大使级外交关系，从此，两国的政治、经济、文化等各个领域的关系进一步得到加强。1972 年 10 月，两国签订了《贸易和支付协定》，把两国间业已存在的民间贸易关系上升为政府间贸易关系。此后，中奥经贸关系不断发展。1974 年建立政府间混合委员会，1980 年签订经济、工业和技术合作协定，1984 年签订中奥科技合作协定，1985 年 9 月，两国政府签订《民用航空运输协定》；1986 年 11 月，中奥草签避免双重征税协定。1989 年 5 月，中奥签订《卫生合作协定》；1994 年 7 月，两国农业部签署《关于农业领域科技合作备忘录》。

1996 年 9 月，两国政府签订了新的《经济、工业、技术和工艺合作协定》。2002 年两国贸易总额为 13.7 亿美元，比上年增长 35.3%。中奥双方在水电、铁路、冶金、机械制造、环保、公路建设、特种车辆制造等领域开展了多种多样的合作。2000 年 10 月，中奥签订《中华人民共和国政府和奥地利联邦政府旅游合作协议》。

两国经济贸易也随着政治交往而不断增加，奥地利出口到我国的主要商品有钢材、铝板、化学品、机械设备以及人造棉，我国出口到奥地利的商品为布匹、羽绒、草编制品、五金工具及瓷器等。两国技术合作也进一步加强，我国从奥地利引进的项目主要有重型汽车制造专有技术、柴油机喷油装置技术以及粉末冶金摩擦片喷洒专有技术等。

三　文化交流与教育合作

中奥两国的文化交流也不断深化，1996 年，在中奥建交 25 周年之际，维也纳爱乐乐团应邀访问中国；维也纳艺术历史博物馆在中国国家博物馆展出馆藏艺术珍品，1997 年维也纳国家歌剧院访问中国，演出了莫扎特的不朽名作《费加罗的婚礼》；与此同时，中国音乐家也在维也纳的黄金大厅展现了中国艺术的风采。

随着中奥政治和经贸关系的发展，两国文化交流十分活跃，文化团组互访频繁。我杂技团、儿童艺术团和西藏艺术团等先后访奥。我在奥还举办了《中国当代绘画展》，奥在华举办了《马克斯·魏勒画展》等展览。奥施特劳斯乐团、维也纳男童合唱团、爱乐乐团和维也纳国家歌剧院等访华。1998 年起，我中央民族乐团等每年都在维也纳金色大厅举办"新春音乐会"。1999 年 10 月我中央电视台和奥地利国家电视台在北京故宫午门联合举办音乐家舞台文艺晚会，中、奥、德、瑞士近千名艺术家参加演出，并在四国电视实况转播。2001 年 11 月，两国政府签订了文化合作协定。

1984 年中奥两国政府签订《科技合作协定》后，双方在医学、遥感、林业、新材料、环保等许多科技领域开展了广泛的项目合作和科技人员交流。2001 年 9 月举行的第 6 次政府间科技合作联委会规定了 44 个项目，新增项目主要涉及信息、纳米、生物等高新技术领域。两国卫生、环保、农业、林业、专利、旅游等部门签订了对口交流与合作协议。2002 年 9 月，两国有关部门签署了《关于中国和奥地利合作研究和繁殖大熊猫的协议书》。2003 年 3 月，奥向我国租借的一对大熊猫运抵维也纳，在美泉宫动物园举行了隆重的大熊猫交接仪式，奥总理许塞尔、卫生部长卡拉特等 2000 多人出席仪式。

1973 年起中国教育部与奥科研部开始交换留学人员。双方高等院校间合作发展良好，我 15 所院校同奥 8 所院校建立了合作关系，互派学者和语言教师讲学已形成机制。

参考书目

1. 王晓民主编《世界各国议会全书》，世界知识出版社，2001。
2. 《帕尔格雷夫世界历史统计 – 欧洲卷（1750～1993）》，2002。
3. 董礼胜：《欧盟成员国中央与地方关系比较研究》，中国政法大学出版社，2000。
4. 《世界各国首都大全》，北京出版社，1991。
5. 《世界各国贸易和投资指南》，经济管理出版社，1995。
6. 《世界各国贸易和外汇管制大全》，中国大百科全书出版社，1993。
7. 《国际工会运动知识手册》，中国工人出版社，1993。
8. 《世界各国和地区渔业概况》下册，海洋出版社，2004。
9. 胡焕庸等著《欧洲自然地理》，商务印书馆，1982。
10. 余开祥主编《西欧各国经济》，复旦大学出版社，1987。
11. 世界银行：《世界发展数据手册》，中国财经出版社，2003。
12. 世界银行：《2003 年绿色数据手册》，中国财经出版社，2004。
13. 邵芬主编《欧盟诸国社会保障制度研究》，云南人民出版社，2003。
14. 韩振乾等：《世界风情大全》，书海出版社，1991。

15. 邹中科著《中立国家之新角色——奥地利加入欧洲联盟与欧洲统合》,五南图书出版公司,1996。

16. 王海霞著《奥地利社会民主党研究》,北京广播学院出版社,2003。

17. Dachs - Gerlich - Hottweis - Horner - Kramer - Lauber - Maller - Taols:Handbuch des Politischen Szstems Österrreichs in:Kramer,Helmut "Srukturentwicklung der" Österreichischen Außenpolitik(1945 - 1990),Wien.

《列国志》已出书书目

2003 年度

吴国庆编著《法国》

张健雄编著《荷兰》

孙士海、葛维钧主编《印度》

杨鲁萍、林庆春编著《突尼斯》

王振华编著《英国》

黄振编著《阿拉伯联合酋长国》

沈永兴、张秋生、高国荣编著《澳大利亚》

李兴汉编著《波罗的海三国》

徐世澄编著《古巴》

马贵友主编《乌克兰》

卢国学编著《国际刑警组织》

2004 年度

顾志红编著《摩尔多瓦》

赵常庆编著《哈萨克斯坦》

张林初、于平安、王瑞华编著《科特迪瓦》

鲁虎编著《新加坡》

王宏纬主编《尼泊尔》

王兰编著《斯里兰卡》

孙壮志、苏畅、吴宏伟编著《乌兹别克斯坦》

徐宝华编著《哥伦比亚》

高晋元编著《肯尼亚》

王晓燕编著《智利》

王景祺编著《科威特》

吕银春、周俊南编著《巴西》

张宏明编著《贝宁》

杨会军编著《美国》

王德迅、张金杰编著《国际货币基金组织》

何曼青、马仁真编著《世界银行集团》

马细谱、郑恩波编著《阿尔巴尼亚》

朱在明主编《马尔代夫》

马树洪、方芸编著《老挝》

马胜利编著《比利时》

朱在明、唐明超、宋旭如编著《不丹》

李智彪编著《刚果民主共和国》

杨翠柏、刘成琼编著《巴基斯坦》

施玉宇编著《土库曼斯坦》

陈广嗣、姜俐编著《捷克》

2005 年度

田禾、周方冶编著《泰国》

高德平编著《波兰》

刘军编著《加拿大》

张象、车效梅编著《刚果》

徐绍丽、利国、张训常编著《越南》

刘庚岑、徐小云编著《吉尔吉斯斯坦》

刘新生、潘正秀编著《文莱》

孙壮志、赵会荣、包毅、靳芳编著《阿塞拜疆》

孙叔林、韩铁英主编《日本》

吴清和编著《几内亚》

李允华、农雪梅编著《白俄罗斯》

潘德礼主编《俄罗斯》

郑羽主编《独联体（1991～2002）》

安春英编著《加蓬》

苏畅主编《格鲁吉亚》

曾昭耀编著《玻利维亚》

杨建民编著《巴拉圭》

贺双荣编著《乌拉圭》

李晨阳、瞿健文、卢光盛、韦德星编著《柬埔寨》

焦震衡编著《委内瑞拉》

彭姝祎编著《卢森堡》

宋晓平编著《阿根廷》

张铁伟编著《伊朗》

贺圣达、李晨阳编著《缅甸》

施玉宇、高歌、王鸣野编著《亚美尼亚》

董向荣编著《韩国》

2006 年度

李东燕编著《联合国》

章永勇编著《塞尔维亚和黑山》

杨灏城、许林根编著《埃及》

李文刚编著《利比里亚》

李秀环编著《罗马尼亚》

任丁秋、杨解朴等编著《瑞士》

王受业、梁敏和、刘新生编著《印度尼西亚》

李靖堃编著《葡萄牙》

钟伟云编著《埃塞俄比亚　厄立特里亚》

赵慧杰编著《阿尔及利亚》

王章辉编著《新西兰》

张颖编著《保加利亚》

刘启芸编著《塔吉克斯坦》

陈晓红编著《莱索托　斯威士兰》

汪丽敏编著《斯洛文尼亚》

张健雄编著《欧洲联盟》

王鹤编著《丹麦》

顾章义、付吉军、周海泓编著《索马里 吉布提》

彭坤元编著《尼日尔》

张忠祥编著《马里》

姜琍编著《斯洛伐克》

夏新华、顾荣新编著《马拉维》

唐志超编著《约旦》

刘海方编著《安哥拉》

李丹琳编著《匈牙利》

白凤森编著《秘鲁》

2007 年度

潘蓓英编著《利比亚》

徐人龙编著《博茨瓦纳》

张象、贾锡萍、邢富华编著《塞内加尔 冈比亚》

梁光严编著《瑞典》

刘立群编著《冰岛》

顾俊礼编著《德国》

王凤编著《阿富汗》

马燕冰、黄莺编著《菲律宾》

李广一主编《赤道几内亚 几内亚比绍 圣多美和普
　林西比 佛得角》

徐心辉编著《黎巴嫩》

王振华、陈志瑞、李靖堃编著《爱尔兰》

刘月琴编著《伊拉克》

左娅编著《克罗地亚》

张敏编著《西班牙》

吴德明编著《圭亚那》

张颖、宋晓平编著《厄瓜多尔》

田德文编著《挪威》

郝时远、杜世伟编著《蒙古》

2008 年度

宋晓敏编著《希腊》

王平贞、赵俊杰编著《芬兰》

刘鸿武、姜恒昆编著《苏丹》

马耳他

蔡雅洁　吴国庆　编著

2008 年 9 月出版　35.00 元

ISBN 978-7-5097-0291-8/K·0028

　　马耳他是世界上"袖珍国"之一，位于地中海中部。其悠久的历史，旖旎的风光，神奇的古代遗址和历史建筑，迷人的人文景观，海运的中转站，发达的旅游业，繁荣的修船和造船业，精美的手工艺品，以及平衡发展的经济、和谐安逸的社会环境，使马耳他成为蔚蓝色海洋上的一颗璀璨的明珠。

希腊

宋晓敏　编著

2008 年 1 月出版　35.00 元

ISBN 978-7-80230-934-0/K·116

　　希腊，是西方文明的摇篮、世界奥林匹克运动会的发祥地，是一个具有悠久历史和文化传统的国家，是东西方文化交汇、融合的门户，它既是旅游胜地，又是一个海运强国。在被称为"欧洲火药桶"的巴尔干半岛上，希腊是唯一一个具有欧盟、北约和欧安组织多重身份的成员国，同时也是巴尔干地区经济水平最高、政治最为稳定的国家。通过对于欧盟外交和防务一体化的积极支持，希腊在国际舞台上的影响力也在增强。

社会科学文献出版社网站

www.ssap.com.cn

1. 查询最新图书　　2. 分类查询各学科图书

3. 查询新闻发布会、学术研讨会的相关消息

4. 注册会员，网上购书

　　本社网站是一个交流的平台，"读者俱乐部"、"书评书摘"、"论坛"、"在线咨询"等为广大读者、媒体、经销商、作者提供了最充分的交流空间。

　　"读者俱乐部"实行会员制管理，不同级别会员享受不同的购书优惠（最低7.5折），会员购书同时还享受积分赠送、购书免邮费等待遇。"读者俱乐部"将不定期从注册的会员或者反馈信息的读者中抽出一部分幸运读者，免费赠送我社出版的新书或者光盘数据库等产品。

　　"在线商城"的商品覆盖图书、软件、数据库、点卡等多种形式，为读者提供最权威、最全面的产品出版资讯。商城将不定期推出部分特惠产品。

咨询/邮购电话：010-65285539　　邮箱：duzhe@ssap.cn

网站支持（销售）联系电话：010-65269967　　QQ：168316188　　邮箱：service@ssap.cn

邮购地址：北京市东城区先晓胡同10号　社科文献出版社市场部　邮编：100005

银行户名：社会科学文献出版社发行部　　开户银行：工商银行北京东四南支行　　账号：0200001009066109151

图书在版编目（CIP）数据

奥地利/孙莹炜编著．－北京：社会科学文献出版社，
2008.11
（列国志）
ISBN 978－7－5097－0356－4

Ⅰ．奥… Ⅱ．孙… Ⅲ．奥地利－概况 Ⅳ．K952.1

中国版本图书馆 CIP 数据核字（2008）第 143774 号

奥地利（Austria） ·列国志·

编 著 者／孙莹炜
审 定 人／刘立群 张健雄

出 版 人／谢寿光
总 编 辑／邹东涛
出 版 者／社会科学文献出版社
地　　址／北京市东城区先晓胡同 10 号 （邮政编码：100005）
网　　址／http：//www.ssap.com.cn
网站支持／（010）65269967
责任部门／《列国志》工作室 （010）65232637
电子信箱／bianjibu@ssap.cn
项目经理／宋月华
责任编辑／周志宽
责任校对／王毅然
责任印制／岳　阳

总 经 销／社会科学文献出版社发行部
　　　　　（010）65139961 65139963
经　　销／各地书店
读者服务／市场部 （010）65285539
排　　版／北京中文天地文化艺术有限公司
印　　刷／三河市尚艺印装有限公司

开　　本／880×1230 毫米 1/32
印　　张／10.5
字　　数／261 千字
版　　次／2008 年 11 月第 1 版 2008 年 11 月第 1 次印刷

书　　号／ISBN 978－7－5097－0356－4/K·0035
定　　价／28.00 元

《列国志》主要编辑出版发行人

出 版 人　谢寿光

总 编 辑　邹东涛

项目负责人　杨　群

发 行 人　王　菲

编 辑 主 任　宋月华

编　　　辑　（按姓名笔画排序）

孙以年　朱希淦　宋月华

李正乐　周志宽　范　迎

范明礼　赵慧芝　袁卫华

黄　丹　魏小薇

封 面 设 计　孙元明

内 文 设 计　熠　菲

责 任 印 制　岳　阳

编　　　务　杨春花

编 辑 中 心　电话：65232637
　　　　　　网址：ssdphzh_cn@sohu.com